中国人生活中的市场营销学

Marketing in China: Stories from Everyday Life

宁德煌　张晓霞　著

YNK 云南科技出版社
·昆明·

图书在版编目（CIP）数据

中国人生活中的市场营销学 / 宁德煌，张晓霞著
. -- 昆明：云南科技出版社，2023.11
ISBN 978-7-5587-5361-9

Ⅰ. ①中… Ⅱ. ①宁… ②张… Ⅲ. ①市场营销学 –
研究 – 中国 Ⅳ. ① F723.0

中国国家版本馆 CIP 数据核字 (2023) 第 204577 号

中国人生活中的市场营销学

ZHONGGUOREN SHENGHUO ZHONG DE SHICHANG YINGXIAOXUE

宁德煌　张晓霞　著

出 版 人：温　翔
责任编辑：王　韬
封面设计：常继红
责任校对：孙玮贤
责任印制：蒋丽芬

书　　号：ISBN 978-7-5587-5361-9
印　　刷：昆明瑆煋印务有限公司
开　　本：787mm×1092mm　1/16
印　　张：18
字　　数：340 千字
版　　次：2023 年 11 月第 1 版
印　　次：2023 年 11 月第 1 次印刷
定　　价：68.00 元

出版发行：云南科技出版社
地　　址：昆明市环城西路 609 号
电　　话：0871-64192372

目 录
CONTENTS

第三篇　市场营销竞争战略

中国人生活中的市场营销学
Marketing in China: Stories from Everyday Life

第五篇　市场营销组合策略

第六篇　市场营销新领域和新发展

第一篇
中国的市场营销哲学

基本概念、理论和方法概述

我们生活在一个市场营销无处不在的世界里。市场营销是人类社会最普遍的现象之一，从社会、政府、企业、事业单位，到家庭和个人，市场营销活动无处不在。

市场营销与我们的日常生活是密不可分的，我们的衣食住行、婚丧嫁娶、生老病死、社交娱乐、运动保健、旅游休闲、工作学习等，都会涉及市场营销。因此，市场营销与我们的生活息息相关。

市场营销随处可见：从农贸市场、小商店，到大的购物中心，你可以看到市场营销；从电视上、杂志上以及你邮箱里邮件上的广告中，你可以看到市场营销；当你在家、在学校、在工作场所、在娱乐场所，几乎在你做任何事情的时候都可以看到市场营销。

市场营销对我们有着深刻的影响，它已经根植于我们的日常生活之中。我们可以从生活中学营销，从营销中学生活。（To understand marketing we must study everyday life. To enjoy ourselves we must learn from marketing.）

什么是市场？

市场营销是与市场密切相关的概念。市场营销在一般意义上可以理解为与市场有关的人类活动。人们到市场上从事交换，首先要考虑以别人所需换得自己所需，否则就不能实现交换。市场是商品经济的产物，只要有商品生产和商品交换，就必然存在着市场。

从消费者的角度来看，市场（market）就是商品集聚、交换、买卖的场所，它是实实在在存在的、有形的，即实体市场（marketplace）。例如，农贸市场、超市和购物中心等，它突出的是"地点"。

从经营者或公司的角度来看，市场（market）就是顾客或客户（customer）。例如，公司生产的商品或提供的服务是否有人购买，如果有人购买就叫有市场，没有人购买就叫没有市场，它突出的是"人"。

所谓市场（market），是指具有特定需要或欲望，而且愿意并能够通过交换来满足这种需要或欲望的全部现实的或潜在的顾客。

在当今网络营销中的市场（market），往往是数字化的，它是虚拟的、无形的，即市场空间（marketspace），例如：人们浏览网络商店、人们到互联网上购物等。

从市场营销角度来看，卖方构成了行业（industry），买方构成了市场（market）。行业和市场的关系，如图 1-1 所示。买卖双方有四种流动联系起来。卖方把商品、服务和信息传递给市场；反过来，他们又从市场获得了货币和信息（消费者的态度与销售数据）。内圈表示货币和商品的交换，外圈则表示信息的交换。

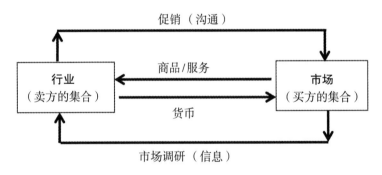

图 1-1　简单的市场营销系统

什么是市场营销？

美国市场营销协会（American Marketing Association， AMA）为市场营销下了一个定义：市场营销（marketing）是创造、传播、交付和交换那些对顾客、客户、合作伙伴和社会有价值的市场供应物的活动、制度和过程。

现代市场营销学奠基者、美国西北大学菲利普·科特勒（Philip Kotler）教授认为：市场营销（marketing）就是个人和集体通过创造、提供出售，并同别人自由交换产品和价值，来获得其所需所欲之物的社会过程。

市场营销（也简称"营销"）的任务就是识别并满足人类和社会的需要。对"市场营销"比较简短的定义如下：

（1）市场营销是一个 "有利益的满足需要" （meeting needs profitably）的过程。

（2）市场营销是一个 "满足可以获利的需要" 的过程。

（3）市场营销是一个 "创造顾客价值、共赢" 的过程。

上述 "市场营销" 定义中的 "共赢"，通俗地讲就是买卖的双方没有输家。"赚了钱的买卖不一定是成功的买卖，而成功的买卖是买卖双方都满意的买卖"，这就是共赢。

目前，社会上许多人认为，市场营销就是销售或广告。有人认为，市场营销学是大学商学院里开设的一门很高深的学问。甚至也有人认为，市场营销学就是教人如何低价买进和高价卖出、如何坑蒙拐骗、如何推销积压商品等。但这些认识都是错误的。事实上，市场营销学讲授的是如何创造顾客价值、实现买卖双方共赢。菲利普·科特勒认为，即使是世界上最优秀的营销部门，也无法销售劣质产品或没人需要的产品。

市场营销过程是一个价值创造和传递过程。市场营销过程始于产品以前，行于产品开发之中，在产品销售之后还应延续。市场营销过程的各个环节，如图 1-2 所示。

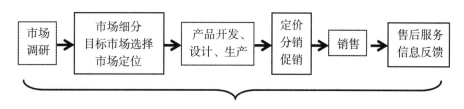

图 1-2　市场营销过程

市场营销 （marketing）不同于销售 （sale）、推销 （selling）或促销 （promotion）。

世界著名管理学权威美国彼得·F.德鲁克 （Peter F. Drucker）曾指出 "可以设想，某些推销工作总是需要的。然而，市场营销的目的就是要使推销成为多余。市场营销的目的在于深刻地认识和了解顾客，从而使产品或服务完全适合顾客的需要而形成产品的自我销售。理想的市场营销会产生一个做好准备来购买的顾客，剩下的事就是如何使顾客得到这些产品或服务"。

海尔集团董事局主席、首席执行官张瑞敏指出 "促销只是一种手段，但营销是一种真正的战略"。营销意味着企业应该 "先开市场，后开工厂"。

市场营销的对象有十大项：有形的商品 （goods）、无形的服务 （services）、事件 （events）、体验 （experiences）、人物 （persons）、地点 （places）、财产权 （properties）、

组织（organizations）、信息（information）和观念/创意（ideas）等。

推销观念和营销观念的比较

推销观念（selling concept）认为，消费者不会足量购买商品，只有在厂家大力推销其产品的情况下，消费者才会购买该产品。因此，企业应该采用一套有效的推销和促销办法来刺激消费者大量购买。

推销观念在西方国家盛行于20世纪三四十年代。这一时期，整个市场供大于等于求，市场由卖方市场向买方市场转变，市场竞争在卖方间进行。

营销观念（marketing concept）认为，实现组织目标的关键在于正确确定目标市场的需要和欲望，并且比竞争对手更有效、更有利地传送目标市场所期望满足的东西。营销观念认为，不是为产品找到正确的顾客，而是为顾客找到正确的产品。

营销观念形成于20世纪50年代的美国。这一时期市场供大于求，买方市场已经形成，市场竞争日益激烈。营销观念对以前的观念是一个极大的挑战，企业由以"产品"为中心转变为以"顾客"为中心。

营销观念有许多精辟的表述：

（1）满足有利润的需要。

（2）发现欲望并满足它们。

（3）热爱顾客而非产品。

（4）生产你能够出售的东西，而不是出售你能够生产的东西。

（5）我们不能只经销有能力制造的产品，而要学会生产能够销售掉的产品。

推销致力于为已经生产出来的产品寻找顾客，而营销则致力于发现顾客的需要并以此为基础来生产适销对路的产品。

美国市场营销学家西奥多·莱维特（Theodore Levitt）对推销观念和营销观念做了深刻的比较：推销观念（selling）注重卖方需要，而营销观念（marketing）则注重买方的需要。

推销观念是销售者导向；营销观念是购买者导向。

推销观念以卖方需要为出发点，考虑的是如何把产品变成现金；而营销观念考虑的则是如何通过产品以及与创造、交付产品和消费最终产品有关的所有事情，来满足顾客的需要。

推销观念采用从内向外的顺序，它从工厂出发，以公司现存产品为中心，并要求通过大量推销和促销活动来获得营利性销售；营销观念则采用从外向内的顺序，它从明确的市场出发，以顾客需要为中心，协调所有影响顾客的活动，并通过使顾客满意来获利。推销观念与营销观念的比较，如图 1-3 所示。

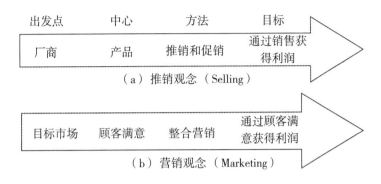

图 1-3　推销观念与营销观念的比较

什么是市场营销学？

市场营销学（marketing）于 20 世纪初起源于美国。1904 年，克罗伊西（W.E.Kreusi）在宾夕法尼亚大学讲授了一门名为"产品营销"的课程，提出了"marketing"这个词。1910 年，拉尔夫·S.巴特勒（Ralph S.Butler）在威斯康星大学讲授了一门名为"营销方法"的课程。

"Marketing"一词，在中国两岸四地的中文翻译不同，在中国内地被翻译为"市场营销学"，在中国香港、澳门地区被翻译为"市场学"，在中国台湾地区被翻译为"行销学"。

市场营销学（marketing）是一门建立在经济科学、行为科学和现代管理学基础上的应用科学。它研究以满足顾客需求为中心的企业营销活动过程及其规律性。

美国菲利普·科特勒教授的亲兄弟、市场营销实践家米尔顿·科特勒（Milton Kotler）认为，今天全球产品供过于求，顾客成为一种稀缺的资源。市场营销学就是一门寻找顾客、创造真正的顾客价值的科学。（Today there is an oversupply of product worldwide, and customers are scarce. Marketing is the science of finding customers and creating genuine customer value.）

市场营销学研究的主要内容，可用图 1-4 表示。其含义是：公司通过市场研究和市场分析，首先确定公司的目标市场，然后在恰当的时间，将市场营销策略加以整合，为构成目标市场的顾客提供有效的产品或服务，满足顾客的需要，从而使公司的营销获得成功。公司所面临的外部环境因素是不可控因素，制定各种营销策略是公司可控的营销手段，将两者相协调以实现公司预期目标，这就是市场营销学研究的主要内容。

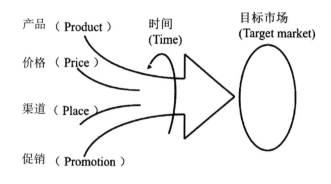

图 1-4 市场营销学研究的主要内容

1. 管仲的 "诚信" 思想——"诚信者，天下之结也"

人无信不立，国无信不兴。诚信是中华民族的传统美德，是社会主义核心价值观的重要内容。

在古代汉语中，诚与信二者互训，也就是说二者可以互相解释、意义相通。"诚"是一个形声字，《说文解字》说："诚，信也。""信"是一个会意字，《说文解字》说："信，诚也。"在现代汉语中，我们也将"诚信"二字连用，表示处事真诚、老实、讲信用。实际上，诚和信的语义侧重有所不同。诚侧重内心层面，指内心情感的真实无伪、自然流露。《荀子》中说："君子养心莫善于诚。"君子陶冶思想性情，提高道德修养，没有什么比诚更重要的了。而信则侧重于人际交往层面，指言而有信、遵守信用。《论语·为政》有云："人而无信，不知其可也。"孔子认为，一个人如果不讲信义，不知他该如何立足处世。诚于中，信于外，内诚于心，方能外信于人。

最早将诚与信二者连起来使用的，是春秋时期的经济学家、政治家、军事家管仲（公元前 723 年—公元前 645 年）。管仲说："诚信者，天下之结也。"（《管子·枢言》）意思是，恪守诚信，是天下行为准则的关键。管仲说："非诚贾不得食于贾，非诚工不得食于工，非诚农不得食于农，非信士不得立于朝。"（《管子·乘马》）意思是，不是诚实的商人，不得依靠经商为生；不是诚实的工匠，不得依靠做工为生；不是诚实的农夫，不得以务农为生；不是诚信的士人，不能在朝中做官。在管仲看来，无论商、工、农、士都应讲究诚信，否则，就不要以此谋生。其中"非诚贾不得食于贾"，则对商业道德作出了严格的规范。这里所说的 "诚"，首先是诚于商业，即要专于商业、精于商业、献身于商业，同时又要具备相应的行业道德，即诚于顾客、诚于同行、诚于国家。只有这样的人才允许经商，否则，"不得食于贾"。

（资料来源：宁德煌.商德——中国古代商业文化瑰宝[M].昆明：云南科技出版社，2023：25.）

> 恪守诚信，是天下行为准则的关键。不是诚实的商人，不得依靠经商为生。

2.范蠡经营上的 "待乏" 原则——"旱则资舟，水则资车"

在中国商界，自古就有 "陶朱事业，端木生涯" 的说法，陶朱指的就是范蠡，端木指的是子贡。

范蠡（公元前536年—公元前448年），是春秋末期的政治家、军事家和经营思想家，他是利用 "计然之策" 而成为成功的商人，他被后人尊称为 "商圣"。

关于范蠡，司马迁《史记·货殖列传》记载：昔者越王勾践困于会稽之上，乃用范蠡、计然。计然曰："知斗则修备，时用则知物，二者形则万货之情可得而观已。故岁在金，穰；水，毁；木，饥；火，旱。旱则资舟，水则资车，物之理也。六岁穰，六岁旱，十二岁一大饥。……论其有余不足，则知贵贱。贵上极则反贱，贱下极则反贵。贵出如粪土，贱取如珠玉。财币欲其行如流水。"意思是：从前，越王勾践被围困在会稽山上，于是任用范蠡、计然。计然说："知道要打仗，就要做好战备；了解货物何时为人需求购用，才算懂得商品货物。善于将时与用二者相对照，那么各种货物的供需行情就能看得很清楚。所以，岁在金时，就丰收；岁在水时，就歉收；岁在木时，就饥馑；岁在火时，就干旱。旱时，就要备船以待涝；涝时，就要备车以待旱，这样做符合事物发展的规律。一般说来，六年一丰收，六年一干旱，十二年有一次大饥荒。……研究商品过剩或短缺的情况，就会懂得物价涨跌的道理。物价贵到极点，就会返归于贱；物价贱到极点，就要返归于贵。当货物贵到极点时，要及时卖出，视同粪土；当货物贱到极点时，要及时购进，视同珠宝。货物钱币的流通周转要如同流水那样。"

范蠡的 "旱则资舟，水则资车"，就是在大旱年应该预先做舟船的生意，因为这个时候舟船没有人需要，价格便宜，可以先进货，以后大水年船即将成为市场特别抢手的商品而涨价；反之，在大水年则应该预先做车子的生意，因为这个时候车子没有人需要，价格便宜，可以先进货，以后大旱年车子即将成为市场特别抢手的商品而涨价。这可以称为经营上的 "待乏" 原则，贸易的物资以迎合将来的迫切需要最为有利可图。

范蠡还要求根据市场供求关系来判断价格的涨跌，即所谓 "论其有余不足，则知贵贱"。价格涨跌有一极限，"贵上极则反贱，贱下极则反贵"。一贵一贱，极而复返。要在商品价格贵到适当程度及时卖出，即 "贵出如粪土"；而在商品价格相当贱的时候及时买进，即 "贱取如珠玉"。商人不能因为商品价格贵而保守惜售，也不能因为商品价格贱而观望、不敢购进。

资料来源：

［1］司马迁.史记[M].长沙：岳麓书社，1988：932.

［2］宁德煌.商德——中国古代商业文化瑰宝[M].昆明：云南科技出版社，2023：165–166.

营销启示

　　中国古代商人具有出奇制胜、善于竞争的精神，这就是司马迁在《史记·货殖列传》中所说的 "富者必用奇胜"。范蠡 "旱则资舟，水则资车" "贵出如粪土，贱取如珠玉"，这些都为一般商人所不能为，看似有悖常理的做法，恰是范蠡出奇制胜取得成功之例。

3.白圭的经营之道——"人弃我取，人取我与"

白圭（公元前370年—公元前300年），战国时期著名商人，有 "商祖" 之誉。

关于白圭，司马迁《史记·货殖列传》记载："白圭，周人也。当魏文侯时，李克务尽地力，而白圭乐观时变，故人弃我取，人取我与。夫岁孰取谷，予之丝漆；茧出取帛絮，予之食。太阴在卯，穰；明岁衰恶。至午，旱；明岁美。至酉，穰；明岁衰恶。至子，大旱；明岁美，有水。至卯，积著率岁倍。欲长钱，取下谷；长石斗，取上种。" 意思是说：白圭是战国初期的西周国人。当魏文侯在位时，李克正致力于开发土地资源，而白圭却喜欢观察市场行情和年景丰歉的变化，所以当货物过剩，人们低价抛售时，他就收购；当货物不足，人们高价索求时，他就出售。当谷物成熟时，他买进粮食，出售丝、漆；当蚕茧结成时，他买进绢帛绵絮，出售粮食。他了解，太岁在卯位时，五谷丰收；转年年景会不好。太岁在午宫时，会发生旱灾；转年年景会很好。太岁在酉位时，五谷丰收；转年年景会变坏。太岁在子位时，天下会大旱；转年年景会很好，有雨水。太岁复至卯位时，他积贮的货物大致比常年要增加一倍。要增长钱财收入，他便收购质次的谷物（本书作者注：质次的谷物为生活必需品，利虽不高，但成交量大，即薄利多销，能以多取胜，不抬高价格也可获大利）；要提高谷物的产量，他便选择优良的谷物作为种子供应。

白圭主要从事农副产品的经营，他懂得农副产品市场行情和年景丰歉变化的规律，他把自己的经营之道归纳成八个字"人弃我取，人取我与"。丰收年或粮食大量上市季节，农民急着要把多余的粮食脱手，粮价下跌，白圭就适时收购进来，这就是"人弃我取"；歉收年或青黄不接之际，农民亟需购买粮食以维持生活，粮价上涨，白圭就适时供应粮食，这就是"人取我与"。白圭的经营特点，就是把某些尚未形成社会迫切需要，一时供过于求，从而价格比较便宜的商品，预先大量购存，等待时机，在社会迫切需要并求过于供，价格上涨时，再行出售，这也是"待乏"原则的运用。白圭从自然形成的丰歉差价、季节差价中取得合理的利润。

资料来源：

［1］司马迁.史记[M].长沙：岳麓书社，1988：933.

［2］宁德煌.商德——中国古代商业文化瑰宝[M].昆明：云南科技出版社，2023：165-166.

营×销×启×示

白圭善于观察市场行情和年景丰歉的变化，所以当市场货物过剩，人们低价抛售时，他就收购；当市场货物不足，人们高价索求时，他就出售。这与一般商人"人弃我不取，必待更贱始取之；人取我不与，必待更贵始与之"的做法判然有别，这也正是白圭经商成功的高明之处。

4.明华卖米的生意经——中国古代关系营销实践

在古代中国的一个村庄，有一个叫明华的年轻米商。加上他，村子里一共有6个米商。他整日坐在米店前等待顾客的光临，但他的生意实在是太糟了。

一天，明华意识到他必须要了解一下乡亲们，了解他们的需求和愿望，而不是单纯地将米卖给那些来到店里的乡亲。他认识到，他必须要让乡亲们想到买他的米的时候感到物有所值，而且比买其他几个米商的米都合算。于是，他决定对销售过程进行记录，记录下乡亲们的饮食习惯、订货周期和供货的最好时机。为了进行市场调查，明华开始了走访，他逐户询问下列问题：

（1）每个家庭中的人口总数。

（2）每天大米的消费量是多少碗。

（3）家中存粮缸的容量有多大。

针对所得到的资料，明华向乡亲们承诺：

（1）免费送货上门。

（2）定期将乡亲家中的米缸添满，即定期补货。

例如，一个4口之家，每个人每天要吃2碗大米，这样，这个家庭一天的大米的消费量是8碗。根据这个测算，明华发现，该家庭米缸的容量是120碗，接近一袋米，一缸大米可以消费15天。于是，他决定每15天为这个家庭送一袋大米。

通过建立这样极有价值的记录和推出新的服务，明华与顾客建立起广泛而深入的关系。先是与他的老顾客，然后逐步扩展到其他的乡亲。他的生意不断地扩大，以至于不得不雇用别人来帮助他工作：一个人帮助他记账，一个人帮助他记录销售数据，一个人帮助他进行柜台销售，还有两个人帮助他送货。至于明华，他主要的职责就是与乡亲们不断接触，搞好与大米批发商的关系，因为当时大米是非常紧缺的，只有为数不多的大米生产者。结果，明华的生意蒸蒸日上。

［资料来源：克里斯廷·格罗鲁斯.服务管理与营销：基于顾客关系的管理策略（2版）[M].北京：电子工业出版社，2002：18-19.引用时有增改。］

◇营◇销◇启◇示◇

　　关系营销理论产生于20世纪80年代，1983年，美国学者伦纳德·贝利（Leonard Berry）最早提出了关系营销概念。他认为：关系营销就是保持顾客。明华卖米的中国古代关系营销实践，比关系营销理论的提出要早很多年，并引起了世界服务管理与营销理论研究泰斗克里斯廷·格罗鲁斯教授的关注。

5. "利以义制，名以清修" ——晋商

　　山西，因地属太行山以西，故名山西。春秋时期属晋国地，故简称"晋"。

　　晋商起源于晋南，晋商是指明朝分布在晋南（今天的运城、临汾、晋城、长治等地）、清朝分布在晋中（今天的祁县、平遥、太谷、榆次等地）的商人集团。

　　晋商主要经营食盐、茶叶、票号业、典当、铁器、粮食、丝绸、棉布、蓝靛颜料等。晋商的商业早期以盐为主，中期的多元化贸易中茶叶占有重要地位，后期则是以票号业为主。

　　晋商企业文化的核心是诚信。晋商的诚信包括了两个方面内容：对内是掌柜与东家、员工与企业之间的诚信。东家对大掌柜"疑人不用，用人不疑"，充分放权。掌柜与员工对东家"受人之托，忠人之事"；对外是对贸易伙伴和顾客的诚信，坚持"重合同、守信用，一诺千金"，以诚待客。"宁可人欠我，决不我欠人"。正是这种诚信保证了晋商的成功。晋商的企业制度和业务特点决定了诚信的重要性。

　　晋商在几百年的发展过程中形成了一套有效的企业制度，其核心就是所有权和经营权分离。企业所有者称为东家，他在选择好了大掌柜之后实行全面授权经营。在这种企业制度下，企业的有效运行完全取决于大掌柜对东家的忠心、大掌柜能够严守"受人之托，忠人之事"的道德规范。否则，就无法制止大掌柜的道德败坏行为。因此，大掌柜对东家的忠诚，就成为晋商经营成功的基本保证。

　　对客户的忠诚是晋商的特殊业务所要求的。清朝道光三年（1823年），山西平遥"日升昌"票号开业，它开创了中国历史上有重要意义的票号业。在中国十大商帮中，只有晋商同时具备从事票号业的四个条件：资金、人才、商业网络和信誉。信誉是票号的生命线。在政府没有票号法的情况下，办票号完全是自发的，没有任何审批程序，其经营行为也不受政府监督。票号接受客户的真金白银，然后为其开一张并没

有法律保证的汇票。客户的汇票能否再兑现为真金白银，则完全取决于票号的信誉。如果晋商没有对客户的诚信，做到"见票即付"，谁敢把真金白银交给票号？因此，票号业务的特殊性决定了诚信的企业文化对晋商的重要性。

"成大商者，必有大德。"晋商以诚信经商取得人们信任，招来更多顾客，生意也就越做越好，越做越大。

晋商视商誉如生命，以诚信取胜，他们经商虽以盈利为目的，但取利均以道德信义为根据，坚持"利以义制，名以清修"的诚信观。晋商在明清两代曾经辉煌了500年之久。500年间，晋商足迹遍华夏，声名振欧亚，影响之大，在中国、在亚洲，甚至于世界商业史上都占有一定的位置。在儒家义利思想的影响下，晋商身入财利之场而不污，守信耐劳，淳厚信义，堪称商界典范。

（资料来源：宁德煌.商德——中国古代商业文化瑰宝[M].昆明：云南科技出版社，2023：39-45.）

营 销 启 示

中国古代商人经商把盈利当作首要的追求目标，但对于晋商来说，他们对利的获取以仁义为前提、以诚信为根本。

6. "贾而好儒，诚笃不欺"——徽商

徽州府，古代行政区划名。徽州府即徽州，简称"徽"，位于新安江上游，古称新安，宋徽宗宣和三年（公元1121年），改歙州为徽州，从此历宋元明清四朝，统一府六县（歙县、黟县、休宁、婺源、绩溪、祁门）。

徽商是指明清时期徽州府下辖绩溪县、歙县、休宁县、黟县、祁门县、婺源县等六县的商人集团。其地域主要分布于今天的安徽省南部的黄山市、宣城市绩溪县，以及江西省东北部的婺源县。

徽商主要经营食盐、典当、茶叶、木材、粮食、棉布、丝绸、文房四宝等。

徽商在南宋崛起之后，到明朝已经发展成为中国商界和晋商并举的一支劲旅。明朝万历年间《歙志》在概括徽人商业活动的情形时说："其货无所不居，其地无所不至，其时无所不鹜，其算无所不精，其利无所不专，其权无所不握。"到清朝中叶，徽商一跃成为中国十大商帮之首，所谓"两淮八总商，邑人恒占其四"，尤其是

在盐、茶业贸易方面，徽商独执牛耳。明清时期有一谚语"钻天洞庭（商）遍地徽（商）"，这句谚语形象地说明了徽商的活动范围。明清两朝，徽州民众经商比例之高冠绝全国，他们遍布大江南北，从事各种商货的转运与销售活动，从繁华都市到乡村僻野，从沿海地区到内陆腹地，随处可见徽商们的经营足迹，甚至形成了"无徽不成镇，无徽不成商"的俗语。清朝康熙、乾隆年间，徽商进入鼎盛时期，直到清末，徽商才开始走向没落。

徽州号称"东南邹鲁"，自唐朝黄巢起义后，"中原衣冠避地于此，益尚文雅，宋名臣辈出，多为御史谏官者，自朱子而后为士者多，明义理之学。……读书力田，间事商贾"，儒家思想成为了徽商重要的文化内核。徽州人有重教兴学的好传统。南宋大儒朱熹祖籍是徽州婺源，他特别重视教育。在朱熹的影响下，从南宋开始，徽州就形成了重教兴学的好传统，乃至"十家之村，不废诵读"。这就是说，哪怕是一个只有十来户人家的小村落，也会传来琅琅的读书声。家里再穷，孩子五六岁时家长一定会送他去读书学文化，待到十三四岁时，就已掌握了中国传统文化中最基本的内容了，此时不管去做学徒或是随人经商，可以说是有文化了，这也是徽州人与众不同之处。

在中国明清十大商帮中，只有徽商被称为"儒商"。徽商多为文化人，即是说徽商具有一定的文化根底，由于儒家文化一直在我国封建社会占据统治地位，所以这里说的文化主要指的是儒家文化。深受儒家文化浸润的徽商形成了自己独特的儒商风范。所谓儒商，就是"儒"与"商"的结合体，既有儒者的道德和修养，又有商者的精明与成功。这些都在徽商身上得到完美的体现。"贾而好儒"是徽商的重要特色和价值追求。贾而好儒是指商人崇尚儒家思想和中国传统文化，并付诸行动的一种文化现象。徽州人深信"贾为厚利、儒为名高"。

徽商商业道德可以概括为：以诚待人、以信接物、以义取利、以质求胜等四个方面。

（资料来源：宁德煌.商德——中国古代商业文化瑰宝[M].昆明：云南科技出版社，2023：46-53.）

营×销×启×示

徽商按照儒家的道德规范经商，恪守商业道德，诚信为本。

7. "炮制虽繁，必不敢省人工；品味虽贵，必不敢减物力" —— 同仁
堂的诚信观

"同仁堂"于清朝康熙八年（1669 年）由乐显扬（1630—1688 年）创办于北京，
最初叫做"同仁堂药室"。乐显扬的祖籍为浙江宁波府慈溪县。

在封建的皇权社会，哪家药店被选上供奉御药，就标志着哪家药店实力最雄厚，
信誉最可靠，是至高无上的荣誉。"同仁堂"自 1723 年（清朝雍正元年）至 1911 年
为清宫供御药，历经雍正、乾隆、嘉庆、道光、咸丰、同治、光绪和宣统等八代皇
帝，长达 188 年。

"同仁堂"于 2006 年被中华人民共和国商业部认定为第一批"中华老字号"。
"同仁堂"是"中国驰名商标"。"同仁堂中医药文化""安宫牛黄丸制作技艺""传
统中药材炮制技艺"等 3 个项目已被认定为国家级非物质文化遗产。

同仁堂创始人乐显扬认为"可以养生、可以济人者，惟医药为最"，并把"同仁"
二字命名为堂名，认为"公而雅"。

《周易》"同人卦"天火同仁，象征同类会聚、齐心无私、协力经营共同事
业，因此卦辞曰"亨"，即通达顺利；汉黄石公《素书·安礼》"同仁"一词，指
同行仁德者；韩愈《清边郡王杨燕奇碑文》用"同仁"一词，取一视同仁之意。乐
显扬融合上述三意，命为堂名，既包含了儒家推崇
的"天下为公"的思想，又蕴含了《尔雅》关于
"义""正"的道德要求。

"同修仁德，济世养生"是同仁堂创立的初心。

自清朝康熙八年（1669 年）创建以来，同仁堂
恪守"炮制虽繁，必不敢省人工；品味虽贵，必不
敢减物力"的古训。

这条古训简称为"两个必不敢"，始见于 1706
年同仁堂药店创始人乐凤鸣编写的《同仁堂药目
叙》。该叙载："古方无不效之理，因修合未工，品
味不正，故不能应症耳。平日汲汲济世，竞竞小
心。凡所用丸散无不依方炮制，取效有年。每庭训
之……遵肘后、辨地产，炮制虽繁必不敢省人工，
品味虽贵必不敢减物力，可以质鬼神，可以应病症，

图 1-5 "同仁堂"古训

庶无忝先君之志也。"

"两个必不敢"的本意是：同仁堂的中成药有丸、散、膏、丹……有的中药材在加工过程中还要通过炮制来减毒增效，不论制作过程多么烦琐、工艺多么复杂，为确保疗效显著，不敢有半点懈怠而节省步骤；同仁堂加工中成药的中药材，有的成本十分昂贵，例如：参茸燕草、麝香牛黄等，不论中药配方的成本多么高昂、药材多么稀缺，为出珍品，不敢有半点吝啬而节省物料。

"两个必不敢"体现的是以诚信精神为基础的质量观。同仁堂人在此基础上总结出 "诚信为本，药德为魂"的经营理念和 "德、诚、信"三字企业真经等行为准则，保证了 "疗效显著"，实现了 "济世养生"的理想。

"修合无人见，存心有天知"是中医药行业普遍遵循的传统规则，更是历代同仁堂人的自律准则。

"修""合"二字在古典药籍中意相近，均与 "炮制"相关。

"修合无人见，存心有天知"字面意思是：在没有监管、他人不知情的情况下，在中成药炮制的过程中依然要凭良心，自觉做到药材地道、斤两足称、制作遵法。换句话说，虽他人不在场，但 "上天"是知道的，讲的是不能违背良心、不能见利忘义、不能偷工减料，是对人们常说的 "人在做，天在看"的有力解释。

"修合无人见，存心有天知"体现的是一种道德自律和行为准则。

资料来源：

［1］中国北京同仁堂（集团）有限公司官方网站https：//www.tongrentang.com/.

［2］宁德煌.商德——中国古代商业文化瑰宝[M].昆明：云南科技出版社，2023：123-126.

　　企业，要见利思义，不能见利忘义;要取之有道，而不能取之无道。市场经济是法治经济，更是信用经济，信用是企业的生命线。

8.戒欺——胡庆余堂 "堂规"

胡庆余堂于清朝同治十三年（1874 年）由清朝 "红顶商人"胡雪岩（1823—1885 年）在浙江杭州著名风景区吴山脚下大井巷创建，宗旨济世宁人。胡雪岩为安徽徽州绩溪人。

"胡庆余堂"于2006年被中华人民共和国商业部认定为第一批"中华老字号"。"胡庆余堂"是"中国驰名商标"。"胡庆余堂"中药文化已被认定为国家级非物质文化遗产。

胡庆余堂以南宋官办"太平惠民和济药局"局方、传统方、名医验方、秘方为基础,生产丸、散、膏、丹、曲、露、油、酒、片剂、胶囊、颗粒剂等剂型数百个产品,是我国现存历史悠久的传统中药企业之一。

北京同仁堂开创于清朝康熙八年,由于地域因素,同仁堂以供奉朝廷皇室为业,而杭州胡庆余堂则以服务于江南一带民生疾苦为主,"北有同仁堂、南有庆余堂"。清朝晚期,胡庆余堂就赢得了"江南药王"的美名。

胡庆余堂里至今仍保留着一块非同寻常的"戒欺"匾额,胡庆余堂许多匾额都是朝外挂的,惟独该匾是挂在营业厅背后,面对经理及账房,是挂给企业员工看的。"戒欺"匾文为胡雪岩于清朝光绪四年(1878年)亲手撰写,全文102字,字字珠玑,奉为胡庆余堂"堂规"。

图1-6 胡庆余堂"堂规"——"戒欺"匾

(资料来源:杭州胡庆余堂集团有限公司官网http://www.hqyt.net/index.php/culture.)

这块匾额的右边是"戒欺"两个大字,占了整个匾额的将近一半的面积,字迹浑厚有力,非常醒目。匾额的左边用小字写了一段话:"凡百贸易均着不得欺字,药业关系性命,尤为万不可欺。余存心济世,誓不以劣品弋取厚利,惟愿诸君心余之心。采办务真,修制务精,不至欺予以欺世人,是则造福冥冥。谓诸君之善为余谋也可,谓诸君之善自为谋也可。光绪四年戊寅四月雪记主人跋。"这意思是说:凡是贸易,都不能沾上"欺"字,药业关系到人们的性命,尤其万万不可欺。我存心济世,发誓不以伪劣商品获取厚利,惟愿各位员工以我的心为心,采办药材务必要是真材实料，加工制作务必要精细，不至于欺骗我又欺骗世人，这样做就是在冥冥之中造福了啊。说各位的善是为我考虑也可以，说各位的善是为自己考虑也可以。

从"戒欺"匾上，我们看到了胡庆余堂在力求这种道德上的自觉，这种道德首先表现在对个体生命的尊重，"药业关系性命，尤为万不可欺"，而不像当前一些企业对生命的轻视甚至谋杀，在这种情况下，"采办务真，修制务精"成为企业生产最基本的要求。"采办务真"，这"真"，指的是入药的药材一定要"真"，除了"真"，还力求"道地"。创建之初，胡雪岩派人去产地收购各种道地药材。例如，去山东濮县采购驴皮，去淮河流域采购怀山药、生地黄、黄芪，去川贵采购当归、党参，去江西采购贝母、银耳，去汉阳采购龟板，去关外采购人参、鹿茸，等等。从源头上就着手抓好药品的质量。"修制务精"，这个"修"是中药制作的行业术语。"精"就是精益求精。其意是员工要敬业，制药求精细。例如，胡庆余堂的"局方紫雪丹"，是一味镇惊通窍的急救药，按古方制作要求最后一道工序不宜用铜铁锅熬药，为了确保药效，胡雪岩不惜血本请来能工巧匠，铸成一套"金铲银锅"，专门制作紫雪丹。现"金铲银锅"被列为国家一级文物，并誉为"中华药业第一国宝"。

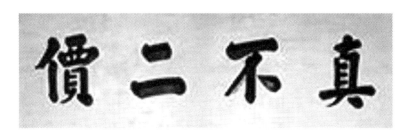

图 1-7　胡庆余堂"真不二价"匾

（资料来源：杭州胡庆余堂集团有限公司官网http：//www.hqyt.net/index.php/culture.）

胡庆余堂的"戒欺"理念，涵盖了企业的方方面面，反映在经营上，首推的是"真不二价"。在胡庆余堂古朴的营业大厅上方，悬挂着一块"真不二价"的金字大匾。传说在古代有个叫韩康的人，精通医药，以采药卖药为生。市场上别的卖药者常常以次充好，以假乱真，买主讨价喋喋不休。而韩康卖的都是货真价实的药材，他不许讨价还价，他说我的药就值这个价，叫"真不二价"。胡雪岩引用"真不二价"，就是向顾客正言，胡庆余堂的药，货真价实，童叟无欺，只卖一个价。胡庆余堂"真不二价"匾妙在反读之恰为"价二不真"，异曲同工。

资料来源：

[1] 杭州胡庆余堂集团有限公司官网http://www.hqyt.net/index.php/culture.

[2] 宁德煌.商德——中国古代商业文化瑰宝[M].昆明：云南科技出版社，2023：137-141.

营 销 启 示

做生意要讲究诚信，千万不能欺骗顾客。

9. 内联升的《履中备载》——数据库营销的雏形

内联升于清朝咸丰三年（1853 年）由天津武清人赵廷创建于北京。"内联升"于 2006 年被中华人民共和国商业部认定为第一批 "中华老字号"。"内联升"是 "中国驰名商标"。"内联升千层底布鞋制作技艺"已被认定为国家级非物质文化遗产。

赵廷早年在京城一家制鞋作坊学做鞋，由于悟性极高，很快便学得一身好手艺。在积累了丰富的客户人脉和一定的管理经验后，赵廷决定自立门户。很快，在京城一位人称 "丁大将军"的万两白银入股资助下，资助赵廷创办内联升靴鞋店。

慧眼独具的赵廷分析了当时京城制鞋业的状况，认为京城缺少专业制作朝靴的鞋店，于是决定办一家朝靴店。打坐轿人的主意，利用人脉关系，为皇亲国戚、朝廷文武百官制作朝靴。

"内联升"字号名称的来源。赵廷按照他的经营目标，经过一番苦心思索，为鞋店取名为 "内联升"，"内"指大内，即宫廷；"联升"示意顾客穿上此店制作的朝靴，可以在宫廷官运亨通，连升三级。这样吉祥的寓意颇为符合清朝官员们追求升官的心理。早期内联升专为朝廷王公大臣制作朝靴，以做工细、选料考究闻名遐迩。

清朝，在北京 "脚踏内联升"，即穿上内联升做的鞋，是一种身份的象征。在老北京，还有一种说法 "爷不爷先看鞋"，北京人讲究出门在外必须有双好鞋子，穿双好鞋，脚底有了劲儿，脸面上才有光。而内联升就是公认的买鞋的好去处，洋车夫穿的是内联升做的洒鞋，朝廷文武大员穿的是内联升做的朝靴，就连那清朝末代皇帝登基坐殿，穿的也是内联升做的龙靴。做朝靴起家，服务坐轿人是内联升的市场定位。

内联升十分注意对来店做鞋的清朝贵族官员的身份特征、背景资料、脚的尺寸大小、朝靴样式偏好等信息的收集，将其逐一登记在册，按系统等级记录整理，形成详细周全的《履中备载》，并时常补充、更新、完善，以此作为生产朝靴的依据。清朝官员如再次买鞋，只要派人告知，便可根据资料按要求迅速做好送去。同时，也为下级官员晋见朝官送礼提供了方便。

图 1-8　内联升的《履中备载》

《履中备载》是中国最早的"客户关系管理档案"，实际上，它也是今天数据库营销的雏形。

资料来源：

［1］内联升官网http：//www.nls1853.com/ppgs.

［2］宁德煌.商德——中国古代商业文化瑰宝[M].昆明：云南科技出版社，2023：134-136.

营销启示

　　中国古代商人非常注重搜集客户需求信息、坚持按需生产。内联升是中国古代服务精细化的典范。

10.破茧成"皇"——"皇上皇"的品牌故事

中华民国时期，广州城内有两间颇有名气的腊味店，一间是"八百载太上皇"，一间是"东昌皇上皇"，实为两兄弟创办。东昌老板谢昌，在 20 世纪 40 年代初期为挑担小贩，做咸鱼、茶叶、沙榄等生意。他发觉其兄开的腊味店获利丰厚，后在海珠南路"八百载"隔壁自立门户专营腊味，取名"东昌"。伊始，经营惨淡，后广招人才，多次易名，全盛时期统称为"东昌皇上皇腊味"。

两兄弟同时经营腊味店，而且近在咫尺，每天都在上演着抢客大战。"同行是冤家"，在那个百业荒废的年代，生钱就是硬道理，两兄弟在生意上的角逐，从未停止。谢昌的"东昌"刚开店的时候，哥哥的"太上皇"腊味已名声远播，每到逢年过节，其兄之店门庭若市，川流不息；而"东昌"却寥寥几人，惨淡经营。如此大的反差，令"东昌"老板谢昌意识到，此时的腊味店必须要改革才有出路。

（1）"三大经营"政策

面对激烈的市场竞争，"东昌"老板谢昌制定了"三大经营"政策。凡事亲力亲为，生意才慢慢得到了回转。

①广招人才

"东昌"老板谢昌求才若渴，深知一个店面的摆设对于消费者购买量起着很重要的作用，为一个能干的铺面工不惜"三顾茅庐"，重金礼聘"太上皇"的铺面工负责"东昌"商品陈设工作，使得店面焕然一新。

②狠抓质量

一个好的产品决定了店铺能否长久经营，"东昌"老板谢昌亲自抓质量，力求"东昌"的每一件出品都是至优至美。同时，在商标招牌上"东昌"老板可是费煞心计。他认为，生意要好，招牌就要响。他见其兄经营的腊肠称为"太上皇腊肠"，他不甘示弱地灵机一动，你当太上皇，我当皇中之皇，于是便一锤定音，把东昌腊味店易名为"东昌皇上皇腊味店"。

③扩大宣传

"东昌"老板谢昌的宣传意识较强，经常利用电台、报纸、广告等开展腊味宣传，曾花重金捐赠一副"东昌腊味店"前幕给海珠大戏院，并在上面绣上"东昌皇上皇腊味店"字样，让每一个踏进海珠大戏院的戏迷都能看到"东昌皇上皇"。除此以外，每年冬季都是腊味出售的旺季，"东昌皇上皇"会采取买一斤腊肠送一本印有皇上皇招牌的挂历，以此增加店铺知名度。抗战胜利结束后，电台常为"皇上皇"做腊味的广告宣传，当时的皇上皇广告词朗朗上口，通俗易懂，一时之间红遍整个广州城，在市内大街小巷广为传唱，皇上皇腊肠成为家喻户晓的当红产品，家家户户必备。此后，皇上皇利用"活模特"进行移动宣传，让员工穿上印有"皇上皇"招牌字样的衬衣行走在大街小巷之中，宣传范围更为广泛。

通过以上举措，在不到 10 年的时间里，皇上皇飞速发展，成为广州腊味行业中发展最快的商家之一。

图 1-9　东昌皇上皇腊味店

（资料来源：https：//www.gzhsh.com/sell/index_123.aspx.）

（2）"三阵并施，全年统筹"的营销策略

俗话说得好："秋风起，食腊味。"在那个物资匮乏的年代能够在严寒的冬日，吃上一碗热腾腾的腊味饭，真是人生一种极大的满足！因此，每年的冬季就是腊味行业的旺季。行内有句话叫"百日红，担灯笼"，顾名思义就是工人们做满了 100 天后便得开始重新另寻出路，有点像今天的合同工，旺季过了，工期满了，工人们便陆陆续续散了，但是，工人的离开不代表腊味店的关门。一年 300 多天，只有 100 多天的旺季，剩余 200 多天的闲时，想要腊味店能继续经营下去，老板们必须得"另谋出路"。在一次偶然的机会里，"东昌皇上皇"老板谢昌经过第十甫路的"加拿大冰室"发现里面人头攒动，热闹非常，便萌生了开冰室的想法。坐言起行，"东昌皇上皇"老板谢昌就开始统筹策划，很快"东昌冰室"就开业了。

1947 年初，"东昌皇上皇"老板谢昌匠心独特地适时推出了"三阵并施，全年统筹"的营销策略。"三阵"分别代表火攻的"朱仙阵"，水攻的"阴风阵"，以及不温不火的"温和阵"。

①火攻"朱仙阵"

火攻"朱仙阵"指的是，在冬季开始猛炉大火，全力以赴生产腊味，谓"朱仙阵"。"东昌皇上皇"主打产品肯定是腊味，老板谢昌亲自下厂制作，严格把握质量关，精选材料，集成古法制作程序，致力做出最优质的腊味。在整个制作的流程中，无论是一条绳、一滴水、一滴油，都把控十分严格，并且坚持"灌得行（满）、斟得匀、绑得紧"的标准。此外，老板还特意高薪礼聘海南师傅回来制作酱油，独特的酱油使得腊味的出品更具风味。由于皇上皇腊味选料正宗，口味独特，工艺精细，使得皇上皇腊味销量节节攀升，很快就成了街知巷闻的腊味知名品牌。20世纪40年代，"东昌皇上皇"腊味店每天销量更可高达上百斤干货。后来，慢慢随着生意的发展，"东昌皇上皇"的产品也从单一的"东昌金牌老抽肠"慢慢发展到"生抽肠""白油肠""切肉肠"等多个品种，腊味生意红极城内外。

②水攻的"阴风阵"

水攻"阴风阵"指的是，在夏季，利用腊味店铺处在人口稠密繁忙地段优势，把腊味店改成以冷饮刨冰为主的冰室，称为"阴风阵"。为了搞好冰室生意，老板谢昌请来了"加拿大冰室"的制冰师傅，负责冰室的一切制冰事务。1947年，第一家"东昌冰室"在海珠南店正式开业，首创了腊味店内开冰室的先例。正是这种勇于尝新的精神，使"皇上皇"品牌又得到了深入的传播。"东昌冰室"适时而生，在仅仅1年的时间内，下九路分店和太平南分店都开始冰饮生意。很快，"皇上皇冰室"声名大噪，吸引了很多慕名前来的客人。业务的蓬勃发展，为后期"皇上皇"的再度展飞奠定了基础。

③不温不火"温和阵"

不温不火的"温和阵"指的是，在春、秋两季，充分利用腊味"下脚料"——油料，穿插生产肥皂，称为"温和阵"。这是"东昌皇上皇"老板谢昌独特的经营方式——变废为宝。油脂是生产腊味的副产品，又是制作肥皂的必需原料。"皇上皇"老板谢昌在没有开腊味店之前，曾自制肥皂拿出去贩卖，面对如此多的油料，老板决定重操旧业，变废为宝，用油料做肥皂。肥皂作为生活用品，无须顾及季节性问题，一年四季都能适用。因此，"东昌皇上皇"旺季生产腊味，淡季开冰室卖冷饮、生产肥皂，随时供应，使得业务销量持续上升。

"东昌皇上皇"生意长年畅旺。至1949年，"皇上皇"除扩充海珠南老铺外，又开设太平路"为记"分店、下九路"下东昌分店"，并在紫薇洞、大新路、石公祠开设三个工场，制造肥皂和雪条。

"皇上皇"品牌在短短几年时间内，美名远播，销量高企，被誉为行业的传奇，为行内人所津津乐赞。

1956年，公私合营改造，"东昌皇上"皇腊味店改为国有，"皇上皇"商号得到国有企业传承和发扬光大，以广式腊味的独特风格，在国内外市场享有盛誉。

2006年，"皇上皇"被中华人民共和国商务部认定为首批"中华老字号"。

2009年，以"皇上皇"品牌为核心的广州皇上皇集团有限公司成立。

2012年，"皇上皇"被国家工商行政管理总局商标评审委员会评选为"中国驰名商标"。

（资料来源：广州皇上皇集团股份有限公司官网https：//www.gzhsh.com/sell/index_123.aspx；http：//dfz.gd.gov.cn/gdcy/lzh/content/post_3720661.html.）

◇ 营 ◇ 销 ◇ 启 ◇ 示 ◇

一年有四季。广式腊味的生产制作受季节变动影响极大，每年冬季是生产制作广式腊味的旺季，而春夏秋三季是生产制作广式腊味的淡季。"东昌皇上皇"老板谢昌采用"三阵并施，全年统筹"的营销策略，即冬季生产制作腊味，夏季利用腊味店铺地段优势开冰室卖冷饮，春、秋两季利用生产腊味的副产品油脂制作肥皂，变废为宝。"东昌皇上皇"老板谢昌充分利用了企业各种资源，实现了企业全年均衡生产和连续生产。这种成功的营销策略和经验，值得我们今天的企业学习与借鉴。

11. "堂倌儿"——"老成都"饭馆招待员

朗朗上口的"喊堂声"，是"老成都"记忆里抹不去的回响，一道道风格不同的菜肴，在堂倌灵巧的报菜名声中如花绽放。如今，随着餐厅越来越大，当年的堂倌儿变成了手拿菜谱的服务员，喊堂声也随之渐渐消逝，变成了需要保护的非物质文化遗产。时代在变迁，餐饮业在发展，喊堂技艺经历了辉煌与失落，又将走向何方？

对于老成都人来说，街头从来都是慵懒而热闹的。藏匿在古树浓荫之中的，有斑驳的青砖黛瓦、幽深的老巷，还有穿透市井街道此起彼伏的吆喝声、叫卖声。

"喊堂"声，更是老成都的声音里不会缺少的一个，它似民歌，如小调，高亢、浑厚、朴实、悦耳。这声音，路明章（本书作者注：成都市非物质文化遗产鸣堂技艺传承人）听了一辈子，也喊了一辈子。

过去有种说法叫"头堂二炉三墩子"，路明章解释说，"头堂"就是堂倌儿，"二炉"就是炒菜的，"三墩子"是凳子。"卖钱不卖钱，全靠招待员"，在旧社会，招待员的工资比厨师要高。

路明章，十几岁就在饭馆里做 "堂倌儿"，如今早已过古稀之年。他是成都的最后一位堂倌儿，也是非物质文化遗产 "鸣堂技艺"的传承人。路师傅说，他那个时候，当 "堂倌儿"是要拜师学艺的。"堂倌儿"当伙计，并不是一项容易的工作。迎宾、点菜、传菜、结账、送客，永远是忙忙碌碌，一路小跑。当时有人形容堂倌儿，说他们有 "猴子的脑袋，八哥的嘴，大象的度量，兔子的腿"，这说法并不夸张——以前没有菜谱，全部是由招待员记在脑袋里。客人来吃饭，就由招待员来介绍。根据客人年龄、喜好，吃酒不吃酒，吃饭不吃饭，分别来推荐。

"堂倌儿"不是厨师，可每道菜的味道特点、烹饪程序，他要清清楚楚；他不是社会学家，可对三教九流，不同民族、不同社会阶层的习惯风俗，要了如指掌；他不是心理学家，却要学会察言观色、言辞得体。集这些本领于一身的堂倌儿，路明章当了一辈子。他说，难的不是技术，而是 "用心" ——是对顾客的细心、安心和真心。正所谓：运用之妙，存乎一心。

路明章说，当时不讲究什么 "笑脸相迎"，只要你是真诚的，就好了。"你就把顾客当作是你自己家人来吃饭，你该怎么接就怎么接。这样子人家买主就很喜欢了。"

说不清楚是从什么时候起，老成都的印记一点点模糊了，饭馆里亲切的喊堂声渐渐消逝了，越来越多的是餐厅门口的 "常年招聘服务员"的启事。路师傅的同行们在慢慢老去、转行，堂倌儿行当里只剩下他一个人。

对于喊堂声的沉寂，成都市非物质文化遗产保护研究中心专家袁庭栋，也不悲观。在他看来，老堂倌儿的衣钵，依然在传承。过去的堂倌儿满脸堆笑的服务，从头到尾，男女老少都很喜欢他，这就是服务意识。鸣堂技艺这个形式不一定恢复，但是堂倌儿敬业的精神是可以传承的。

（资料来源：央广网http://china.cnr.cn/yaowen/20160225/t20160225_521464090.shtml；宁德煌.饮食消费者行为与餐饮营销策略研究[M].昆明：云南科技出版社，2022：189-190.引用时有增改。）

营 销 启 示

　　餐厅服务的对象是多种多样的，除不同国家、不同地域、不同民族和不同宗教信仰的消费者有不同的饮食需求以外，不同年龄、不同性别、不同职业、不同疾病患者、不同就餐目的的消费者也有着不同的饮食需求。餐厅服务人员通过看、听、问可以了解消费者的就餐目的、就餐对象、是否有饮食禁忌等，从而可以针对具体情况进行服务。现在的餐厅服务人员要学习和传承"堂倌儿"的敬业精神。

12. 为人民服务——中国政府也"营销"

　　随着我国公共管理事业的发展，在政府职能定位和社会问题的解决等方面，都迫切需要一些现代管理理论、手段和方法来指导。从国外公共管理的成功实践来看，市场营销是一种行之有效的、较好的公共管理手段和方法。应该引入市场营销观念，使政府树立服务意识和"顾客"至上意识。

　　20世纪80年代中后期，在西方国家出现了"新公共管理"（New Public Management）运动。新公共管理是一种新的管理模式，它关注政府实施的各种计划、项目的有效性，表现出了一种目标导向的趋势，目标是中心，行政权力和行政行为是从属于这一中心的，是服务于目标的。而这个目标的具体表现就是"顾客"的满意。根据新公共管理的设计，公共管理把需要服务的公众视为公共机构的顾客，通过调查，倾听顾客的意见，建立明确的服务标准，向顾客做出承诺以及赋予顾客选择"卖主"的权利，以实现提高公共服务质量的目的。这样一来，就必然会把顾客放在公共管理的中心，即以公共管理的客体为中心，而不是以其主体为中心。新公共管理表现出一种破除权力拜物教的趋势，使人们把视线从关注权力和权力的运行转向关注管理的效果上来。因为政府不再是唯一的公共管理组织和部门，也不再是唯一执掌公共权力的组织和部门，它对公共权力的垄断将随之而成为历史，公共权力随着公共管理的社会化而社会化，众多非政府公共管理组织都成为公共权力的执掌者。公共权力的社会化，或者说公共权力在公共管理体系中的非中心化，实际上也就是管理的服务化，即公共管理变成了一种为公众的服务。所以，服务将是新公共管理的主题。

现代政府是由人民大众产生的，我国宪法也确立了人民组织政府的权力，这表明了政府与公民之间的一种基本关系，这一关系表明政府的本质是为人民服务。但是，中国数千年的官贵民贱的封建传统，使得一些官、民在心理上存在着旧的阴影，他们都缺乏一种纳税人意识。用现代经济学的理论来说，社会公众是为政府提供税收的"纳税人"和享受政府服务作为回报的"顾客"或"客户"。顾客至上意识或人民大众至上意识必须是政府行为的一个起点。政府服务应以"顾客"为导向，应增强对社会大众需要的响应力。政府对社会公众的愿望和要求不仅不能无动于衷和无所作为，而且必须做出迅速反应。此外，政府提供的服务应该是高质量的，这一质量的评定者是社会大众。现代政府一旦丧失服务原则，它就会变成一个追逐自身利益的、腐败而享有特权的、与社会大众对立的利益集团。

（资料来源：宁德煌.市场营销在公共管理中的应用[J].中国行政管理，2001（10）：28.）

营销启示

政府营销不只是沟通，而是一种以公民为导向的思维。

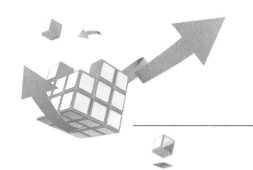

第二篇
市场营销调研

基本概念、理论和方法概述

应当看到,生产什么卖什么的时代已经过去了。市场已经从公司的末端移到了公司的前端,不能生产完了产品再往外卖,而是在生产产品之前就必须考虑市场需求。仅仅依靠提高产量和降低成本,并不能确保产品在市场上取得优势,还必须实现与消费者的信息沟通,更深层次地理解市场需求,认识市场竞争的演变趋势,更充分地满足消费者的需求,通过赢得人心去占领市场。一个公司要想发展壮大,进而成为世界顶尖的公司,就必须尽可能多地了解市场、了解消费者的需求,而要做到这一点,只有通过市场调研来实现。

《孙子兵法》中说:"知己知彼,百战不殆;不知彼而知己,一胜一负;不知彼,不知己,每战必殆。"意思是说:在军事纷争中,既了解敌人,又了解自己,百战都不会有危险;不了解敌人而只了解自己,胜败的可能性各半;既不了解敌人,又不了解自己,那只有每战都有危险。商场如战场,市场调研就是"知彼""知己"的开门钥匙。

市场营销调研是企业市场营销的起点,它始于企业还没有生产任何产品之前。一个企业在其市场营销活动中,需要做出各种不同的决策。例如,生产什么产品?顾客在购买某一产品时,他们的实际需要是什么?希望得到什么利益?如何满足顾客的需求?某种新产品是否应该开发?公司的竞争对手是谁?如何在激烈的市场竞争中立于不败之地?等等。所有这些问题都需要通过市场营销调研来解决。

市场营销调研的定义

市场调研的定义，有狭义及广义两种。

1.狭义的市场调研（Market research），即传统的市场调研，主要是针对消费者所做的调研，即以具体产品的消费者为对象，以科学方法搜集这种消费者购买以及使用产品的事实、意见、动机等有关资料，并给以分析研究的手段。

所谓消费者购买以及使用产品的"事实"，就是：消费者购买什么样产品？一次购买多少？在什么地方购买？什么时候购买？和谁一起去购买？怎样购买？如何使用产品等。所谓消费者购买商品的"动机"以及使用商品的"意见"就是：消费者为什么要购买这种产品而不去购买其他产品？对这个产品的看法怎么样？认为很好呢？还是太差等，以及其中涉及的心理状态。

现代市场极其复杂、变化多端，只进行单纯的消费者调研已经不能适应形势的要求了，因此，市场调研就发展为现在广义的市场调研。

2.广义的市场调研（Marketing research），即市场营销调研，其调研对象扩大了，除了对消费者进行调研以外，还要对公司的市场营销环境和市场营销状况进行调查。

美国西北大学菲利普·科特勒教授认为，市场营销调研是一种系统地进行信息设计、收集、分析和报告，用以解决企业某一营销问题的工作过程。

美国市场营销协会对市场营销调研的定义为：市场营销调研是一种通过信息将消费者、顾客和公众与营销者连接起来的职能。这些信息用于识别和确定营销机会及问题，产生、提炼和评估营销活动，监督营销绩效，改进人们对营销过程的理解。市场营销调研规定了解决这些问题所需要的信息，设计收集信息的方法，管理并实施信息收集过程，分析结果，最后要沟通所得的结论及其意义。

市场营销调研的目的

当前，我国经济已经处于供大于求的买方市场条件下，许多公司抱怨市场疲软，消费者有钱不花。事实上，从来没有疲软的市场，只有疲软的产品与公司！当前所谓的"供大于求"，并不是产品太多了，人们消费不了，而是不适合人们需求的产品过多了，消费者仍然有许许多多的、形式多样的需求未得到满足，市场上仍然存在着大量的"需求空档"，而这些也正是公司的发展机会。

市场调研的目的不仅在于通过调研发现公司市场营销中存在的问题，找出解决问题的方法，更重要的是通过调研为公司找到更好的市场营销机会，即生存发展机会。

市场营销调研的内容

市场调研的内容包括下列两个方面：

1.公司外部环境调研——国内外市场环境调查、技术发展调查、市场需求容量调查、消费者和消费者购买行为调查、竞争情况调查。

（1）国内外市场环境调查的主要内容是：国内外政治法律环境、经济环境、人口环境和社会文化环境等。

（2）技术发展调查的主要内容有：新技术、新工艺、新材料、新能源的发展趋势和发展速度；新产品的技术现状、发展趋势和对市场可能带来的影响；新产品应用新技术、新工艺、新材料的情况；国内外新产品的发展情况，以及引进、改造和生产的条件。

（3）市场需求容量调查的主要内容有：国内外市场的需求动向；现有的和潜在的市场需求量；社会拥有量、库存量；同类产品在市场上的供应量或销售量，供求平衡状况如何？本公司和竞争公司的同类产品的市场占有率；本行业或有关的其他行业的投资动向；公司市场营销策略的变化，对本公司和竞争单位销售量的影响等。

（4）消费者和消费者购买行为调查的主要内容有：消费者类别、消费者购买能力、消费者的购买欲望和购买动机、谁是主要购买者、消费者的购买习惯等。

（5）竞争情况调查的主要内容有：竞争单位的调查分析、竞争产品的调查分析。

2.公司市场营销可控因素调研——公司市场营销组合策略（4P's）及其实施效果调查。

市场营销调研的数据来源

市场营销调研的形式基本上可以分为两类：间接调查和直接调查。市场营销调研的数据来源，如2-1图所示。

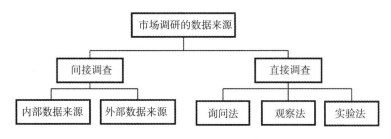

图 2-1　市场调研的数据来源

1.间接调查

间接调查是指获取和利用现成的数据资料，即第二手资料。第二手资料（Secondary data），就是为其他目的已经收集到的信息。

间接调查的优点是：①成本低（第二手资料可以从现成的数据资料中取得）。②速度快（第二手资料一般能很快获得）。③资料来源广泛。④容易进入一个新的课题研究领域。但是间接调查具有下列局限性：①所获得的资料陈旧、过时，时效性差。②数据的精确性、可靠性不够，往往无法对数据的客观性、有效性进行检验。③数据缺乏可比性，看不出各数值的量的区别，无分类说明。④数据的范围和细节不清楚。

间接调查的数据可以分为企业内部的数据来源和企业外部的数据来源。

企业内部数据来源包括：公司盈亏表、资产负债表、销售数据、销售预测报告、发票、库存记录和以前所作的调查报告等。

企业外部数据来源包括：政府出版物、期刊和书籍、商业资料和网络资料等。

2.直接调查

当间接调查资料提供的信息不够或者根本无法得到，而企业又需要这些信息时，就只能采用直接调查的方法，以获取第一手资料。第一手资料（Primary data）则是为了当前特定的目的而获取的原始信息。直接调查的方法有三种：询问法、观察法和实验法。

市场营销调研的过程

一个有效的市场调研过程应当包括六个步骤，如图2-2所示。

图 2-2　市场营销调研过程

（1）确定调研问题和调研目标

为了保证市场营销调研的成功和有效，首先，要明确市场营销调研的问题，既不能太宽泛，又不能过于狭窄，要有明确的界定并充分考虑市场营销调研成果的实效性。其次，在确定调研问题的基础上，提出特定的调研目标。

（2）制订调研计划

市场营销调研的第二步是制订出最为有效地收集所需信息的计划。在设计一个市场营销调研计划时，需要作出决定的有：资料来源、调研方法、调研工具、抽样计划和接触方法，如表 2-1 所示。

表 2-1 市场营销调研计划的构成

资料来源	第二手资料、第一手资料
调研方法	询问法、观察法、实验法
调研工具	调查问卷、仪器
抽样计划	抽样单位、样本规模、抽样程序
接触方法	电话访问、邮寄问卷、面谈访问、在线访问

（3）收集信息

这是成本最高，也是最容易出错的阶段。

在采用问卷调查时，主要会出现四个问题：①某些被调查者不在，必须重访或者更换。②某些人拒绝合作。③某些人的回答有偏见或不诚实。④还有某些人在回答某些问题上有偏见或不诚实。

在采用实验调查法时，调查员必须注意：使实验组与控制组匹配，消除参与者的参与误差，实验方案要统一形式，并能够控制好外部因素，等。

由于现代信息技术的发展，使得信息收集方法迅速发展，例如：在线访问、博客调查等。

（4）分析信息

市场营销调研的第四个步骤是分析信息，就是从调查数据中提炼出于调研目标相关的信息。在分析过程中，对主要变量计算出平均值和离散趋势。调查员还可以利用某些高级的统计技术和决策模型来发现更多的信息。

（5）提交调研报告

市场营销调研的结果应该以调研报告的形式表现出来，而不能是一堆大量的数字和复杂的统计技术，否则就失去了调研的价值。调研人员向营销经理提供与进行营销决策有关的主要调研结果。

（6）作出营销决策

调研报告应该力求简明、准确、完整、客观，为营销经理作出科学决策提供依据。如果能够使营销经理决策减少不确定因素，则这个市场营销调研就是富有

成效的。

市场营销调研的抽样方法

市场抽样调查，是指从市场总体中抽取一部分单位作为样本，对样本进行调查，然后根据样本信息，从数量方面推算市场总体情况的一种非全面调查。市场抽样调查是市场营销调研的主要形式。与市场普查相比，市场抽样调查的优点在于：成本低、速度快、访问的精确性高、破坏性调查的唯一选择。其缺点是：在市场抽样调查中会产生抽样调查误差。

根据抽样原则的不同，市场调研的抽样方法可以分为随机抽样法和非随机抽样法两类。

1.随机抽样

随机抽样也叫作概率抽样，它是在总体中按照随机原则抽取一定数目的单位（样本）进行调查观察，用所得的样本数据去推断总体指标的一种非全面调查。在调查总体中，每一个样本单位被抽选到的概率是相等的。

随机抽样虽然是一种非全面调查，但是它的目的却在于取得反映全面情况的统计资料。所以，在一定意义上说，随机抽样可以起到全面调查的作用。

2.非随机抽样

非随机抽样也叫非概率抽样，它在总体中不是根据随机原则去抽选样本单位，而是调查人员根据自己的主观判断或标准去抽选样本的抽样方法，也就是说，调查总体中的每一个样本单位被抽选到的概率是不相等的，如图 2-3 所示。

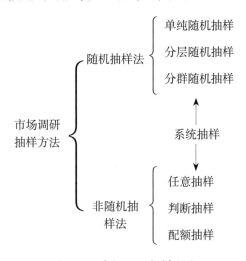

图 2-3　市场调研抽样方法

随机抽样法可以判断误差，但是只能定期做，不省钱、不省时、不方便；非随机抽样法不能判断误差，但是可以经常做，省钱、省时、方便。

市场营销调研的方法

在市场营销调研过程中，我们首先要考虑采用间接调查去获取第二手资料，这样可以节省人力、物力和财力；如果通过间接调查获取的第二手资料不能为营销决策提供足够的信息，那么我们就要考虑采用直接调查去获取第一手资料。

市场营销调研的方法，是指派调查人员通过实地调查，收集有关市场营销的第一手资料（原始资料）的方法，也称为实地调研的方法。市场营销调研的基本方法，一般分为三类：市场询问调查法、市场观察调查法和市场实验调查法。

1.市场询问调查法

市场询问调查法（Questioning survey），是以询问作为搜集资料的手段，调查资料以被询问人的答复作为依据，是市场营销调研的一种基本方法，也是市场营销调研中最常用的方法。

2.市场观察调查法

市场观察调查法（Observational survey），是由调查人员直接或通过仪器在现场观察被调查对象的行为，并加以记录而获取信息的一种市场营销调研方法。俗话说"耳听为虚，眼见为实"。市场观察调查法是市场营销调研的基本方法之一，也是最原始的市场调查方法。市场观察调查法不同于日常生活中一般的"观察"，它具有目的性、计划性和系统性，而且要求观察者对所观察到的事实作出实质性的结论。

3.市场实验调查法

市场实验调查法（Experimental survey），是将自然科学中的实验求证法用于市场营销调研之中，是对市场现象的实验。市场实验调查法是指调查者有目的地控制一个或几个市场因素的变化，以研究某市场现象在这些因素影响下的变动情况。

13.人为什么要吃饭？——中国人饮食需要金字塔

美国心理学家亚伯拉罕·马斯洛（Abraham Maslow）认为：人是有需要的，需要是有等级层次的。人的需要层次有五个，由低到高分别是：生理需要、安全需要、社交需要、尊重需要和自我实现需要。当一个人的低层次需要获得满足后，高层次需要又产生了。马斯洛的需要层次理论，如图 2-4 所示。

Marketing in China: Stories from Everyday Life

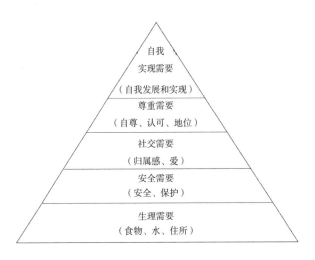

图 2-4　马斯洛的需要层次理论

［资料来源：菲利普·科特勒，凯文·莱恩·凯勒.营销管理（第 15 版）[M].上海：格致出版社，上海人民出版社，2016：151.］

马斯洛的需要层次理论认为，人饥饿需要食物、口渴需要水，食物和水这些需要属于生理需要，生理需要是人最原始、最低层次的需要，生理需要也是人生存最基本的需要。

著名美食纪录片制作者、美食专栏作家陈晓卿曾说过，美食分三个层次：首先是温饱之需，其次是口舌之欲，最后是慰藉心灵。

陈晓卿在《至味在人间》辑一"每个人的珍珠翡翠白玉汤"中写道："世界上最极致的口味永远是妈妈的味道。"这句话的意思，并不是为了推广母乳喂养，他所说"妈妈的味道"其实是专指幼年时母亲烹调带来的某种味觉习惯，习惯一旦形成，便如花岗岩一般顽固，无论你走到哪里也无法改变。青少年时代的顽固味觉记忆，势必影响人一生的食物选择。

本书作者通过总结前人研究发现，其实中国人饮食需要也是分层次的，中国人饮食需要层次主要有五个，由低到高分别是：吃饱；吃好；吃出美味、健康、营养；吃出家乡的味道、妈妈的味道、外婆的味道、儿时的味道；参与饭局、为了社会交往等。中国人饮食需要金字塔，如图 2-5 所示。

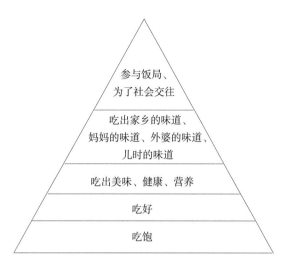

图 2-5　中国人饮食需要金字塔

（资料来源：宁德煌.饮食消费者行为与餐饮营销策略研究[M].昆明：云南科技出版社，2022：30-33.）

营×销×启×示

　　人的需要、动机、行为和目标等四者之间的关系，概括起来就是：需要引起动机，动机决定行为，行为的方向是实现目标，目标实现了需要也就得到满足。到餐厅吃饭的人，其行为表现都是吃，但是他们的需要、动机却是不一样的，餐厅营销人员应搞清楚不同消费者吃饭的需要、动机，提供相应的饮食和服务，来满足不同消费者的需要，使其感到满意，这样才能做好餐饮营销工作。

14.什么东西最好吃？——食无定味，适口者珍

　　俗话说"百人百味，众口难调"。南方人喜欢吃大米，北方人喜欢吃面食；南方人习惯于甜淡，北方人习惯于咸浓；沿海多选用鱼虾，牧区多选用牛羊；青年人喜食脆硬的，老年人喜食软烂的；佛教中部分信徒不食荤腥；夏秋清淡，冬春浓郁。

　　对于什么是美味佳肴？我国南宋林洪在《山家清供》里说："食无定味，适口者珍。"它说的是：不同的人对味道的偏好不一样，菜肴只要能满足人们对于味的选

择的需要，只要能适应人的食性和口味，便算得上是珍馐和佳肴。

图 2-6　（南宋）林洪《山家清供》

一般说来，人们普遍认为最好吃的菜就是自己的家乡菜、自己家庭和母亲做的菜肴。

目前，中国有四大菜系（川、粤、鲁、苏）、八大菜系（川、粤、鲁、苏、湘、闽、徽、浙）之说。中国菜系，是指在一定区域内，因物产、气候、历史条件、饮食习俗等的不同，经过漫长的历史演变而形成的一整套自成体系的烹饪技艺，并被全国各地所认可的地方菜。

从中国四大菜系的命名看，虽然以四川、广东、山东、江苏等省命名，但是它影响所及则远远超出各省的界限，凡在饮食习俗方面都受其影响，口味、烹调要求一般相同，这就是菜系的范围。黄河流域受鲁菜系（山东菜）影响，长江中上游受川菜系（四川菜）影响，长江中下游受苏菜系（江苏菜）影响，珠江流域受粤菜系（广东菜）影响。例如，川菜系的影响范围包括：四川、重庆、贵州、云南、江西、湖南、湖北、广西桂林等。

鲁菜系（山东菜）被俗称为"官府菜"。孔子"食不厌精、脍不厌细"的饮食观，对鲁菜的发展有着深刻的影响。鲁菜系的特点：一是选料广泛，种类平衡。烹饪原料使用海鲜、淡水产品、果蔬、畜肉类、禽蛋、干制山珍海味原料等比较平均。二是烹调技法全面，工于火候，善于旺火爆炒、扒的技法、锅塌技法和拔丝技法；以咸鲜为主、突出本味；善以大葱调味；精于制汤，味浓醇厚，原汁原味。三是烹制海鲜有独到之处，尤其对海珍品和小海品的烹制堪称一绝。四是筵席丰盛完美，名目繁多，讲究饮食礼仪、上菜顺序，在席位安排上突出主宾，尊敬长者。

川菜系（四川菜）被俗称为"百姓菜"或"平民菜"。川菜系的特点：一是选料以畜禽为主，鱼、菜为辅。二是调味多样。川菜系素以"尚滋味""好辛香"著称，因此有"味在四川"之美誉。川菜系核心调味品主要有辣椒（二荆条辣椒）、花椒（四川汉源县清溪花椒）、郫县豆瓣酱、泡辣椒等四种。川菜系调料善用"三椒"（花椒、胡椒、辣椒）、"三香"（葱、姜、蒜）、郫县豆瓣酱、泡红辣椒、醋（四川阆中保宁醋）和川盐（四川自贡井盐）。川菜系共有23种常用调味味型，其中家常味型、鱼香味型和怪味味型为川菜首创。在川菜系中，除了"麻辣味型"菜肴（例如：麻婆豆腐、水煮牛肉等）以外，也有"咸鲜味型"菜肴（例如：鸡豆花、开水白菜等），还有"糖醋味型"菜肴（例如：糖醋里脊、糖醋排骨等），等等。三是菜式多样。川菜系由宴席菜、大众便餐菜、家常菜、"三蒸九扣"民间菜等组成了一个完整的风味体系。川菜系对于各地、各阶层消费者，甚至对于国外消费者，都有广泛的适应性。四是烹制方法注重火候，擅长小炒、干煸、干烧。

苏菜系（江苏菜、淮扬菜）被俗称为"文人菜"。苏菜系的特点：一是选料以江河湖淡水产品（蟹、虾、鱼）为主，注重鲜活。二是十分讲究刀工，刀法很多，花刀富于变化，刀工精细，例如：整鱼出骨、整鸭出骨、西瓜灯等。三是善用火候，注重火工，擅长炖、焖等技法。四是调味非常注重本味，表现含蓄，咸鲜为主，咸甜为辅；酱油用伏酱，酒用酒酿；鲜味用虾籽、蟹油；用醋有明醋、暗醋和响醋之分。

粤菜系（广东菜）被俗称为"商贾菜"。粤菜系的特点：一是选料广博奇杂，鸟兽虫蛇、鱼虾螺蟹等均可入馔。在西汉淮南王刘安著的《淮南子·精神训》一书中，就有"越人得髯蛇，以为上肴，中国得之而弃之无用"的记载，可见，早在2000多年前的西汉，越人就把蛇当作美味佳肴了，而汉人一般是不吃蛇的。广州菜擅长烹制河鲜，潮州菜以烹制海鲜见长，东江菜烹饪用料以家畜、家禽为主。二是烹制方法独特，擅长煲、焗、炆、灼、烧（烤）、卤、小炒等；注重清蒸、氽烫、烧（烤）。三是菜肴讲究嫩、滑、爽、脆和弹牙的口感。四是口味清淡，善于用海鲜原料做调味料（虾酱、蚝油、蚬蚧酱、鱼露等）、水果调味料（菠萝、荔枝、龙眼、杧果等）。

中国八大菜系除上述的川、粤、鲁、苏等四种菜系外，还包括湘、闽、徽、浙等四种菜系：

湘菜系（湖南菜）的特点：酸辣香浓、熏腊味厚、质嫩色亮。

闽菜系（福建菜）的特点：一是刀工精妙，有"剞花如荔、切丝如发、片薄如纸"的美誉；二是汤菜居多，有"一汤十变"之说；三是调味奇特，善用红糟、虾油、糖、酒、沙茶、辣椒酱、芥末、橘汁调味，构成闽菜别具一格的风味；四是烹制技艺细腻，在烹制上擅长炒、蒸、煨等。

徽菜系（安徽菜）的特点：一是选料向以烹制山珍野味、江鲜和河鲜见长；二是烹制技艺擅长烧、炖、蒸，重火工；三是汤汁厚重、油重、色浓。

浙菜系（浙江菜）的特点：一是用料表现为精细、独特、鲜嫩；二是着重火候、擅长炒、炸、烩、熘、蒸、烧等，烹制河鲜海味有独到之功；三是口味侧重清鲜脆嫩，讲究辅佐"和合之妙"，突出主料本色真味；四是秀丽雅致，讲究菜品内在美与形态美的统一。

（资料来源：宁德煌.饮食消费者行为与餐饮营销策略研究[M].昆明：云南科技出版社，2022：63-69.）

营 销 启 示

中国人饮食需求的地域特征十分明显。中国土地辽阔、人口众多，不同地区的人，饮食习惯和饮食爱好各不相同。将中国的菜系划分为四大菜系、八大菜系，可以揭示出中国东西南北中不同地域的消费者的饮食习惯和饮食爱好，这样有利于我国餐饮业和旅游业开展好市场营销工作，以满足中国不同地域的消费者的饮食需求。

15. "汉堡与馒头"——什么是未来的市场？

洋人的"汉堡"怎么能让吃惯了几千年馒头的中国人接受呢？这个问题一直萦绕在国人心头，也是麦当劳进入中国前的担心。麦当劳在进入中国之前研究中国市场8年（研究俄罗斯更长，14年）。研究什么？从国家政策到市场环境、原料产地、饮食习惯、文化习俗、收入水平、家庭结构等，无所不包。最后下决心进入中国市场。为什么敢下这个决心？因为它最后将研究视线聚焦到中国独生子女的身上。研究的结论是：中国小孩4~7岁时是味觉形成期，7~12岁时是味觉固定期。如此一来，决策就有了科学的依据：4~7岁的中国小孩吃什么都一个味，不管是馒头还是汉堡，不管是土豆泥还是炸薯条。靠什么吸引小孩呢？红红黄黄的标识、各种尺寸的小旗、各种玩具以及游戏区弄得中国小孩"流连忘返"。只要去了麦当劳一次就天天闹着爸爸妈妈去。

我的小孩一周必去麦当劳一次，我曾经问我的四岁半小儿子："你为什么喜欢麦当劳？"他的回答证实了"老麦"的研究成果："好玩儿。"——看看，他没说好吃。而随着我小儿的成长到7岁之时，他对国货馒头及土豆泥已厌烦得不能再厌了——根本不吃。这又证明了"老麦"的科学研究的真谛。而这绝不仅仅是我儿子一个人的问题，而是一代人甚至几代人的问题。稍有想象力的人都可以预见：这一代孩子是大人领进麦当劳的；而当他们长大了，会领着他们的儿子主动去；他们的儿子更会领着他们的孙子去……这叫"子子孙孙，无穷匮也"。我有时心生佩服：老外好生厉害，不仅占领中国的物质市场，还在偷偷地占领中国人的心灵市场。

［资料来源：李显君.管理的科学与实验精神[J].企业管理，2001 （7）.］

营×销×启×示

中国的独生子女政策为麦当劳提供了广阔的儿童消费市场。孩子是家庭的核心、是"小皇帝"，只要是孩子喜欢吃的东西，大人们就会带着孩子去吃，得"小皇帝"者得天下。

16.专业、私密、关怀和尊严——昆明医科大学第一附属医院特需（VIP）门诊

昆明医科大学第一附属医院（简称"昆医大附一院"）是一所集医疗、教学、科研、预防、干部保健、突发公共卫生事件应急处理和医疗急救于一体的大型综合医院，是昆明医科大学直属附属医院暨临床医学院，是国家首批住院医师规范化培训基地，省级医学科技创新基地。

昆医大附一院于2010年8月正式成立了VIP健康呵护中心。

国家2015年倡导实施分级诊疗制度，内涵是基层首诊、双向转诊、急慢分治、上下联动。昆医大附一院开设特需（VIP）门诊服务是差异化服务的具体体现，是在坚守公益性职能前提下对现有诊疗模式的补充。

昆医大附一院特需（VIP）门诊服务对象主要为疑难、罕见病患者。

2021年3月31日，昆医大附一院制定特需（VIP）门诊挂号费为310元/每人次，它是根据《云南省物价局、云南省卫生厅关于昆医附一院门诊VIP健康呵护中心服务价格管理有关问题的复函》（云价收费函〔2010〕35号）文件，执行特需门诊"挂号费实行市场调节价"，其中300元为挂号费，10元为诊查费。

昆医大附一院特需门诊服务量规定。开展特需（VIP）服务不突破"两个10%"。即"每年开展特需服务的医疗机构服务量不得超过诊疗总量的10%"和"特需服务收入不得超过诊疗服务收入的10%"。特需（VIP）门诊每天诊疗人次不得超过200人次。

昆医大附一院特需门诊就诊时间及要求。特需（VIP）门诊服务现开设特需（VIP）门诊35个，出诊专家76位。特需（VIP）门诊周一至周五开诊，实行全预约制管理。若有患者预约某位专家号后，工作人员通知专家按患者预约时间应诊。

昆医大附一院特需门诊专家资格。该院在聘的主任及副主任医师，在该院履职满3年以上，每年医德医风考核合格。

昆医大附一院特需门诊出诊时间规定。每半天为一次出诊时间。医师的特需门诊出诊次数与在该院对患者的非特需服务收费标准出诊次数比例：主任医师不得高于1∶2，副主任医师不得高于1∶3，特需门诊诊疗人次不得超过专家个人总诊疗人次的10%。

昆医大附一院特需门诊预约渠道。特需（VIP）门诊专家号与其他门诊的号源医院采用预约挂号。号源池统一，竞争预约；预约挂号渠道包括互联网平台、自助机、窗口和现场人工预约等10个渠道，兼顾和覆盖了所有人群；医院HIS系统每天6:30为统一放号时间；患者挂号前须实名注册，就诊前签到环节验证号源的有效性。

昆医大附一院特需门诊诊疗管理。医院实行数字介质证书（U-K）管理，一位医生只能使用唯一的U-K登录一台医生工作站，即非允许的特需看诊时间和地点不能再以医院名义收取特需费出诊。

昆医大附一院特需门诊拥有医院各科室主任等知名专家团队坐诊，可以整合和利用全院医疗资源和检测设备。特需（VIP）门诊还拥有最先进的眼科检查设备、耳鼻喉科综合检查台、生物治疗反馈仪等高、精、尖设备，让就医者不用四处奔波即可享受到最先进的医疗资源，能够为就医者提供专业、私密、关怀和尊严等高品质的医疗保健服务。

（资料来源：昆明医科大学第一附属医院官网http://www.ydyy.cn/Subject/YYJJ/Index.htm；http://www.ydyy.cn/Subject/TZGG/Article/615687a9-0a73-4f8e-b3ade052a1deb675.htm）

营×销×启×示

如今，我国部分三甲医院纷纷推出特需医疗服务，满足富裕阶层得到更优质充分的医疗服务，争抢高端医疗市场的"大蛋糕"。这也说明我国医疗服务领域已经出现服务需求多样化和供给主体多元化的格局。

17.老公寄存处——存或不存

老公寄存处，其实就是老公休息间，可以让那些逛得精疲力竭的丈夫们在此休息一下，或者做些别的事情。

（1）中国大陆第一家"老公寄存处"

2003年11月，深圳一商场设地"寄存"老公，首开了中国大陆商场"寄存"老公的先河。该商场在C座二楼设立了一个"老公寄存处"。"寄存处"是由原先专门接待贵宾的商场会所改造的，温软舒适的沙发倚墙对列而放，黑胡桃木的储物架上放着各种风格的雕像和干花，十几种书刊、报纸整齐地陈列在书报栏中，空气中弥漫着淡淡的清香，完全没有了室外的喧嚣，让人感觉像是进入一个情调高雅的咖啡厅。当男客人在沙发上坐下不久，值班人员就用精制的玻璃杯倒好一杯温热的矿泉水放在面前的茶几上，并说"您可以在这里看书报杂志、欣赏音乐、下棋聊天，没有时间限制，也不会收取任何费用"。

①老婆看"寄存"

在该商场里设立"老公寄存处"受到了一些女性欢迎。一位在该商场购物的女士认为，一般女性都喜欢逛商场，如果时间长了老公们肯定不耐烦，有了一个寄存处让男士们休息一下肯定效果不错。而且，这种做法也迎合了女性消费心理，在商场里女性顾客当然是上帝。

②老公看"寄存"

一些先生认为，陪老婆逛街很累，不得已来到该商场"老公寄存处"，没想到这里环境很舒服，服务热情，感觉很好；但是，也有一些先生表示了不同看法：一般都是说寄存包、寄存货物，如果我们也是属于被寄存的范围，那老公岂非与物品等量齐观了，听起来也是不顺耳的。

③商家看"寄存"

深圳该商场在"老公寄存处"专门提供服务的周小姐表示，每天来寄存处的老公们约有 10~20 人不等。一些老公来寄存处后看到优雅的环境都比较满意。该商场有关负责人表示，"老公寄存处"在该商场全国的连锁店内都会推出这项服务。女性是购物的主体，男性的角色是陪同的作用，有时候在陪同时，男性不会很耐心，"寄存处"这个概念就是为了迎合女性消费者的心理。这个名称从趣味性和心理上都比较亲和女性顾客。

图 2-7　深圳一商场"老公寄存处"

（资料来源：广州日报，2003-11-10.）

（2）中国大陆"老公寄存处"的现状及其发展

2016 年 11 月，上海一商业广场迎来试营业，吸引了不少消费者。其中 3F 专设的"老公寄存室"引来不少顾客围观。据悉，"老公寄存室"就是针对那些陪逛老公们而专门开设的功能性服务空间，在这里除了提供舒适的休憩空间，还有报刊、视频观赏等多项娱乐体验。

图 2-8　上海一商业广场的"老公寄存室"

（资料来源：http://news.163.com/photoview/00AP0001/2210301.html?from=ph_ss#p=C55CLE8S00-AP0001；http://legal.big5.dbw.cn/system/2016/11/07/057431346_02.shtml.）

2017 年 7 月，上海的环球港商场内出现了一款"老公休息舱"，休息舱内有自助式的电脑设备。在该商场四楼的一处连廊内，有两台用玻璃幕墙隔离的小包厢，里面安放了电竞游戏专用的舒适座椅、显示屏、电脑以及游戏手柄等设备。现场的广告牌显示，这个小包厢就是"老公休息舱"。该商场内负责运营维护设备的厂商工作人员表示："很多男人陪自己老婆逛街逛久了，可以到老公休息舱放松一下，打打游戏，消磨些时光。而同时老婆也可以不用再担心自己老公催着要回家，安安心心地在商场购物逛街。"2017年7月设备还处在体验试运营阶段，对市民免费开放。

图 2-9　上海环球港商场的"老公休息舱"

（资料来源：http：//www.thepaper.cn/newsDetail_forward_1730715.）

2018年9月，重庆一商场内出现了装修温馨的"老公寄存处"。该商场"老公寄存处"设置在两个商铺的过道中间，虽然只有20平方米，但装修温馨，有免费Wi-Fi可以上网。过道两边设置了两排柔软的皮质沙发、按摩椅和书架，沙发的上方摆放了许多书，并设有插孔，便于充电。

图 2-10　重庆一商场的"老公寄存处"

（资料来源：http：//hebei.news.163.com/zhangjiakou/18/0906/15/DR1GM14G0415983H.html.）

一般说来，女人逛街是享受，男人陪老婆逛街是无奈、受罪、煎熬……"老公

寄存处"的出现既迎合了女性顾客的心理,又满足了她们老公的需要。不过,"老公寄存处"的出现只是我国在某一个特定时期的产物。

那么,我国商场除了设置"老公寄存处",还可以采用哪些措施来满足"老公"(男性消费者)的需求呢?一般说来,在购物中心(Shopping Mall)和大型商场中,可以设置吸引男性的购物区域、休闲和娱乐场所等,例如:汽车展厅、电子数码产品展厅或体验区、高科技产品体验区、男性用品专卖店、音乐厅、电影院、高速免费Wi-Fi全覆盖、书店或书吧、咖啡吧、茶吧、大型游戏室、动漫馆、攀岩馆、游泳馆、篮球馆、羽毛球馆、健身房等。

资料来源:

[1]宁德煌,张晓霞.生活中的市场营销学[M].昆明:云南科技出版社,2015:39-41.引用时有增改;

[2]何涛,赵岚.商场设地,"寄存"老公[N].广州日报,2003-11-10.

营 销 启 示

> 一般说来,女人逛街是享受,男人陪老婆逛街是无奈、受罪、煎熬……"老公寄存处"的出现既迎合了女性顾客的心理,又满足了她们老公的需要。不过,"老公寄存处"的出现只是我国在某一个特定时期的产物,随着购物中心(Shopping Mall)的大量出现,全家每个人在购物中心里都能找到适合自己的购物、休闲、娱乐方式,到时候,就再也不需要"寄存"老公或"寄存"孩子了。

18.单身经济已成消费新势力——单身经济正在崛起

单身人士自嘲"单身狗",但他们的生存状态并没有像催婚父母想象中的那么"凄凉"。在消费增速下滑、"过年都不敢花钱了"的今天,他们汇聚成了一股消费新势力。单身经济正在崛起。

在淘宝上,大量的单身人士选择给自己买花。此外,颜值高的迷你冰箱、迷你洗衣机、迷你投影仪销量走俏。单身公寓、迷你K歌房遍布城市的每个角落,一人食餐厅、自热火锅被受单身人士青睐。

民政部数据显示，2018年共办理结婚登记1010.8万对，同比减少4.9%。2013—2017年，结婚率不断降低，但离婚率却逐年走高。尽管官方尚未公布2018年的结婚、离婚率，但21世纪经济研究院分析师根据已披露的2018年上半年数据认为，上述趋势仍将延续。

随着女性受教育程度和经济地位的提高，以及社会对单身生活方式的接纳，单身群体将进一步扩大，特别是在思想开化、生活便利的大城市。而契合到单身人士需求的小家电、单身公寓、一人食食品、24小时便利店等商业模式，在未来将持续发力，以"悦己"和提升自我的消费在单身群体中尤其受欢迎。

事实上，类似情人节这类更受年轻人偏爱的节日，更能反映消费趋势。与其他人花钱"渡劫"取悦另一半不同的是，单身人士花钱取悦自己、善待自己。没有家庭的压力和负担，单身人士在自我提升和取悦自己方面舍得大手笔投入。

单身的他，无须再为价值不菲的上百种口红色号而烦恼，也不必再委曲求全去陪女友看一部自己毫无兴趣的爱情片。去看喜欢的科幻片、入手心爱的球鞋、机械键盘和耳机，或许是他的消费选择。

而单身的她，也不必再迁就对方的安排，而是买自己最喜欢的风格的时装、叫上最好的闺蜜小酌、去健身房大汗淋漓一场、看喜欢的音乐剧话剧，或许是她的消费方式。

珍爱网发布的《2018单身人群调查报告》显示，近五成男性和超六成女性不急于脱单。随着女性经济地位的提升，以及社会包容度的增加，人们对单身生活方式的接受度在增加。围城外的人进城的积极性减弱，围城内的人越来越多地选择出来。

单身消费有哪些特点？单身经济的背后，是独居时代。结婚年龄正不断推迟，离婚率、不婚率上升，一个人一生中单身的时间可能要超过在婚姻中的时间。单身人士追求的，是"麻雀虽小五脏俱全"，是小而美的居住空间。以单身公寓为例，某租房平台在北京推出了8平方米的独卫开间，只能住一个人。

天猫数据显示：迷你微波炉和迷你洗衣机的购买人数仅过去一年就分别增长973%和630%，迷你洗衣机的销售增速已比普通洗衣机高出15个百分点。

互联网、AI也会让独居生活更加美好轻松，如果不想做饭，还可以静候外卖小哥送饭上门，甚至寂寞时还能跟AI机器人聊天。

2009年2月13日，"北京已经允许非婚生子女随母报户口"的信息引发网络关注。该政策2016年就已出台，目前北京非婚生子女，可按照随父随母落户自愿的政策，申请办理常住户口登记。对非婚生子女的政策包容，也是对单身人士友好的具体

表现之一，更反映出社会的进步。

21世纪经济研究院分析师认为，上述新业态已初步凸显出单身人士作为消费新势力的崛起，未来个性化、小众化和精致化消费将会进一步增加，单身人群将越来越多地成为商家发力的重点。

（本书作者注：南开大学经济学院教授、中国人口学会副会长原新认为，根据2020年第七次全国人口普查资料来推算的话，全国15岁及以上的人口里，未婚人口大概是2.22亿。考虑到我国法定结婚年龄男22周岁，女20周岁，此统计数据仅作为当前单身人士规模的参照。）

［资料来源：宁德煌.市场营销学：生活、营销与智慧[M].昆明：云南科技出版社，2020:53-54；王佳昕.还在过"情人劫"？单身经济已成消费新势力.21世纪经济报道（数字报）头版[EB/OL].(2019-02-19).

https://baijiahao.baidu.com/s?id=1625861741540265891&wfr=spider&for=pc；

https://i.ifeng.com/c/8T55zT8bAFA。

引用时有删改。］

营销启示

我国单身经济正在崛起，对商家来说，这是一股不可小觑的消费新势力。

19.医疗观光旅游——玩并健康着

医疗观光旅游是近年来伴随医疗业和旅游业的融合而兴起的一个新兴行业，它是指以医疗护理、疾病与健康、康复与休养为主题的旅游服务，即医疗旅游是集医疗、保健、养生、旅游、娱乐为一体，寓休闲于治病，寓治病于休闲。医疗观光旅游属于保健旅游或者健康旅游范畴。这种新型的旅游方式潜藏着巨大的需求，促进了全球医疗旅游的蓬勃发展。

世界著名的医疗旅游目的地主要有：日本（防癌健康检查）、印度尼西亚（巴厘岛避世静修）、菲律宾（器官移植）、泰国（膝关节置换术、心脏手术、64层CT扫描、变性手术）、印度（心血管病手术）、韩国（整形美容、干细胞疗法）、新加坡（减重手术、健康检查）、马来西亚（健康检查）、匈牙利（修复残齿、种植新牙）、以色列（世界试管婴儿之都）、中国（中医医疗、全肺灌洗治疗硅肺病、干细胞疗法），等等。

[资料来源：宁德煌，刘娟．国际医疗旅游发展研究综述[J].中南林业科技大学学报（社会科学版），2013（2）.]

现代人视事业如生命，可是，一旦身患疾病，危及了生命，事业也将不再存续。现实生活中的悲剧为我们敲响了警钟：没有什么比健康更重要！医疗观光旅游可以满足人们观光与健康的双重需要。

20. "宝呗"青年——"90后"消费者行为

特指一边用花呗一边把不被占用的资金转入余额宝赚取收益的年轻人。

图 2-11　"宝呗"青年的定义

"90后"身上贴着各种各样负面的标签，如"月光族""网瘾青年"，甚至是"垮掉的一代"。2019年7月29日，中国新经济研究院联合支付宝发布首份《90后攒钱报告》，颠覆了以往固有的"90后"月光印象。报告显示，92%的"90后"每个月都会有结余，80%的人会将结余进行理财；对比他们的余额宝和花呗则发现，"90后"每月在余额宝攒的钱，平均是其花呗账单的4.5倍。支付宝对"90后"用户的消费行为研究显示，比起"买买买"的冲动消费，理性消费者占大多数。九成"90后"在市场调研中说，"买生活必需品外的东西，会充分考虑经济状况"。不过，

"90后"很乐于自我投资,让自己增值。过去一年来,"90后"用花呗购买教育类产品和服务的金额上涨了87%。90%的"90后"使用花呗并非因为想要提前消费,而是因为希望"省钱"和"占便宜"。"90后"的"花呗式"生活,不是寅吃卯粮,而是合理平衡理财杠杆,实现自身利益最大化。如此精打细算,才有"薅羊毛""羊毛党"等名词的衍生。余额宝数据还显示,"90后"人均月转入余额宝高达8次,平均比自己的父辈高2次,月均存入数额也比父母平均多出1000元。

（资料来源:.宁德煌.市场营销学:生活、营销与智慧[M].昆明:云南科技出版社,2020:60-61；中国新经济研究院,支付宝.90后攒钱报告[R].2019-07-29.）

营 销 启 示

支付宝通过市场调研发现:同时使用余额宝和花呗的"宝呗"青年,他们攒得确实比花得多,他们的消费也比外界想象中更为理性；在"钱生钱"这件事上,"90后"比自己的父母更为积极。随时有钱、随时理财是他们的习惯。

21.旅行的 33 个理由 —— 幸福的 33 种智慧

著名作家毕淑敏在《蓝色天堂》一书中,列出了旅行的33个理由:

旅行不管远近,是需要理由的。

第一,旅行最普遍的理由 —— 远方有故事。

第二,旅行是为了看到不同的景物,激发自己的荷尔蒙。

第三,有不少朋友告诉我,他们之所以热衷于到处走,是为了能吃到不同的食物,特别是各地的特产小吃。

第四,旅行就是看不同的文化。

第五,有朋友说旅游能使人脱离凡俗,估计要实现这个意图可能是越来越不容易了。

第六,旅游可以让人从原来的窠臼中跳脱而出。

第七,有人说,旅游是人在意志空间的行走,通过这样的意志行走,就扩大了自身掌控的范围,最后扩大自己心理的能量。

第八,有人说,旅游是为了心情的释放。

第九,有人说,旅游是为了追寻某种在社会里已经遗失的东西。

第十，有人说，旅游是为了忘掉自己是谁。

第十一，有人说，旅游是为了跟三两好友共同度过一段美好的时光。

第十二，有人说，旅游是圆儿时的一个梦想。

第十三，旅游是为了花掉某张特价机票。

第十四，旅游是为了购物。

第十五，旅游是为了到一个没有人认识的地方。

第十六，旅游是为了看遍世间奇事奇景。

第十七，旅游是为了花掉到期的年假。

第十八，旅游是为了和心爱的人享受二人世界。

第十九，旅游是为了艳遇。

第二十，旅游是因为，在路上，已经变成一种生活形态。

第二十一，旅游是为了找到一个更容易让灵魂安住、更像家的地方，有一天会去养老。

第二十二，旅游是为了可以有借口懒洋洋地坐在有阳光的躺椅上发呆，好像这样的事情在北京总是太"奢侈"。

第二十三，旅游是在路上的时候可以听到脉搏的跳动，知道自己还活着！

第二十四，旅游是为了改变命运。

第二十五，愿能踏遍世界每个角落。

第二十六，有时候是不为了什么，就是想去走走。

第二十七，有朋友说，旅行是一种学习，它让你用一双婴儿的眼睛去看世界，去看不同的社会，让你变得更宽容，让你理解不同的价值观，让你更好地懂得去爱、去珍惜。

第二十八，我听到最富有诗意的旅游理由是……为了梦中的橄榄树。

第二十九，有一位朋友说，旅行就是从自己活腻的地方到别人活腻的地方去。

第三十，迁徙乃人之本能。

第三十一，当一个朋友对我说，他旅游的理由是获取吹嘘之资本时，我们都同时笑了。我笑他的坦诚，他笑自己的小算盘亮在了光天化日之下。

第三十二，一个女孩对我说，她喜爱旅游的原因，是可以购买各国各地的特产送人。

第三十三，死在远方。

图 2-12　毕淑敏《蓝色天堂》一书封面

（资料来源：毕淑敏.蓝色天堂[M].长沙：湖南文艺出版社，2011.引用时有增改。）

营·销·启·示

　　旅游者外出旅游需要具备的条件有：内部心理因素——旅游动机，外部客观条件——钱、时间和健康的身体，二者缺一不可！

22.饭局是个什么局？——中国饭局解密

　　中国人崇尚民以食为天。又说，人生在世，不过"吃穿"二字。研究饭局文化，就是观察中国几千年来文明史流变的一个窗口。所谓的历史纵横，文化长廊，风土人情，上下五千年，其实都蕴藏于日常生活的吃喝之间。所谓饭局之妙，不在"饭"而尽在"局"也。

　　中国的饭局，菜虽然一定丰盛，但"局"更加重要：吃饭事小，出局事大。

　　在中国，饭局无处不在！结婚有饭局，升学有饭局，赔礼有饭局，办事有饭局，过节有饭局，跳舞有饭局，开会有饭局，打球有饭局，电影收官有饭局，开业有饭局等。

中国的饮食之道，也是人情融合之道。一场饭局，既能是亲朋故交之间的沟通交流，也是生意对手间的交锋谈判。所谓人脉，所谓圈子，所谓社会关系，所谓资源，所谓一个人的能量，所谓友谊，所谓生意和交易，最后通通绕不开饭局。酒肉虽然穿肠过，交情自在心中留。

透过饭局里的中国人，我们看到的却是饮食之道里的政治利益、社会关系、人际规则和文化滋味。

中国古代最著名的饭局，莫过于两千余年前的那场"鸿门宴"，但觥筹交错背后暗藏的玄机、杀机却未必是中国饭局传统的常态。同样是司马迁，他在《史记·孟尝君列传》里的另外一段，却写出了中国饭局的原汁原味。孟尝君广招宾客，对于那些投奔自己而来的侠士，无论贵贱都与自己吃一样的馔品。但明白人一眼就能看出，这里所谓请客吃饭，从一开始吃的就不是饭桌上的东西。而战国四君子，门下笼络了食客三千，每日都会有大大小小的饭局开张——中国最早的圈子文化，就这样诞生在夜夜笙歌不绝的饭局之中。

饭局在中国，也是一个人的社会身份认同体系。所以，看一个人经常混迹于何类饭局，几乎便可以洞悉其兴趣、爱好、财富、身份、地位。

［资料来源：饭局是个什么局？［N］新周刊，2006（10）.引用时有增改。］

━━━━━━◇ 营 ◇ 销 ◇ 启 ◇ 示 ◇━━━━━━

　　到餐厅吃饭的人，其行为表现都是吃饭，但是他们的需要、动机却是不一样的，餐厅应搞清楚不同顾客吃饭的需要、动机，提供相应的饮食和服务，来满足不同顾客的需要，这样才能做好餐饮营销工作。

23. "小皇帝"——中国独生子女

为了防止人口增长过快，中国政府通过法律限制一个家庭只能生一个孩子。这个规定的一个结果就是：中国的孩子从来没有像现在这样被宠爱并弄得全家一片忙乱。中国的孩子成了"小皇帝"，他们从糖果到电脑应有尽有。六个大人——父母、祖父母、外祖父母，加上叔叔婶婶围着一个小孩团团转。有资料估计，在上海、北京、广州这样的城市中，40%的家庭收入用于孩子的抚养。这一趋势激励玩具制造商大举进入中国市场，如日本的班达公司（Bandai）、丹麦的乐高集团（Lego）以及美国的马

特尔公司（Mattel）。

1979 年，中国政府开始实行"独生子女"政策，这一史无前例的"创举"造就了为数大约 1 亿人（2001 年）的独生子女人口，而且随着时间的推移，这个人群还将进一步扩大（据预测，中国的人口大约还需 50 年才能实现负增长）。在中国家庭人口结构中，2004 年平均每户 3.36 人。2007 年中国城镇家庭平均每户 2.91 人。全国三口之家比例为 30%。育龄妇女中，一孩生育率为 25.04%。

中国"小皇帝"（Little Emperors）又被称为中国独生代（Only Child Generation, OCG）。

"小皇帝"：最早的一批独生子女，到 2004 年已 25 岁，开始进入消费高峰期。他们的工作和收入趋于稳定，未来收入预期可观。换言之，独生代将迅速替代占主导地位的 18~35 岁消费群体，成为中国新的消费主力。更重要的是，独生代正在引发中国的消费革命。

中国独生代的消费价值与特征：

（1）无所不闻，超早熟。

（2）独立个性，酷自我。

（3）享乐主义，全方位。

（4）有钱就花，不存钱。

（5）崇尚品牌，追时尚。

（6）旅游、"电游"，追求感觉和新体验。

资料来源：

[1] 菲利普·科特勒，等.营销管理（亚洲版.3 版）[M].北京：中国人民大学出版社，2005.

[2] 菲利普·科特勒，等.营销管理（中国版.13 版）[M].北京：中国人民大学出版社，2009.

◇营◇销◇启◇示◇

我国"独生子女"政策始于 1979 年，结束于 2016 年 1 月 1 日，它是我国特定历史时期的产物。中国的主流消费群已开始出现历史上前所未有的独生代，独生代正在引发中国的消费革命，他们的需要值得国内外市场营销者关注。

24.宠物父母——养宠物，就是养孩子

宠物是指家庭豢养的受人喜爱的小动物，如猫、狗等。

宠物给人以温暖和陪伴，它们是我们公认的最好的朋友。好几项国外研究甚至已经表明它们能够降低我们的血压，减少我们的压力，消除心脏病，以及防止情绪低落。

图 2-13 猫狗是人类的好朋友

宠物产业则是指涉及与宠物相关的所有领域，主要包括宠物食品、宠物医疗、宠物用品、宠物美容、宠物保险、宠物殡葬等。

我国宠物产业链的上游为宠物的繁殖、贩卖；中游为宠物商品，主要包括宠物的食物及其用品；下游为宠物的服务市场，主要包括宠物医疗、宠物美容、宠物培训等。

《2022 年中国宠物消费报告》显示：2022 年度中国城镇宠物（犬猫）消费市场规模为 2706 亿元，相比 2021 年增长 8.7%。同时，中国城镇宠物数量保持增长态势。2022 年城镇犬猫数量达 11655 万只，较 2021 年增长 3.7%。

2022 年，全国城镇宠物（犬猫）主人数超过了 7043 万人。宠主进一步年轻化，"95 后"宠主占主导地位，已达 36.8%。

在宠物消费市场中，宠物食品消费市场份额占比达 50.7%，宠物医疗消费市场份

额为29.1%，宠物用品消费市场份额为13.3%，宠物服务类消费市场份额为6.8%。

近年来，宠物经济热度不减，我国宠物市场正迎来高速增长期。蓬勃发展的宠物行业，也催生出各种行业里的新业态、新服务。消费者养宠物越来越精细化，不少人愿意为宠物去消费。越来越多的消费者愿意去为宠物购买更好的食品、器械等产品和服务，而这也推动了不少跟宠物相关的产业的快速发展。

（资料来源：马克·J.佩恩，E.金尼·扎莱纳.小趋势：决定未来大变革的潜藏力量[M].北京：中央编译出版社，2008：112-116；派读宠物行业大数据平台.2022年中国宠物消费报告[M].北京：中国农业出版社，2023；2023http：//news.sohu.com/a/645751223_99982343；宠物经济盛行，如何让行业规范化发展https：//baijiahao.baidu.com/s?id=1764288367117217515&wfr=spider&for=pc；https：//baijiahao.baidu.com/s?id=1766762607015308694&wfr=spider&for=pc；千亿元大市场！宠物花销日益增长，一年新增近100万家相关企业！https：//baijiahao.baidu.com/s?id=1766690601944531749&wfr=spider&for=pc.）

营×销×启×示

目前我国的宠物父母以"80后""90后"为主，他们是属于"中国独生子女"这个群体，也曾被称为"小皇帝"。

说到父母的孩子，没有什么是父母不能给他们的，即使他们是些猫猫狗狗。宠物父母的存在，意味着宠物、宠物商品和宠物服务市场将继续繁荣。

---

25. 了解女人心——零食＝女人

所谓零食，大多指的是一些零碎吃食。人们总是把女孩和零食联系在一起。当女孩们坐在沙发上聊天，看电视时，零食可是必备的。聊天时手里、嘴里得有东西，有助于思考和倾听。看电视时，抱着一袋薯片，保持规律地掏、送、嚼、咽这套动作。不知不觉间，数不清的薯条、薯片被沙发、电视同化了。在这时，最适合的零食有曲奇饼干，开心松子，开心果，各种口味的乐事、品客、卡迪那薯片，通心脆。

图 2-14　零食＝女人

女人就等于零食。女人与零食的关系如何？下面的文字给出一种答案。

（1）零食——女人出口，男人出手

谁都知道女人好吃零食，嗜吃零食对女性来说是天经地义的事。女性结婚生子，再升级到做祖母，还是一样嗜好零食。一位 90 岁的阿婆，当儿孙来探望她时，一定要带零食，否则就生气，而她最爱的零食是蚕豆。女性的食家风范，不会因为年龄的增长而递减。可是外人看出的，都是固定的一族——年轻女性。街头炒货店，超市的零食货架旁，凡是与零食小吃有关的消费场所，无一不是那些花蝴蝶似的靓妹仔穿来穿去的地方。

业内经营者指出过，许多年轻女性所需的零食都是她们的追求者掏腰包买的。所以，如果一个经营者经营以女性为顾客群的商品，实际上是把男性的钱赚到手了。有一回在平和堂超市外面的台阶上，碰到两个穿吊带背心的妙龄少女在那里吃薯片。其中一个女孩一边吃一边舔手指，另一个则边吃边照着小镜子噘着嘴自我欣赏。每当察觉有人注视她们时，她们就会 "丢" 你一个媚眼，然后两个人哈哈大笑地抱作一团。那绝不会让人认作是卖弄风骚。她们的脸被夏日晒得黑黑的，充满了青春期恩准的放荡，让人欣赏怜爱，让人爱慕不已。

（2）零食——女人永远的情人

女性天性嗜好零食，零食自然在她们的日常生活中占有举足轻重的地位。访问了很多女性，问到她们为什么喜欢吃零食时，居然无一不露出困惑之色，但有一句是很肯定的：就是喜欢吃！ "那感觉好奇怪，晚上在寝室跟同学好好地聊着天，突然一下子特别想吃腌豆角了，整个人都坐立不安丢魂似的。宿舍里肯定没有这东西，只好跑到街上去看夜市的路边摊上有没有卖的。算我运气好，真的有。我记得当时抓起一把就往口里塞，一咬，腌豆角就跟微型原子弹在口里爆炸了一样，酸溜溜的，唾液流了一口，把我人都酸醒了，心里一下子也踏实了。"一位音乐系的女生跟我说。很多男性不了解为什么女性一跑进大型超市买零食就拉不出来的原因。她们花了那么多的金钱、时间、精力，得回来的是什么呢？他们不懂。女性选购零食就跟吃零食一样，都是一种享受，心态极为错综复杂，与人生一样。上大型超市选购不是件易事。超市的零食是齐全的，而且种类很多，让我无从选择。单说薯片吧，一长溜货架上摆着几十种。包装大小不同，图案各异，卡通的，花草的，有的图案素雅，有的则带着调皮。每次去超市，我就恨自己为什么不多赚一点钱来这里花，要是有足够的钱，我要把它们全买回来。为什么吃零食？大部分女性的回答是：消磨时间、解闷、开心、刺激、娱乐。

女性都是情绪化的尤物，碰到心情郁闷的时候，躺在床上，一手捧着心爱的读物，一手拈着花生仁，天马行空的想象力，不知不觉潜游于虚幻之境，郁闷便翩然而去了。一位曾留学国外退休的独身老教授说，零食是她一辈子的情人，寂寞的时候就来一点，就好像那首酒廊情歌："美酒加咖啡，我只要喝一杯。"

（3）零食——进攻女孩的武器

每次跟弟弟吵架，都是以他给我买零食给我赔罪而和好。曾听朋友说过，一个年轻人如何抱得美人归的。他在一次偶然的场合碰到女孩后，便开始浮想联翩，只是不知如何着手。终于有一天他探知女孩很爱吃某种品牌的辣椒萝卜，于是他带着两袋那种品牌的辣椒萝卜敲开了女孩家的门，直至敲开女孩的芳心。

访问过好几对恋人，都证实零食是化解他们矛盾的爱情使者。比如音乐系的一对恋人。一次为着一件小事，李同学得罪了陈同学，而陈同学伤心之后决定分手。李同学为了挽回残局，每天都买包陈同学爱吃的腰果托她寝室的女生带给她，足足送了两个月，不管陈同学是否接受。逗得寝室女生作了首诗："呆子天天来，腰果日日进。"陈同学认为，虽然李同学的这个举动很俗套，让人啼笑皆非，但他的心意最终还是让她消了气。

（4）零食——吃出美丽与境界

女人嗜吃零食，多少受所处社会环境的影响，但不管怎么吃，女人嗜吃零食已越来越被引入更高境界。一位阿姨介绍说，她中华人民共和国成立以前生活在云南的锡都——一个小山城。当时中学的女学生都喜欢吃学校门口卖的酸泡菜、臭豆腐干、木瓜凉粉、烤苞谷以及炒坊用麦芽糖做的花生糖、芝麻糖等。这些东西，年轻一代的女性还在吃。尽管时代变迁，零食有所不同，世界性也越来越一致，那些西方人爱吃的冰激凌、巧克力也成了中国女性的至爱，但零食的实质并没有太大的变化。瓜子、花生和炒坊的各种糖制品类的零食，仍然是时下女性的平常零食，并未被淘汰出局。

只是今天的女性嗜零食，已不单纯为吃而吃了。不同身份、不同类型层次的女性，对于零食的选择也不同。乡下女孩的零食仍以自己家做的腌菜为主，城里的女孩在大嚼口香糖以促进面部的血液循环。零食似乎成了女性的另一种身份。那些受过教育、有固定收入的中产阶级女性会尽量避免享用高脂肪、高卡路里、在医学上被认为有伤身体内脏和皮肤的零食。

（资料来源：杨晓燕.中国女性消费行为理论解密[M].北京：中国对外经济贸易出版社，2003.）

营　销　启　示

目前，女性消费者已经成为企业竞争的重要目标顾客群。但是，女人的钱怎么花？女人为什么喜欢逛街？女人为何要购买香水？……"读懂女人心"是生活中和女性消费行为研究中的一道极富挑战性的难解之题。读懂女人心有助于企业更好地向女性消费者营销。

26.色彩的秘密——颜色与性格

世界上不同国家的人对每种色彩的认识是不同的，中西方色彩性格存在着差异。例如：对于"红色"来说，在中国，一般用于传统节日、庆典布置或者婚庆用品，以创造一派喜庆祥和的氛围；而西方对红色的认识是血腥、危险、恐怖的，所以避免红色在医疗机构或是药品、药店的使用。对于"白色"来说，在中国，置办丧礼主要以白色为主；在西方人看来白色是光明、美好的，结婚时，女子都要穿上象征纯洁美好爱情的白色婚纱，所以白色是西方婚庆的主要颜色。

表2-3　中西方色彩性格特征比较表

色彩	性格（中国）	性格（西方）
红色（red）	血、爱、喜庆、祝福、革命、胜利、辛辣等	血、暴力、危险、激情、兴奋、赤字等
黄色（yellow）	权利、高贵、名誉、阳光、活泼、儿童、成就感、未来感等	地位、忠诚、阳光、温暖、欢乐、智慧、背叛、卑鄙、胆怯等
蓝色（blue）	纯洁、男性、专业化、孤傲、安定、大海、诚实、宁静等	自然界、虔诚、清洁、安全、开放、放松、忧郁、伤感等
绿色（green）	植物、自然、休息、理想、希望、生长、卑微等	希望、安全、和平、清新、更新、嫉妒等
橙色（orange）	时尚、活力、青春、动感、温暖、快乐、俗气等	冒险、乐趣、积极等
紫色（purple）	神秘、优雅、高级、气质、妖娆等	高贵、财富、神圣等
粉红（pink）	温柔、年轻、甜蜜、女孩、恋爱等	可爱、浪漫、年轻、女性等
棕色（brown）	健壮、可靠、朴实等	诚信、可靠、强大、朴实等
白色（white）	纯洁、干净、死亡、虚无等	纯洁、神圣、崭新、怯懦等
黑色（black）	沉重、神秘、严肃、邪恶、恐怖等	死亡、凶兆、灾难、庄重等
灰色（grey）	高雅、朴素、年迈、投机取巧等	稳重、安定、现实、和谐等

［资料来源：张婷，宁德煌.中西方色彩营销差异比较研究[J].江苏商论，2015
（3）：14-17. 引用时有增改。］

　　颜色在不同的文化和市场细分中代表着不同的含义。一些视觉营销专家总结了不同颜色在市场营销中所起的作用，见表2-4。

表2-4　颜色在市场营销中的作用一览表

颜色	性格
红色	红色是一个强有力的颜色，象征着活力、激情，甚至危险。红色最适合行动导向的产品或品牌，与速度或力量相联系的产品，及主导的或标志性的品牌
橙色	橙色往往蕴含冒险和乐趣之意。与红色类似，它是注意力捕获器，且被认为能够刺激食欲，但它没有红色那么具有冲击力
黄色	黄色等同于阳光的温暖和欢乐。它偏鲜艳明亮的色彩引出安宁的情绪，据说能刺激心理活动，所以黄色往往与智慧和理智相联系。黄色适合与运动或社会活动相关的产品或品牌，及旨在获得关注的产品或内容

续表2-4

颜色	性格
绿色	绿色蕴含洁净、清新和更新之意，当然，还包括环境保护。但是专家警告说，如今绿色在市场上被过度使用。它是最主要的、自然发生的颜色之一，因此往往与健康的属性相联系。它适合有机的或再利用的产品，或与健康相联系的品牌
蓝色	蓝色是另一种自然的主色调，总是与安全、效率、生产力和清晰的思维相联系。在企业界，尤其是在高科技行业，它已成为流行的颜色。蓝色也象征着清洁、开放和放松，它适合每一样东西，从清洁和个人护理产品，到水疗中心和度假目的地
紫色	几个世纪以来，紫色象征着高贵和财富，至今依然秉承着这些联想。对于奢侈品品牌和奢侈品，或希望营造神秘感或赋予产品独特性的公司，紫色是一个强有力的颜色。紫色在所有年龄层的女性中都特别受欢迎
粉红色	粉红色具有与少女相联系的固定印象，常被联想起少女和温暖，被认为具有柔软、平静、舒适的品质。粉红色适合个人护理用品和与婴儿相关的品牌。粉红色也代表甜蜜，适合兜售糖果的食品营销人员
棕色	棕色蕴含诚信和可靠之意，是一个强大、朴实的颜色。棕色常常被作为男性喜欢的颜色。其暗沉的色调丰富、深厚，而其他颜色适合作为基础色调。棕色通常最适合与其他颜色一起使用
黑色	黑色是经典而强有力的，是营销人员配色方案中的固定成员，无论是作为主要组成部分，还是字体或图片的强调色。黑色能够传达力量、奢华、高级和威严，能够被用来营销每样东西，从汽车和电子产品，到高端的酒店和金融服务
白色	白色是蓬松的云彩和初雪的颜色，在逻辑上蕴含着纯洁和洁净之意。它常常作为一种背景或强调色来使整个配色方案变亮。但它也可以被广泛用于有机食物或个人护理用品，来创造纯净的联想。白色还能够象征创新和现代性

［资料来源：菲利普·科特勒等.营销管理（第14版）[M].上海：格致出版社；上海人民出版社，2012：334.］

营 销 启 示

　　世界上不同国家的人对每种色彩的认识是不同的，中西方色彩性格存在着差异。颜色在不同的文化和市场细分中代表着不同的含义。不同颜色在市场营销中所起的作用也不同。

27. 中国人喝的是小资情调而不是咖啡！——星巴克咖啡在中国

1971年，星巴克（Starbucks）在美国西雅图派克市场成立第一家店，开始经营咖啡豆业务。1987年，霍华德·舒尔兹（Howard Schultz）收购星巴克，并开出了第一家销售滴滤咖啡和浓缩咖啡饮料的门店。星巴克是世界上拥有咖啡店最多的公司，目前，星巴克在全球62个国家拥有近20000家门店。1999年1月，星巴克在北京中国国际贸易中心开设了第一家门店，开启中国大陆市场。

星巴克在开拓中国市场的过程中始终受到困扰，中国14亿人口中的大部分并不喜欢喝星巴克的招牌产品——咖啡。中国是一个盛行喝茶的国度，咖啡只有为数不多的追随者。

在中国，星巴克至今主要围绕着改变中国人的消费习惯来开展经营，它还尽量营造一种新型的休闲娱乐场所来招徕消费者。星巴克中国公司官网介绍："当我们的顾客感受到一种归属感时，我们的门店就成了他们的港湾，一个远离外界纷扰的空间，一个与朋友相聚的处所。它使人们得以享受不同生活节奏带来的快乐——时而悠闲自得，时而步履匆匆，任何时候都充满了人文气息。"星巴克中国公司认为，咖啡代表着生活的转变，它把星巴克咖啡目标消费群体定位于所谓的"小皇帝"阶层。

中国人为何光顾星巴克咖啡店？多数人是为了体验一种感觉——坐在咖啡店中端着印有星巴克标志的杯子，受到别人的注目礼，而不是为了品尝咖啡的美味。

星巴克咖啡公司大中华地区副总裁翁以登说："在星巴克看来，人们的滞留空间分为家庭、办公室和除此以外的其他场所。作为一家咖啡店，星巴克致力于抢占人们的第三滞留空间。现场钢琴演奏+欧美经典音乐背景+流行时尚报刊+精美欧式饰品等配套设施，力求给消费者带来更多的时尚与文化；当然在美国大多数人是拿了咖啡就走，可是在中国，80%买了咖啡以后就坐那儿，享受咖啡，享受故事，谈情说爱，谈生意，聊天。在现代的中国社会，有这么一个地方，可以花时间在那儿聊天，和以前的茶馆一样，这就是很符合现代社会的要求；事实上，星巴克所创造的'第三空间'，已经成为职场人群在家庭、办公室之外的重要去处。一些知名时尚杂志会在这里投放杂志，而精明的销售人员甚至敏锐地把握了这种特征，在星巴克里发展客户。"

［资料来源：星巴克中国http：//www.starbucks.cn/；菲利普·科特勒，等.营销管理（第13版，中国版）[M].北京：中国人民大学出版社，2009；高清敏.星巴克成

功不在咖啡本身——对话星巴克咖啡公司大中华地区副总裁翁以登[J].人力资本，2007（6）.]

> 在美国，星巴克（Starbucks）非常平民化，而在中国，目前不少人认为星巴克是中高档咖啡。美国喜欢喝咖啡，就像中国人喜欢喝茶一样，每天都离不开它。美国人喝咖啡需要的是品尝咖啡美味和它的保健功效，而中国人喝咖啡喝的则是一种小资情调、显得自己比别人有品位、很有"面子"等。这使得星巴克中国市场营销策略有别于星巴克美国市场营销策略。

28.奢侈品在中国——中国奢侈品消费的特色和动机

"奢侈品"是英文"Luxury"一词的中文翻译。在英文中，"Luxury"在《牛津高阶英汉双解词典》中的注解是"a thing that is expensive and enjoyable but not essential"，中文翻译为"奢侈品是昂贵的、令人愉悦的非必需品"。

国际上奢侈品的种类一般分为6个方面：①文化艺术市场中的各种昂贵的艺术品。②属于交通运输工具的奢侈品，诸如私人飞机、游艇和豪华汽车等。③属于个人装备的奢侈品，主要指高级时装和服饰、香水、皮包和手表之类。④休闲旅游方面，诸如豪华游轮海上巡游和豪华旅馆等。⑤居住方面的奢侈品，诸如各种昂贵的居室配备用品等。⑥奢侈的饮食，诸如昂贵的红酒和烈酒、鱼子酱、松露、肥鹅肝、调味品等。

据世界奢侈品协会2012年1月11日最新公布的中国十年官方报告显示，截至2011年12月底，中国奢侈品市场年消费总额已经达到126亿美元（不包括私人飞机、游艇与豪华车），占据全球份额的28%，中国已经成为全球占有率最大的奢侈品消费国家。

当整个社会逐步进入富裕和繁荣的阶段时，当社会上的财富不仅仅是满足生存时，奢华的生活方式以及奢侈品的流行几乎是不可避免的。

奢侈品消费的"中国特色"（4个方面）：

（1）奢侈品消费出现"扎堆儿"现象

对于中国人来说，奢侈品大部分还集中在服饰、香水、手表等个人用品上，而在欧美国家，房屋、汽车、合家旅游才是大家向往的奢侈品。对于其他种类奢侈品的消

费，我国还处于起步阶段。

（2）奢侈品消费呈现出一种"未富先奢"的特点

世界上奢侈品消费的平均水平是用自己财富的4%去购买，而在中国，用40%甚至更多的比例去实现"梦想"的情况屡见不鲜，甚至这些群体构成支撑奢侈品消费的重要组成部分。这个群体通过努力攒钱的方式来实现其购买奢侈品的梦想。他们经常在奢侈品打折时消费，而且热衷于买一些顶级品牌的小配件，比如领带、皮鞋、皮包等，从而暗示自己也是顶级消费阶层中的一员。

（3）奢侈品消费呈现出一种"年轻化"的趋势

奢侈品的消费必须建立在雄厚的经济财富之上，从社会财富占有规律来说，社会主要财富应该集中在40~60岁的中老年人手中，他们才是奢侈品消费的主体。但是在中国消费者组成结构上，73%的中国奢侈品消费者不满45岁，45%的奢侈品消费者年龄在18~34岁之间。这个比例，在日本和英国分别为37%和28%。

（4）奢侈品消费还展现出一种"礼品化"的倾向

奢侈品能够满足人们对生活品质的追求，甚至是个人身份和地位的体现。但是在中国，出现了购买奢侈品的人和使用奢侈品的人相分离的奇特现象，也使得奢侈品腐败成为奢侈品消费浪潮中难以忽视的现象。

专家对中国奢侈品消费行为实证研究发现：①中国奢侈品消费的四大动机，分别为：炫耀性、追求品质、享乐主义和自我礼物，与发达国家相同。②中国奢侈品作为商业礼物赠送现象。③中国女性情感化购买动机偏向。④中国消费者于国外旅游时购买奢侈品的比重很高。

［资料来源：中国奢侈品消费全球第一的隐忧.中国新闻网http：//finance.chinanews.com/cj/2012/01-16/3606425.shtml；郭姵君，苏勇.中国奢侈品消费行为实证研究[J].管理评论，2007（9）；程世铭.穿普拉达的人民［J］.三联生活周刊，2009（24）：34-35.］

营 销 启 示

奢侈品品牌有两个重要因素：排他性和让消费者做梦，也就是品牌的历史和文化，这两者都能迎合中国消费者的心理。奢侈品品牌在中国是富裕起来的人们追求的标签，这种标签隐含着丰富的意义，还有文化与品质。

29.香格里拉（Shangri-la）——就在中国云南迪庆

"香格里拉"（英文"Shangri-la"的汉语译名）是1933年英国著名小说家詹姆斯·希尔顿（James Hilton）在小说《失去的地平线》（*Lost Horizon*）中所描绘的中国西南部地区的一个永恒、和平、宁静之地。小说一经出版，立即成为畅销书，1937年美国好莱坞以此拍摄的电影也风靡一时。20世纪70年代，马来西亚华侨郭鹤年先生创立了香格里拉酒店。从此，"香格里拉"成为地球上许多地方尤其是西方世界的人们所共同向往的世外桃源和理想社会。但是，"香格里拉"究竟在何地？半个多世纪以来一直众说纷纭。无数探险家在中国西藏、印度东部、尼泊尔及喀喇昆仑山一带苦苦寻觅，看到的情景都与书中的描写不尽一致。

1996年12月，云南省牛绍尧副省长指示，由云南省政府经济技术研究中心牵头，会同云南省政府办公厅、省旅游局、迪庆州及省级有关部门，组织了几十位各方面的专家，经过半年多实地深入细致的调查研究，多种证据均证明"香格里拉"就在中国云南迪庆。

（1）"香格里拉"是迪庆藏语方言

"Shangri-la"在英语中是外来语的译音。据多方考证，首先，只有在中国云南省迪庆藏族自治州的藏语中才有"香格里拉"（Shangri-la）的发音，含义是心目中的理想世界，而其他藏区对此的发音是"森吉尼达"，这表明《失去的地平线》中"香格里拉"一词源于迪庆藏语，是典型的迪庆藏语方言；其次，在迪庆藏民的心目中，"香格里拉"是一种人神共有、人与自然和谐共生的理想境界，这也与小说中描绘的"香格里拉"完全一致。

（2）迪庆的自然地理环境与"香格里拉"相吻合

迪庆属横断山脉西南腹地，具有希尔顿小说中所描写的香格里拉那样典型的横断山脉地层断面地理特征。

一是雪山。迪庆拥有连绵起伏、气势磅礴、终年积雪的雪山群，与小说对雪山的描写相一致。如梅里雪山的主峰卡格博峰与小说中的卡拉卡尔峰形状相同（均为金字塔形），名称一致（卡格博是藏语卡拉卡尔的汉语译名），而在我国其他地区均无类似名称的雪山。

二是峡谷。位于中甸县西北部的香格里拉大峡谷（由香格峡和里拉峡组成）和德钦县境内的澜沧江大峡谷，险峻异常，石壁如刀切斧削，与小说中描写的"香格里拉"喇嘛寺下山谷"如鬼斧神工的巨作，壁立千尺"完全吻合。

三是草甸。迪庆水草肥美的草甸与小说对肥沃、富庶的兰月山谷的描写相符。

四是气候。迪庆和小说中的"香格里拉"均为立体型气候，即"一山有四季，十里不同天"。在中国藏族居住地区，只有迪庆州立体气候最为明显。

五是水果。小说写到，在"香格里拉"能吃到香蕉、杧果等热带水果，而在小说所述的年代，由于受交通等因素的制约，在我国的藏族居住地区中，只有迪庆具有这一独特条件。

六是金矿。迪庆属金沙江、澜沧江、怒江三江流域产金地带，黄金储量丰富，历史上久有开采，与小说对"香格里拉"盛产黄金的描述相吻合。

（3）"香格里拉"喇嘛寺的原形在迪庆

据史料记载，香格里拉大峡谷中的纳格拉寺和德钦县境内的东竹林寺规模宏大，收藏丰富，僧尼共居一寺，这在我国藏族居住地区是绝无仅有的。东竹林寺还有"香格里拉"喇嘛寺的许多特征，精心栽培的花草，宁静优雅的庭院，丰富的收藏，与小说中的"香格里拉"喇嘛寺僧尼共居一寺，寺内有盛开的荷花及花园、草坪和亭阁一致，也是其他藏族居住地区喇嘛寺所没有的。

（4）唯有迪庆具备"香格里拉"那样的社会环境

一是多宗教并存共处。迪庆兼有藏传佛教、道教、天主教、基督教、伊斯兰教、苯教、东巴教等多种宗教。藏传佛教中又有格鲁、宁玛、噶举、噶玛等派别。这与小说中关于香格里拉多宗教并存与相互交融的描写一致，在藏族居住地区中也只有迪庆才存在。

二是多民族和睦相处。迪庆有藏、汉、傈僳、纳西、白、彝等10多个世居民族，千百年来，各民族和睦相处，相互融合，共同创造了灿烂的文化，与小说中颂扬的香格里拉那一带多民族团结和睦的理想社会相符。

三是人与自然和谐相处。迪庆藏民认为生命的永恒源于对生命的珍视，他们酷爱大自然，保护大自然。香格里拉社会恪守的"适度"原则正是这种意识和习俗的高度凝练。

四是外国人留下的众多踪迹。据文史资料记载，在小说所述年代之前，已有许多外国人到迪庆考察风土民情，并留下了许多外文书籍。这与小说中关于香格里拉有德、英、俄、日等国人的足迹和众多外文书籍的叙述完全相同。

五是依靠马帮与外界联系。20世纪30年代之前的迪庆，像香格里拉那样的封闭，依靠马帮和脚夫与外界联系。

（5）东方学者对迪庆的描写与詹姆斯·希尔顿的描写如出一辙

清光绪年间，剑川贡生杨丽拙在《公农村记》中写道，迪庆"地处方外，民性朴实，不善诡诈，宛如武陵桃源"。

1933 年，东方奇女子刘曼卿在《康藏征轺续记》中写道："自丽江西行，路皆岩峻坂，如登天梯……诅三日后，忽见广坝无垠，风清月朗，连天芳草，满缀黄花，牛羊成群，帷幕四撑，再行则城市俨然，炊烟如缕，恍若武陵渔父误入桃源仙境，此何地欤！乃滇康交界之中甸县城也。""是处生活程度极低……民性勤俭朴实，不尚虚华，更无非分之想。日出而作，日落而息，浑浑噩噩，不知世事。"

综上所述，完全可以证明，传说中的"香格里拉"就在迪庆，迪庆就是人们魂牵梦萦的"香格里拉"。

香格里拉既是一片神秘而美丽的沃土，也是国内外游客特别是西方游客所神往的世外桃源。它寄托了人们对美好生活的憧憬和理想，表达了人们对现实和未来的追求与愿望，揭示了人类社会崇尚真善美的共同规律，因而对世界各地旅游者有着巨大的吸引力。

图 2-15 英国小说《消失的地平线》
封面（1933 年）

图 2-16 美国好莱坞电影
《消失的地平线》（1937 年）

（资料来源：宁德煌，张晓霞.生活中的市场营销学[M].昆明：云南科技出版社，2015：71-74.）

────── 营 销 启 示 ──────

"市场营销策划"是企业对将要发生的营销行为进行超前规划和设计，以提供一套系统的有关企业营销的未来方案，这套方案是围绕企业实现某一营销目标或解决营销活动的具体行动措施。市场营销策划包含三要素：目标明确、有创意、具有可操作性等。

"香格里拉"就在中国，就在云南迪庆！这个策划符合市场营销策划三要素，它是一个极为成功的旅游营销策划案例。

30. 左撇子消费者的烦恼你不懂！ —— "左撇子经济"有待挖掘

左撇子，又叫"左利手"，是指习惯于用左手做事（如使用筷子、刀、剪等器物）的人。

据不完全统计，世界人口中约有 10% 的人口是左撇子。世界上绝大多数基本生活用品都是以"右撇子"（右利手）为基准来设计的。

数百年来，左撇子一直遭人嫌弃。在世界上大多数文化中，与左边有关的东西大多含有邪恶、罪孽和下贱等"味道"。英语中的"左边"（left）也含有"笨拙"的意思，英语中的"右边"（right）含有"正确、恰当""得到"意思。

左撇子曾经一度被视为奇怪的行为。在中国，左撇子的小孩甚至在很小的时候就会被强行矫正使用右手。

左撇子消费者在生活中的烦恼，主要有：在使用为"右利手"设计的手机、鼠标、剪刀、计算机键盘、吉他、高尔夫球杆、开罐头和开瓶塞工具等器物时，感觉非常别扭；在吃桌餐的时候，自己的左手常会碰到别人的右手；握着地铁卡，刷开了隔壁的闸机；生物课上的显微镜使用起来不方便；一些娱乐项目的手柄都"装反了"……

1968年，世界上第一家专门为左撇子服务的公司——左撇子用品大全（Anything Left-Handed）诞生在英国伦敦西区彼科街 65 号。据该公司官方网站介绍："我们是一个左利手团体，提供相应产品和信息给全世界的左利手人群，让他们生活更容易一些，同时致力于改善人们对左利手人群的了解、认可和移情。"它为左撇子设计、制造的产品主要有：高尔夫球杆、水果刀、剪刀、削铅笔刀、钢笔、活页夹、开罐头和开瓶塞的工具等。2006年5月，Anything Left-Handed公司关闭了伦敦"左撇子用品大全"（实体店铺），专注于公司电子商务网站（http：//www.anythinglefthanded.co.uk/）和左撇子俱乐部。它将继续开发新的内容、扩大产品范围和添加新功能，使其电子商务网站成为全世界左撇子最大和最好的资源。

1976年8月13日，世界上设立了第一个"国际左撇子日"，这是为了提醒大家注意左撇子在生活中遭遇的种种不便，希望能促进在教育、日常生活工具的设计上，重视左撇子的权益，并发起对左撇子的相关研究而设立的节日。

目前，在中国还没有关于左撇子人数的具体统计数据，但是中国人口基数巨大，即使按占总人口2%来推算的话，左撇子也有近3000万人。

从左撇子的角度来看，中国商家早就该考虑到左撇子消费者的苦恼。但是，由于左撇子专用商品需要特别设计，生产成本较高，产销量有限，一般价格偏贵。

（资料来源："左手经济"有待挖掘http://m.xinhuanet.com/he/2018-08/13/c_11232-60896.htm；马克·J.佩恩，E.金尼·扎莱纳.小趋势：决定未来大变革的潜藏力量[M].北京：中央编译出版社，2008：90-95；宁德煌，张晓霞.生活中的市场营销学[M].昆明：云南科技出版社，2015：103-104；左撇子的烦恼排行https://m.gmw.cn/baijia/2022-08/13/1303089246.html.）

营销启示

英国早在1968年就开设了世界上第一家专门为左撇子服务的公司——左撇子用品大全（Anything Left-Handed）。中国左撇子专用商品小众并不意味市场狭小！

31.体育让生活更美好——体育产业是健康产业、朝阳产业

1912年，"现代奥林匹克之父"、法国教育家皮埃尔·德·顾拜旦（Le baron Pierre De Coubertin，1863—1937年）发表了著名诗作《体育颂》，全诗高度评价了

体育在现代社会的功能和对人类的重大作用。《体育颂》全文共分九个小节，分别从"生命动力、塑造美丽、体现正义、培养勇气、赢得荣誉、带来乐趣、增强体质、推动进步、促进和平"等九个方面热情讴歌了体育运动的伟大意义。

1917年，青年毛泽东在《新青年》杂志上发表了他的著名体育论文——《体育之研究》。文章以近代科学的眼光，就体育的概念、目的、作用，以及体育与德育、智育的关系，体育锻炼的原则和方法等问题，均作了详尽的讨论，闪烁着青年毛泽东的体育思想光辉。毛泽东认为："身体坚实在于锻炼，锻炼在于自觉。""体育是人类讲究养生，使身体各部分平均发达而有一定规则次序可讲的学问。""体育这门学问和德育、智育互相配合，而道德和知识都寄托在身体上，没有身体就没有道德和知识……身体是装载知识的车子和存放道德的房子。""精神要文明，体魄要野蛮。""兴趣是运动的开始，快乐是运动的终结。"

体育消费是现代生活消费的一个重要组成部分。它是个人生活消费中满足发展消费和享受消费的一个重要的有机组成部分。体育消费主要包括用于购买运动服装、运动鞋和运动器材等实物型体育消费支出，用于参加各种各样的体育运动、健身训练、体育医疗康复等参与型体育消费支出，以及用于观看各种体育比赛、表演等观赏型体育消费支出等。

据2023年7月22日央视财经报道：我国经常参与体育锻炼的人数已超过5亿人。2023年上半年全国体育场地总数达450.9万个，同比去年增长约6.7%；2023年7月以来，全国运动健身的线上订单量同比去年增长120%。运动正在成为一种生活方式，在全民健身的带动下，我国已成为全球最大的体育消费市场之一。当前我国体育消费市场规模约1.5万亿元，预计2025年将增长至2.8万亿元。活力四射的体育消费，正成为消费市场的新亮点。

当前，人们的体育消费需求从"有没有"转向"好不好"，呈现多样化、多层次、多方面的特点。面对这一新趋势、新变化，体育品牌只有主动识变、应变、求变，加快创新步伐，加快向数字化智能化方向升级，才能更好满足群众需求，在未来的市场竞争中占据主动。

更好满足群众体育健身需求，要通过创新不断完善产品功能，提升用户体验。比如，在跳绳中加入智能芯片，同时通过外观设计形成绚丽的视觉效果，就能吸引更多人参与跳绳这项运动。碳纤维打造的自行车受追捧、注重"精细化"锻炼的新型健身器械走红等案例也证明，只有加大技术研发力度，在新材料、新工艺、新功能上不断实现新突破，才能不断开拓新市场。

体育品牌往往直接面向消费者，其创新必须以消费者需求为导向。让消费者参与产品创新，是一种有益探索。例如，国货品牌鸿星尔克此前正式发布了"共创中国跑者"品牌战略，从产品设计等多个方面开放共创平台，在研发过程中吸纳专业跑者和跑步爱好者对跑鞋的意见建议，努力为消费者提供更专业化、多元化、科学化的产品。同时，不断完善跑者服务体系，在提供更具科技"硬实力"产品的同时提升服务"软实力"，努力打造更适合国人的运动产品。瞄准消费者使用需求精准发力，激发企业创新潜能，有助于实现扩大品牌影响力和更好惠及消费者的双赢。

当前，在促进群众体育消费、提升体育场地设施水平等产业政策带动下，我国本土体育品牌迅速崛起，体育产业发展结构得到进一步优化。展望未来，在产品科技创新、销售渠道改革、服务升级、拓展品牌国际影响力等方面协同发力，体育品牌与用户加强交互，体育产业与其他产业进一步融合，群众不断升级的体育健身需求必将得到更好满足。

（资料来源：毛泽东.体育之研究[M].北京：人民体育出版社，1979；成森.更好满足群众多样化体育健身需求[N].人民日报，2023-7-17（5）；体育消费对拉动经济增长的作用https：//www.sport.gov.cn/n322/n3407/n3414/c564746/content.html.）

营　销　启　示

体育产业是健康产业、朝阳产业。体育消费正成为消费市场的新亮点，迸发无限商机。

基本概念、理论和方法概述

市场竞争是市场经济的基本特征之一。正确的市场竞争战略，是公司成功地实现其市场营销目标的关键。"知己知彼，百战不殆。"公司在开展市场营销活动的过程中，仅仅了解其顾客需要是远远不够的，还必须了解其竞争者，这样才能取得竞争优势，在商战中获胜。

竞争者分析

一个公司要想在激烈的市场竞争中立于不败之地，就要深入地分析该公司的竞争者。公司分析竞争者有三个步骤：

1.识别竞争者

竞争者（competitor）一般是指那些与本公司提供的产品或服务相类似，并且所服务的目标顾客也相似的其他公司。

通常，一个公司可以从行业的角度和市场的角度等两个方面来识别公司的竞争者。

2.剖析竞争者

公司一旦识别出主要的竞争者，接着就要分析：竞争者的目标是什么——竞争者在市场中追求的是什么？竞争者采用什么样的战略？各类竞争者有什么样的优势和劣势，并且它们对公司可能采取的行动将会有什么样的反应？

3.选择竞争者

公司首先识别出竞争者，接着分析竞争者的目标、战略、优势和劣势，最后还要选择公司的竞争者，与其展开竞争。

迈克尔·波特的基本竞争战略

美国哈佛大学迈克尔·波特（Michael Porter）教授提出的公司基本竞争战略有三种：

1.总成本领先战略（overall cost leadership）——公司降低成本，低于竞争对手。

2.差异化战略（differentiation）——公司提供产业内独一无二的产品和服务。

3.集中战略（focus）——公司把目标集中在特殊的顾客群上，集中在某一特定的产品系列，集中在某一特定的地理区域，或集中在公司专注的其他方面。

竞争定位

根据公司在目标市场中所处的地位的不同，我们可以把公司分为四类：市场领导者、市场挑战者、市场跟随者和市场补缺者。

1.市场领导者（market-leader）

市场领导者是指在相关产品的市场上，市场占有率最高的公司。

2.市场挑战者（market-challenger）和市场跟随者（market-follower）

市场挑战者和市场跟随者是指那些在市场上处于次要地位（第二位、第三位，甚至更低地位）的公司。

这些处于次要地位的公司可以采取两种战略：一是积极争取市场领先地位，向市场领导者和其他竞争者挑战，这就是市场挑战者（market-challenger）。二是安于次要地位，不挑起事端，在"和平共处"的状态下求得尽可能多的收益，这就是市场跟随者（Market-follower）。

3.市场补缺者（market-nicher）

市场补缺者是专门服务于缝隙市场的公司。市场补缺者一般选择那些大企业不太感兴趣的部分专业化市场进行经营。市场补缺者可以起到拾遗补阙的作用。

市场补缺者通常是资源有限的小公司，不过大公司的小分部也可能采用这一种战略。

市场领导者、市场挑战者、市场跟随者和市场补缺者，各自可能采用的具体竞争战略，如表3-1所示。

表 3-1　市场领导者、市场挑战者、市场跟随者和市场补缺者的竞争战略

公司	竞争战略
市场领导者	1.扩大总市场； 2.保护市场份额； 3.扩大市场份额
市场挑战者	1.正面进攻； 2.间接进攻
市场跟随者	1.克隆者； 2.模仿者； 3.改良者
市场补缺者	1.专业化补缺； 2.多重补缺

（资料来源：菲利普·科特勒，加里·阿姆斯特朗.市场营销：原理与实践（第16版）[M].北京：中国人民大学出版社，2015：543.引用时有增改。）

全球思维、本土实践

跨国公司（Multinational company，简称"MNC"）的全球营销战略是："全球思维、本土实践"（Think Global，Act Local.）。跨国公司的全球化（Globalization）是指跨国公司在全球寻求市场、配置生产要素或资源。跨国公司的本土化（Localization）是指跨国公司针对东道国市场的某些独特的方面所做的适应性调整，通过这种调整可以使公司保持或提高竞争优势，更好地融入东道国，从而取得跨国经营的成功。跨国公司的本土化主要表现在以下几个方面：技术研发本土化、原料采购本土化、人力资源本土化、产品本土化、销售渠道本土化和促销本土化等。本土化即"入乡随俗"，可以解决跨国公司在东道国水土不服的问题。

32.福耀集团——世界第一大汽车玻璃制造商

福耀集团（全称"福耀玻璃工业集团股份有限公司"），1987年成立于中国福建福州，是专注于汽车安全玻璃的大型跨国集团。

图 3-1 福耀集团品牌标志

经过 30 余年的发展，福耀集团已在中国 16 个省（区、市）以及美国、俄罗斯、德国、日本、韩国等 11 个国家和地区建立现代化生产基地和商务机构，并在中、美、德设立 6 个设计中心，全球雇员约 2.7 万人。目前，福耀已成为全球最大的汽车玻璃专业供应商，占全球超过 30% 的市场份额，福耀产品被宾利、劳斯莱斯、奔驰、宝马、奥迪、大众、通用、福特、克莱斯勒、丰田、本田等全球知名汽车品牌选用，并被各大汽车制造企业评为"全球优秀供应商"。

福耀集团多年蝉联《财富》中国 500 强、中国民营企业 500 强。福耀集团创始人、董事长曹德旺，于 2009 年荣膺企业界的"奥斯卡"——"安永全球企业家奖"，于 2016 年荣获全球玻璃行业最高奖项——"凤凰奖"。

曹德旺在其自传《心若菩提》一书中写道："我是做汽车玻璃的。汽车玻璃也叫作安全玻璃。整车中，除前挡风玻璃采用夹层技术以外，边窗玻璃与后挡风玻璃均采用钢化玻璃。而安全玻璃使用的原材料主要是平板玻璃。""平板玻璃用作汽车玻璃时需要钢化，而不管使用哪一种工艺成型的平板玻璃，其工艺流程均存在着一个先天的缺陷，无法突破。这个缺陷，就是在硅熔化后流向成型槽时，存在先后。先流出的先成型，后流出的后成型。虽然先后流出的时间差只有一两秒钟，但因流出前后温差大，还是存在先出来的成型快，后出来的成型慢。这短短的一两秒之差，造成的结果是：玻璃一旦受到外力撞击，其破损处就面目狰狞——锋利如刀，利刃如剑。使用钢化工艺将其钢化，就是把按规格切割好的玻璃，放进高温炉里加热到熔化临界温度，使二氧化硅分子重新均匀排列，并使用均匀高风压，对整片玻璃进行冷却，重新快速成型，以提高其抗冲击硬度。钢化后的玻璃不仅强度比钢化前提高 10 倍，其重新排列的二氧化硅分子在遇到超极限外力撞击之后，不再狰狞如刃，而是化作豆粒大小的碎片，不再伤人。""高档的汽车玻璃使用真空镀膜技术，即使用真空溅射技术，先把金属雾化，然后通过喷雾方式镀上。这样形成的膜，薄到纳米级，但装在车上，却可以起到冬暖夏凉的作用。即使玻璃破碎了，膜还附在它上，骨断筋还连。"福耀集团通过技术创新，掌握了平板玻璃钢化工艺、汽车玻璃真空镀膜技术等关键工

艺和技术，最终生产出了高质量的汽车安全玻璃。

福耀集团是"工业4.0"的积极探索者和实践者。公司以智识引领发展，以创新为驱动，通过智能制造，为客户提供一片有"灵魂"的玻璃，其信息技术与生产自动化方面位居全球同行业前列。近年来，福耀集团先后荣获"中国质量奖""智能制造示范企业""国家创新示范企业""国家级企业技术中心"等各类创新荣誉、资质。

（资料来源：福耀集团官网https：//www.fuyaogroup.com/about.html#c1；曹德旺.心若菩提（增订本）[M].北京：人民出版社，2017.）

—— 营 × 销 × 启 × 示 ——

通过技术创新，福耀集团掌握了汽车安全玻璃生产关键工艺和技术。福耀集团采用集中战略，专注于汽车安全玻璃，经过30余年的发展，福耀集团成为全球汽车玻璃市场领导者。

33.双童——全球饮用吸管行业领导者

双童（全称"义乌市双童日用品有限公司"），1994年创建于中国浙江义乌，是专注于生物可降解餐饮用品研发和制造的公司。

图3-2　双童商标

（资料来源：http：//www.china-straws.com/news/6177.html.）

（1）申请"双童"商标注册，实施品牌战略

1994年5月5日，楼仲平夫妇筹资五万元，租用两间民房，购买了一台二手的吸管生产设备，结束多年的摊位经营，开始生产吸管。

1995年8月，"双童"商标注册，迈出了企业品牌发展的开始。2011年11月29日，"双童"及图商标被国家工商总局认定为"中国驰名商标"。

双童创始人、董事长楼仲平在《双童企业文化价值观》"品牌篇"中写道："吸管这个商品，是世界上最难以去做品牌的商品，因为它看起来是那么的渺小。大家印象中，吸管这个产品也许是不值得一提的，在生活中它无足轻重。大家都认为这类产品价值低，利润薄，不适合大规模、标准化工业生产，只适合家庭作坊小规模作业。甚至还有不少网友认为不值得去做品牌，尤其不应该投入大资源去运作所谓的品牌。大家觉得这类产品在使用消费时，往往自己（终端消费者）没有选择权，店家给什么吸管消费者就得用什么吸管，从而造成传播品牌的作用点难以准确定位并传导到终端消费者。""如果说这近 20 年我做企业花在哪里的精力最多，我认为是在经营企业的品牌运作上。""我认为企业的品牌建设是一个渐进的系统工程，就像养小儿一样，需要恒心，需要耐心，从零开始，点滴积累。一般传统企业要塑造一个行业品牌，尤其是行业的第一品牌，至少需要积累十年的时间，其间需要企业投入大量资源。""双童吸管从 1995 年开始品牌塑造，基本是五年一个阶段，前五年基本没声音，属于积累期。第二个五年的初期获得了'义乌名牌'，2003 年获'金华市著名商标'和'金华名牌'。第三个五年从 2005 年之后分别获'浙江省著名商标''浙江省名牌产品''浙江省知名商号'和'浙江省绿色企业'等省级荣誉称号。一直到第四个五年之初的今年（本书作者注：2011 年），终于获国家工商总局的'中国驰名商标'认定。""任何一个行业的产品和服务，都是需要品牌支撑的，品牌既是一个用于与竞争者区分的标识，也是一个给拥有者带来溢价产生增值的无形资产，更是影响消费者心智，取得消费者信任的一个载体。""长远来讲，塑造品牌的最终结果还是要取得消费者心智和认同，而取得消费者认同，一方面要以实实在在的产品质量取得消费者信任，从量变转为质变，变价格竞争为质量竞争和服务竞争，继而形成品牌核心竞争力。"

| 原始标记 | 原注册双童商标 | 原注册英文商标 | 优化后双童商标 | 优化升级后双童商标 |

图 3-3　"双童"商标的历史演化升级

（资料来源：http://www.china-straws.com/news/6177.html.）

截至 2022 年 10 月，双童名下共有注册商标 649 个，发明专利 8 件，实用新型专利 51 件，外观设计专利 53 件。

（2）双童起草编制了饮用吸管行业、国家和国际标准

"一流企业定标准，二流企业做品牌，三流企业做产品。"

1997年以前，整个国内吸管行业没有产品标准可言，所有吸管产品都是无标生产。双童创始人、董事长楼仲平意识到，若没有企业标准就无法进入主流高端市场，于是他就下决心开始制定企业的产品标准。1998年4月20日，双童的企业标准Q/YCSX01—1998《聚丙烯饮用吸管》诞生，从此结束了中国吸管行业无标生产的历史。

双童先后承担了《聚乳酸冷饮吸管》中国轻工行业标准、《聚丙烯饮用吸管》中国国家标准和《聚丙烯饮用吸管规范》ISO国际标准等10余项标准起草编制工作。全球塑料吸管行业国际标准的相关组织要求、生产过程、规则验收、依据评判等几乎所有的细则条文均来源于"双童"公司提供的数据和验证支持，为中国吸管行业的长远发展争取到了规则主动权和行业话语权。因此，双童被誉为"全球饮用吸管行业领导者"。

图3-4 义乌市双童日用品有限公司——吸管国家标准起草单位

（资料来源：http：//www.china-straws.com/honor.html.）

（3）双童生产可降解吸管，走环保和可持续发展之路

2019年4月16日，"双童"可食用淀粉吸管面世。2019年5月31日，中央电视台CGTN频道对"双童"可食用淀粉吸管做专题报道。

2020年7月12日，中央电视台《经济信息联播》报道"双童"可降解吸管。

2021年1月8日，中央电视台CGTN频道现场直播"双童"可降解吸管。

目前，双童的市场定位是：专注于生物可降解餐饮用品的研发和制造的公司。

（资料来源：义乌市双童日用品有限公司官网http：//www.china-straws.com/about.html；http：//www.china-straws.com/events.html；http：//book.china-straws.com/index.html；https：//ent.ifeng.com/c/7jrfVL7TxBn；http：//ipr.mofcom.gov.cn/article/gnxw/zfbm/zfbmdf/zj/202211/1974144.html.）

◇营◇销◇启◇示◇

双童采用集中战略，近30年专注于一根饮用吸管。双童先从生产吸管开始，接着申请"双童"商标注册、实施品牌战略，最后起草编制了饮用吸管的行业、国家和国际标准。经过近30年的发展，双童成为全球饮用吸管行业领导者。

34.传音——非洲手机之王

传音或传音控股（全称"深圳传音控股股份有限公司"，前身传音科技），2006年成立于中国香港，是致力于成为新兴市场（非洲、南亚、东南亚、中东和南美）消费者最喜爱的智能终端产品和移动互联服务提供商。

图3-5　传音公司品牌标志

在国内，很少有人使用传音手机，甚至没见过它长什么样，因为国内并不是传音手机的目标市场。传音始终以新兴市场的消费者为中心，重视新兴市场人民被忽视的需求，让尽可能多的人尽早享受科技和创新带来的美好生活。

2006年，传音创立之初，创始人、董事长竺兆江把传音目标市场定在非洲。竺兆江非常看好非洲的潜力。非洲有超过13亿人，占全球总人口的16%。除此之外，竺兆江还专门多次提到非洲的"年轻化"："虽然起点较低，但它的人口结构年轻，

是思维开放、接受新事物很快的一代人。"

传音在非洲手机业务起步初期，先做尼日利亚、肯尼亚市场，随即辐射到其他撒哈拉以南的非洲国家。传音在非洲市场，先做功能手机市场，然后才做智能手机市场。无论是功能手机，还是智能手机，传音坚持的一个重要原则，就是在手机好用的前提下，做到手机价格尽可能地便宜。

2007年，传音在非洲市场推出第一款双卡双待手机——Tecno T780。当时，非洲市场的诺基亚、三星都是单卡手机，不同运营商之间通话很贵，假如有一部双卡手机能当两部单卡手机来用，消费者自然会觉得很划算。非洲消费者大多有多张SIM卡，却没有购买多部手机的能力。传音正是看准了这种刚需，率先在非洲推出双卡手机。

由于大部分手机拍摄都是通过人的面部进行识别，肤色较深的人种很难做到准确识别。为了贴近非洲市场，传音公司成立工作小组，通过大量搜集当地人的照片，进行反复试验，根据深肤色人的脸部轮廓、曝光补偿、成像效果的分析调试，研发出了适用于深肤色用户的美肌模式。通过人的眼睛和牙齿来定位，在此基础上加强曝光，帮助非洲深肤色的人拍出了更加满意的照片。非洲消费者普遍认为，传音手机拍摄效果比诺基亚手机、三星手机确实好很多。

非洲大陆的气候非常炎热，消费者极其容易出汗，传音便开发了防汗触摸屏手机。

自公司成立以来，传音一直着力为用户提供优质的以手机为核心的多品牌智能终端，并基于自主研发的智能终端操作系统和流量入口，为用户提供移动互联网服务。传音旗下拥有新兴市场知名手机品牌TECNO、itel及Infinix，还包括数码配件品牌Oraimo、家用电器品牌Syinix以及售后服务品牌Carlcare。

近年来，传音还荣获"中国企业500强""中国制造业企业500强""中国民营企业500强""中国制造业民营企业500强""《财富》中国500强"等殊荣。

表 3-2 传音手机业务一览表

手机品牌	品牌定位	品牌说明
TECNO	定位于新兴市场的中产阶级消费群体；中高端智能手机和智能硬件品牌 TECNO是一个全球领先的创新科技品牌，业务遍及全球70多个国家	品牌精神：Stop At Nothing
Infinix	定位于新兴市场的年轻消费者为年轻消费者打造的高端智能移动硬件品牌 Infinix产品已覆盖全球40多个国家，包括非洲、拉美、中东、南亚和东南亚	品牌主张：THE FUTURE IS NOW
itel	定位于新兴市场的大众消费者；面向大众市场可信赖的智能生活品牌 itel的销售网络遍及全球超过50个国家和地区	品牌理念：乐享美好

（资料来源：https：//www.transsion.com/business?lang=zh&code=business.intelligentTerminal.）

经过多年发展，传音已成为全球新兴市场手机行业的中坚力量之一。2022年，传音手机整体出货量约1.56亿部。传音持续保持在非洲市场的领先优势，并在非洲以外的新市场取得了较好的增长。2022年，传音在非洲、巴基斯坦、孟加拉国智能机出货量排名第一，印度智能机出货量排名第六。

在 *African Business* 发布的 "2022年度最受非洲消费者喜爱的品牌" 百强榜中，传音旗下三大手机品牌TECNO、itel及Infinix分别位列第6名、15名及25名；在百强

榜中，TECNO连续多年位居入选的中国品牌之首，itel位居中国品牌第2名。

图3-6　传音手机TECNO在非洲

　　传音将技术创新作为公司核心战略之一，分别在中国上海、深圳和重庆建立了自主研发中心。截至2022年末，传音拥有研发人员3901人。传音持续加码研发投入，打造高效的用户和技术双驱动的创新研发能力，不断强化差异化的产品竞争力，扩大在新兴市场本地化科技创新方面的竞争优势，提升用户价值与体验。结合行业技术发展趋势及在新兴市场积累的本地洞察，传音在人工智能语音识别和视觉感知、深肤色拍照算法、智能充电和超级省电、云端系统软件、智能数据引擎、硬件新材料应用创新、OS系统等领域，开展了大量符合当地用户使用习惯的科技创新研究。

　　近年来，传音在影像研发领域持续取得突破性进展，先后荣获CVPR 2020 LIP国际竞赛深肤色人像分割赛道冠军、吴文俊人工智能科技进步奖（企业技术创新工程项目）、中国图像图形学学会技术发明奖一等奖、ECCV MIPI移动智能摄影与影像竞赛分赛道第2名等奖项；主导多项移动终端计算摄影系统国际标准获ITU-T正式立项。同时，传音也在加快布局新兴市场智能语音技术，并荣获中非青年创新创业大赛一等奖等奖项。

　　（资料来源：深圳传音控股股份有限公司官网https：//www.transsion.com/about? lang=zh&code=-about.about；https：//baijiahao.baidu.com/s?id=1763570173561135365&wfr=spider&for=pc.）

―――― 营 销 启 示 ――――

　　传音在非洲手机市场上采用本土化战略和差异化战略。传音洞察非洲市场，包括非洲消费者生活方式、消费能力和非洲国家的天气等，充分理解并满足了非洲顾客的需求，深受非洲消费者的欢迎。经过近20年的发展，传音成为非洲手机市场领导者。

35.薇诺娜——专注敏感肌肤

　　薇诺娜（Winona）是云南贝泰妮生物科技集团股份有限公司（BOTANEE，简称"贝泰妮集团"）旗下的核心护肤品牌，是专注敏感肌肤的功效性护肤品牌。目前，薇诺娜已经成为中国皮肤学级功效性护肤品市场份额第一的品牌。

　　"薇诺娜"品牌诞生于2010年，它是一个最初由药企孵化，然后在皮肤科医生圈传播，最后依靠电商打开大众市场的护肤品牌。

图 3-7　薇诺娜品牌定位——专注敏感肌肤

（资料来源：贝泰妮官网 https：//botanee.com.cn/winona-brand.html.）

　　贝泰妮集团董事长、总裁、薇诺娜品牌创始人郭振宇认为：流行病学调研中，35%中国女性都有的皮肤敏感问题，已经意味着一个无比巨大的市场了。我们观察到随着生活节奏加快、社会压力加大、环境污染、滥用化妆品及不正规的美容等一系列因素让敏感肌肤人群日益增多，所以我们就将薇诺娜定位于专注敏感肌肤的护肤品。"做窄路宽"是我经营企业的信条，所以我们的创业就锁定在敏感肌肤这个细分赛道。

　　郭振宇多次在公开场合强调"我不是卖护肤品的，我是卖皮肤健康的"。

在企业竞争战略上，贝泰妮集团采用集中战略（focus），把目标集中在女性敏感肌肤人群上，薇诺娜的定位是"专注敏感肌肤"。薇诺娜选择敏感肌肤这个小众市场作为目标市场。

郭振宇认为：中国功效性护肤品行业的竞争，主要在两个"端"，一"端"是研发端，不是难在配方，而是难在原料及其活性成分的提取；另一"端"是销售端，贝泰妮集团与电商的合作会进一步加强，"我们会更多关注内容电商、兴趣电商，这两块目前是流量的洼地"。

在薇诺娜研发方面，贝泰妮集团十分重视研发及其投入，贝泰妮集团与昆明医科大学、中国科学院昆明植物研究所等单位联合成立了省部级创新团队和协同创新中心；贝泰妮集团与国内多家三甲医院皮肤科合作做过大规模临床研究及效果观察；贝泰妮集团建立有"云南省功效性护肤品工程研究中心"和贝泰妮研究院。共有"82个皮肤学专家参与到了薇诺娜研发""63家三甲医院皮肤科临床验证功效和安全性"和"200多篇皮肤学基础研究和薇诺娜临床研究的相关论文"。教育部创新团队带头人、昆明医科大学第一附属医院皮肤病医院执行院长何黎教授认为"它（薇诺娜）开启了我们国家功效性护肤品的先河，体现了产学研医结合的创新模式，融合了皮肤学领域、植物学领域、化学领域等各领域的交叉渗透"。根据2022年年报显示，贝泰妮集团全年投入研发费用2.55亿元，研发投入占销售额比例为5.08%。

在薇诺娜营销渠道选择和建设方面，贝泰妮集团一直坚守的渠道策略为：线下医药渠道打基础，线上渠道为中心。①关于线下渠道，药店拥有天然的专业背书，面对敏感肌肤问题的专业服务能力相对传统化妆品渠道也更强，薇诺娜和著名医药连锁集团之间也因此形成了共赢的模式。②关于线上渠道，郭振宇认为：薇诺娜的消费人群很年轻，这个群体是互联网的原住民，他们一个个都活在自己或他人（互联网大厂）划定的圈层里，对这一群体的营销要找到他们所处圈层的中心点，借助传播的内容和介质去完成破圈。目前，薇诺娜已经覆盖了几乎所有主流电商平台，在微博、微信、小红书、抖音投放推广。我从来没有从网络上看到过薇诺娜品牌推广，因为我不是薇诺娜要找的目标用户，可见我们营销推广之精准。我们会邀请专业的皮肤科医生在线科普、免费问诊，以此塑造薇诺娜品牌的专业形象。同时为了贴合"Z世代"消费者的特点，我们还会在小红书、抖音上让专业的KOL和网红联动。专家带来知识，网红带来流量。2021年，贝泰妮集团80%的销售收入来自线上。

（资料来源：贝泰妮集团官网https：//www.botanee.com.cn；皮肤界来了个破局者https：//it.sohu.com/a/696204265_121687419；福布斯中国.贝泰妮郭振宇：只有偏执

狂才能生存〔J〕.Forbes福布斯（中文版），2022年7—8月合刊；Al RIES. JACK TROUT. The 22 Immutable Laws of Marketing—Violate Them at Your Own Risk [M].Harper，1993.）

　　美国著名营销大师阿尔·里斯和杰克·特劳特在《22条永恒不变的营销法则——违者后果自负》一书中提出了22条营销法则：市场领导法则、类别创新法则、深入人心法则、观念竞争法则、概念集中法则、概念专有法则、阶梯定位法则、两强相争法则、针对第一法则、品种细分法则、远期效果法则、商标扩展法则、有所牺牲法则、对立特征法则、坦诚相见法则、单一策略法则、不可预见法则、骄兵必败法则、正视失败法则、过度宣传法则、驾驭趋势法则、资源支持法则等，这22条营销法则是经得起时代考验的商界"制胜法宝"。

　　薇诺娜的成功，也是贝泰妮集团遵循阿尔·里斯和杰克·特劳特"22条营销法则"中前3条营销法则（市场领导法则、类别创新法则，深入人心法则）的结果。

　　贝泰妮集团深知"第一"胜过"更好"，采用集中战略，把薇诺娜品牌定位于"专注敏感肌肤"，直击消费者心智，迅速构建起了"敏感性皮肤=特护霜=薇诺娜"的强品牌形象。通过加大科研投入和加强研发，依靠电商渠道以线上营销为中心，助力薇诺娜腾飞，使薇诺娜成为中国功效性护肤品市场第一品牌。

36.中国国家铁路集团有限公司的业务——并非经营铁路，而是运输旅客与货物！

　　在过去很长一段时间里，"中国铁路"执行计划经济，它在"产品观念"指导下经营，认为顾客就是需要乘坐火车，它曾以"铁老大"自居，"顾客一票难求"，"皇帝的姑娘不愁嫁"，导致"中国铁路"服务意识淡薄，服务质量低下。

　　从市场导向的角度来看，中国国家铁路集团有限公司（简称"中国铁路"）并非经营铁路，而是运输旅客与货物。"中国铁路"产品的本质是实现旅客或货物的"位移"。顾客真正需要的是运输服务（位移），而不是火车！火车、汽车、轮船、飞机等，都只是为了满足顾客的运输需要而生产的运输工具而已。

从市场竞争观念来看，目前中国铁路运输（火车）的竞争对手有：公路运输（汽车）、水上运输（轮船）、航空运输（飞机）和管道运输（管道）等。

表3-3　五种运输方式的比较表

运输方式	经济技术特征	定位
铁路运输（火车）	速度快、运量大、可靠性强、投资大、运营成本高、可达性差	大批量、长距离、散装货物、较低运费、低风险客货运
公路运输（汽车）	速度快、机动性强、投资少、运量小、运营成本高、可靠性一般、环境污染大	小批量、多批次、中短距离、灵活机动性较高客货运
水路运输（轮船）	运量大、投资少、运营成本低、速度慢、可靠性较差、可达性差	远洋——长或超长距离、最低运费、定期货物运输；内河、沿海——各种距离、最低运费、定期客货运
航空运输（飞机）	速度快、机动性强、通达性强、投资大、运营成本高、可靠性一般、可达性差、环境污染	小批量、超长距离、时效性强、高运费客货运
管道运输（管道）	连续性强、通达性强、可靠性强、不占土地资源、运营成本低、投资高、适应性差	固定货种、固定路线、持续性好的货物运输（例如石油、天然气等）

图3-8　火车运输只是能够满足顾客运输服务需要的运输方式之一

铁路运输按运输对象来分，可以分为客运与货运；铁路运输按运输距离来分，又可以分为短途运输、中途运输和长途运输。目前，在我国客运市场上，短途运输和中途运输市场被汽车抢走了，长途运输市场也被机票打折由飞机抢走了；在我国货运市场上，短途运输和中途运输市场被汽车抢走了，长途运输市场是铁路运输的唯一优势所在。铁路运输比较适合长距离、大运量、散装货物的运输。

如果中国国家铁路集团有限公司能及时正确认识其产品的本质——运输服务（位移），认清其竞争对手，及时转变服务观念，提高服务意识，努力提高服务质量，那么它将会有更好的发展与未来。

（资料来源：宁德煌，张晓霞.生活中的市场营销学[M].昆明：云南科技出版社，2015：131-133.）

───────── 营×销×启×示 ─────────

一个公司要想在激烈的市场竞争中立于不败之地，就要深入地分析该公司的竞争者。市场营销有一个重要的观点：顾客所购买的不是产品或服务，而是由产品或服务所提供的利益！理解了这个观念有助于一个公司识别公司的竞争者，把握顾客的真正需要，更好地服务于顾客或进行产品创新。

37. "鳄鱼"品牌在中国——鱼龙混杂

目前，在中国服装或鞋子市场上，我们经常可以看到下面六条"鳄鱼"（表3-4）。

表 3-4　"鳄鱼"品牌一览表

品牌	国家	简介
LACOSTE	法国	LACOSTE（拉科斯特）是一个法国服饰品牌，该品牌诞生于1933年，它简称"法国鳄鱼"
CARTELO	新加坡	CARTELO（卡帝乐）是一个新加坡服饰品牌，该品牌诞生于1947年，它简称"新加坡鳄鱼"
鳄鱼恤 CROCODILE SINCE 1952	中国	CROCODILE（鳄鱼恤）是一个中国香港服饰品牌，该品牌诞生于1952年，它简称"香港鳄鱼"

续表 3-4

品牌	国家	简介
crocs	美国	CROCS（卡骆驰）是一个美国鞋子品牌，该品牌诞生于 2002 年，它简称"美国鳄鱼"
ZJIEYU	中国	ZJIEYU 是一个中国鞋子品牌，这个品牌先后用过两个不同的 Logo。该品牌诞生年份不详，简称"中大鳄鱼"（龟鳄）
ZHEE	中国	ZHEE 是一个中国浙江服饰品牌，该品牌诞生于 1993 年，简称"浙江鳄鱼"

（资料来源：宁德煌.市场营销学：生活、营销与智慧[M].北京：机械工业出版社，2020：93-94.）

营 销 启 示

伪造者或造假者（counterfeiter）是违法或不道德的市场跟随者。伪造者或造假者，仿制市场领导者的品牌与包装，并通过黑市或者非正规经销商出售。由于在我国服装或鞋子市场上"鳄鱼"品牌鱼龙混杂，因此，今后大家在购买"鳄鱼"品牌服装或鞋子时，一定要擦亮眼睛、认准品牌。

38. 中国市场上的"新佰伦""新百伦""纽巴伦"等——此"NB"牌非彼"NB"牌

"治治"香瓜子、"超六核桃"饮料、"周住"牌洗衣粉、"666 皮炎平"，这些乍看上去像知名品牌的山寨货，经过媒体报道已经被人们熟知。一些不法企业使出浑身解数，为谋求市场发展"捷径"，以"拿来主义"和"乔装打扮"，拐弯抹角地与一些知名品牌搭上关系。其销售范围也不过在一些城郊、乡下的一些杂货店或者小的便民小卖店。

可是，在一些大型购物中心和商场，有另外一种"拿来主义"，无论商品名称、商品款式还是标志都与一些国际百年大品牌高度相似，堂而皇之登上这些大雅之堂，消费者稍不留心很容易就被误导。

（1）此"新佰伦"非彼"新百伦"

①新佰伦（NBLS，niubanlunsi）

一双568元的新款"新佰伦"运动鞋，无论从材质、做工、款式看上去都是物有所值。然而，后来弄下挂牌才发现，鞋子的生产商是新佰伦股份有限公司，公司地址：福建省晋江市陈埭镇岸兜南工业区。品牌名称是"新佰伦"，而此"新佰伦"并非彼"新百伦"。

扫描吊牌二维码进入官方微信公众号，在"关于我们"中，并没有企业的介绍，而是录入了一段马拉松长跑项目的起源文字。在"品牌故事"中写道：承载了慢跑文化的基因，NBLS将品牌标志"N"作为凝聚卓越品牌精神内涵的经典烙印，呈现于产品设计中。仔细观察才发现，原来"ＮＢＬＳ"是通过压花处理印在标志"N"四个角上的四个字母。

图 3-9　新佰伦（NBLS，niubanlunsi）

（图片来源：http：//www.xiemaoyi.com/products_list.asp?id=19530；https：//www.tianyancha.com/sicp/245835273-9ecc.）

那么，这个带立人旁的"新佰伦"又是何许人也？

《中国质量万里行》记者经全国组织机构代码信息核查系统查询，新佰伦股份有限公司成立于2015年1月14日。在中国工商总局商标局中国商标网商标综合查询未能查询到新佰伦股份有限公司对"新佰伦"商标的注册信息。

《中国质量万里行》记者致电"新佰伦"售后服务电话0595-82012666，一位不愿透露姓名的工作人员告诉记者，"新佰伦"是中国品牌，在国家工商总局商标局有正式注册，可以查询，与美国"N"牌没有任何关系，并且强调美国"N"牌不能叫作"新百伦"（音）。新佰伦股份有限公司在福建晋江注册，注册资金1亿元，是

一家位于国外上市公司的下属公司，有关其他情况在电话中不便透露。

②新百伦（New Balance）

New Balance品牌于1906年创立于马拉松之城——美国波士顿，一百多年来一直秉持其优良的传统，生产结构精良、体验舒适的男女装运动鞋。创立者受鸡爪结构启发，设计研发了脚弓支撑器，这种全新的设计给人以全新的平衡体感，所以人们将其命名为"New Balance"。

新百伦（New Balance）现已成为众多成功企业家和政治领袖喜爱的品牌，在美国及许多国家被誉为"总统慢跑鞋""慢跑鞋之王"，它于2003年正式登陆中国。

图 3-10　新百伦（New Balance）

（图片来源：New Balance中国官方商城http：//www.newBalance.com.cn/id/gushi-2.html.）

③纽巴伦（NEW·BARLUN）

纽巴伦也不算什么山寨或者假冒，它是2003年以前美国New Balance在中国的代理商注册的名字，因为其间代理商违反经销协议，New Balance退出中国市场，2003年再回到中国市场时，纽巴伦这个名字已经被注册了，所以才用的"新百伦"这个名字。一定要有中文名字是为了接地气方便营销，所以纽巴伦和新百伦是不同的两个牌子。

图 3-11　纽巴伦（NEW·BARLUN）

（图片来源：纽巴伦（中国）有限公司http：//www.nbl-china.com/Index.aspx.）

④其他"NB"品牌运动鞋

在中国运动鞋市场上，以"N"开头的品牌还有很多！例如：新百伦领跑（NEWBAILUNLP）、美国新百伦（NEW BOOM）、新百伦（中国）（New bunren）

等。在中国一些著名电商平台上，也还存在着不少假冒新百伦（New Balance）的运动鞋。

图 3-12　新百伦领跑（NEWBAILUNLP）

（图片来源：江西新百伦领跑体育用品有限公司http：//www.newbailunlp.com/apc/news_detail/id/53.html.）

图 3-13　美国新百伦（NEW BOOM）

（图片来源：http：//www.sohu.com/a/45400579_123753.）

图 3-14　新百伦（中国）（New bunren）

（图片来源：https：//sichuan.scol.com.cn/cddt/201801/56064301.html.）

（2）"傍大牌"只为寻求市场发展捷径

文学家、语言学家夏丏尊先生在《中国的实用主义》一文中讲到，中国的实利主义的潮流发源可谓很远，利益也很广泛，滔滔然几乎无孔不入。养子是为防老，娶

妻是为生子，读书是为做官，行慈善是为名声……除用"做什么为什么"来做公式外，是再也说不尽！中国对于事情非有利不做，而所谓利，又是眼前的、现世的、个人的利。

一些傍大牌的产品生产者，或者由于没有实力，或者压根就不想自己去投入时间、成本去做什么产品设计、市场开发、品牌培育的工作，他们不屑于工匠精神，也不想做百年老店。傍大牌者只需有"拿来主义"的精神就可解决一切问题，完全不尊重别人"知识产权"里所蕴含的资本和曾经为此付出的代价，更无从谈"敬畏"，所追求的只有眼前的利益。

（资料来源：刘回春.一些生产者缘何喜欢"傍大牌"[J].中国质量万里行，2016（2）：22-24.引用时有增改；New Balance 中国官方商城http：//www.newBalance.com.cn；江西新百伦领跑体育用品有限公司http：//www.newbailunlp.com.）

营销启示

> 伪造者或造假者（counterfeiter）是违法或不道德的市场跟随者。傍大牌者其潜在的目的还是利用那些大品牌受消费者关注、在消费者心中的地位，不管有意还是无意，都形成了蒙蔽、欺诈消费者的事实，并不仅仅是知识产权的问题。被蒙蔽、被欺诈的消费者，一般都是两种人：第一种，粗心大意的人，由于傍大牌者产品与知名品牌高度近似，粗心的人容易被误导；第二种是为了低价，追求那些"山寨"知名品牌的人。无论是上述哪一种人，都给傍大牌者提供了生存的土壤。

39.熊猫快餐在华"被开店"背后——李鬼招加盟

"全球最大的中式快餐进入中国市场"成为近期餐饮业内的话题热点。

（1）山寨店，假加盟

近日，关于"美国熊猫快餐"进入中国市场在云南开店的消息引起广泛关注。消息称，源自美国的中式快餐Panda Express熊猫快餐已在云南昆明开出首店。同时，门店位于昆明吾悦广场的负责人也证实，这家餐厅并非"山寨店"，有正规的品牌授权。从大众点评上可以看到，昆明吾悦广场的确开了一家名为"Panda Express"熊猫餐厅的门店，无论是从Logo还是昆明吾悦广场公众号的宣传介绍来看，均显示此家店就是源于美国中式快餐品牌Panda Express的熊猫快餐。

不过，根据去消费过的消费者留下的评论来看，不少消费者表示，与美国的门店不太相同，怀疑是山寨门店。同时，大众点评、美团等平台上显示的该家门店均未留下联系电话。另外，北京商报记者在一个名为"中国餐饮网"的网站上看到，目前昆明熊猫已经发布了关于熊猫快餐的加盟信息，其加盟信息的介绍均是美国中式快餐Panda Express熊猫快餐的信息。

据有关消息，位于昆明的熊猫快餐门店是昆明吾悦广场与深圳禧桂福餐饮管理有限公司签订的协议，有正规品牌授权。对此，北京商报记者联系深圳禧桂福餐饮管理有限公司，但对方电话处于关机状态。根据天眼查显示，该公司成立于2018年10月29日，注册资本100万元。法定代表人为胡鹏，旗下有多家餐饮公司，担任多家餐饮公司股东、法人代表。

据界面新闻报道，熊猫快餐曾经参加了2019年10月18日至10月20日在北京全国农业展览馆举办的BFE|2019北京国际连锁加盟展览会，北京连锁国际加盟展览会的工作人员表示，当时确有一家深圳的公司以熊猫快餐（Panda Express）的名义参展，展会现场取得了不错的招商效果，但目前尚无法提供进一步的材料和资质证明。

此外，在昆明熊猫餐厅的点评页面上可以看到，这家餐厅的"网友推荐菜"涉及的品类也较为丰富，有酸菜鱼、酸辣鱼、串串等，与美国熊猫快餐的产品有一定的差异。而由于有关这家餐厅的报道均为"美国熊猫快餐进入中国市场"，对国内消费者产生了一定的影响，在该餐厅的点评页面评论区可以看到不少消费者是专程从外地前往该餐厅打卡。

（2）美国公司称"未进中国"

然而就在大家都认为火遍国外市场的熊猫快餐开始进军中国市场时，事情却发生了反转。

2020年10月19日，中国烹饪协会就美国熊猫集团就"云南开店"发布声明：近日，关于"美国熊猫快餐"在云南开店的消息受到社会高度关注。经我会与熊猫集团核实，该门店并非熊猫集团开设，熊猫集团也从未授权国内任何企业或个人开展加盟业务。请餐饮业同仁、投资创业者及社会各界人士知晓。现受熊猫集团创始人兼联合首席执行官程正昌先生委托将其本人声明转发如下：

郑重声明

大家好！我是美国熊猫集团的联合创始人兼联合首席执行官程正昌。最近几天国内在热炒一则"美国熊猫快餐在云南开店"的消息，为此我慎重地告诉大家"美国熊猫云南开店"的事是假的。是别有用心的人企图盗用"美国熊猫快餐"的名义通过所谓的"加盟"而敛取钱财的一个骗局。

为此严正声明：

1.目前中国市场上的"美国熊猫快餐"全部是假的，所用的"熊猫"商标均系盗用或伪造。

2.美国熊猫集团未授权中国任何部门或个人以"美国熊猫"名义做任何形式的加盟，包括"美国熊猫"研发并注册的专利菜品、产品。

3."美国熊猫集团"奉劝那些抱着侥幸心理盗用"熊猫"商标骗取钱财的人，请停止你们的违法犯罪行为，不要做伤天害理的事，否则造成的后果是你们难以想象的。

4.感谢广大民众同胞对"美国熊猫快餐"的关注与支持。

并友善提示各位擦亮眼睛，千万不要受骗上当。

特此声明

美国熊猫集团
创始人兼联合首席执行官
程正昌
ANDREW CHERNG
CO-Founder &Co-CEO
Panda Rastaurant Group
2020 年 10 月 18 日

图 3-15

（资料来源：中国烹饪协会http：//www.ccas.com.cn/site/content/205285.html.）

当记者问到美国熊猫是否如目前昆明熊猫在宣传文案中所说的"永不进中国"时，程正昌表示，这类文案是主观臆想和猜测。虽然美国熊猫目前暂未发展国内市场，但是美国熊猫早在 2003 年就曾与正大集团有过联手发展中国市场的打算，因此自己并没有说过文章中所说的"永不进中国"。

据程正昌介绍，目前美国熊猫在国外市场发展情况良好，在新冠肺炎疫情之前门店数量逼近 3000 家，其中加盟店不足 10%，年营业额约 40 亿美元，目前正在计划走向世界。程正昌强调，因为目前美国熊猫的业务全在国外，因此国内出现山寨门店对于美国熊猫本身造成的不良影响有限，但仍然不希望有人借助美国熊猫快餐知名赚加盟的快钱，希望减少国内投资人不必要的损失。

图 3-16　美国熊猫快餐（Panda Express）Logo　　图 3-17　昆明山寨熊猫餐厅Logo

（3）建议商标先行

中华商标协会国际交流委员会副主任、集佳律师事务所国际商标部部长赵雷律师表示，在美国熊猫与昆明熊猫品牌真假事件中，昆明熊猫套用了美国熊猫的品牌故事及品牌背景，并且在自己的品牌文案中使用了美国熊猫的品牌介绍，让读者误以为昆明熊猫就是美国熊猫，昆明熊猫已经涉及了虚假宣传并构成了不正当竞争，如果美国熊猫想要进行维权，目前可以以此为出发点。但同时，这件事对于美国熊猫也是警醒，因为国内市场已经出现了借助其品牌影响力开店的苗头，这也意味着未来很可能出现更多"熊猫快餐"的门店或者加盟信息。如果美国熊猫没有在国内先行注册商标，一旦商标被抢注，那么美国熊猫想要在国内市场通过商标维权的难度会很大，因为商标的注册和使用有地域限制，在国内仍然以先注册、先使用为准。因此，赵雷建议美国熊猫无论未来是否有进军中国市场的计划，也应该出于对自身品牌保护的考虑在国内申请商标注册，以减少不必要的损失。

（资料来源：北京商报，2020-10-21（5）http：//epaper.bbtnews.com.cn/site1/bjsb/ html/ 2020-10/21/content_457148.htm；https：//www.kunming.cn/news/c/2020-10-22/13073226. shtml. 引用时有增改。）

营销启示

伪造者或造假者（counterfeiter）是违法或不道德的市场跟随者。

40.中国珠宝店为什么都姓周？——周大福、周生生、周大生、周六福、周大金、周金生……

周大福、周生生、周大生、周六福、周大金、周金生……在我国珠宝市场上，一大批以"周××"格式命名的珠宝品牌扎堆"冒"出来。珠宝界"周姓"大家族自带光环，却让珠宝小白傻傻分不清。那么，这些珠宝品牌都姓"周"是纯属巧合，还是另有所图？较为出名的六大"周姓"珠宝品牌之间有何区别？国内珠宝品牌靠姓"周"就能建立品牌效应吗？

据胡润研究院发布的《2022胡润中国珠宝品牌榜》数据显示，"周氏"珠宝品牌大家族中的周大福荣登中国珠宝品牌第1名，周大生、周生生、周六福的排名分别为第3名、第8名、第13名，周大金、周金生则进入50强。在这六家"周"姓的珠宝品牌中，只有周大福、周生生、周大生等三家珠宝品牌的创始人是真正姓周。

（1）周大福

1929年，周大福珠宝的创始人周至元在中国内地广州市洪德路创办首家金行，主要经营传统的黄金饰品，取其名为"周大福"。周氏借用传统贺词"五福临门，大富大贵"起名，让顾客直接联想到财富、地位和好运气。

图3-18　"周大福"品牌标志

（资料来源：https://www.ctf.com.cn/zh-hans/.）

1938年，周大福业务扩展到中国澳门。1939年，开设中国香港首个周大福珠宝零售店。

1940年初，郑裕彤初到周大福的澳门分行工作，1943年更荣升为周大福金行掌管，负责金行的日常经营和管理。同年，郑裕彤与周至元之女周翠英结为连理。

1945年，二战结束，百废待兴，其时年仅20岁的郑裕彤转到周大福的香港分行工作。到了20世纪50年代，周大福的规模不断扩充，先后在九龙和铜锣湾开设分店，整个周大福的重心，也由澳门移师至香港。周氏将皇后大道中的第一家分行升格为总行。与此同时，郑裕彤亦开始接掌周大福的营运决策。

1998 年，在北京开设中国内地首个周大福珠宝零售点。2003 年，在深圳设立中国内地业务运营总部。2021 年 9 月，在中国内地开设逾 5000 个零售点。

（2）周生生

1934 年，周芳谱先生于广州市成立周生生金铺，其名字来自 "周而复始，生生不息"。神来之笔既点出姓氏，亦表达了他对企业的祝福，顾客更认为是好意头。

图 3-19　"周生生"品牌标志

（资料来源：https：//cn.chowsangsang.com/.）

1938 年，广州沦陷，周芳谱举家迁往澳门，并在澳门经营生意。

1941 年，周芳谱将店铺交给自己三个儿子经营。周君令、周君廉及周君任三兄弟领得澳门店。

1948 年，周家三兄弟在香港旺角上海街开设分店。

1957 年，周家三兄弟于香港成立 "周生生金行有限公司"。

2009 年，周生生首家内地旗舰店在北京三里屯开业。

2009 年，周生生上海南京东路两家分行同日开业。

2013 年，周生生顺德工业园投入生产。

（3）周大生

1999 年，周宗文在中国深圳创办周大生珠宝股份有限公司。

根据周大生官网介绍，"周大生"名字来自《周易·系辞传》 "天地之大德曰生"。

图 3-20 "周大生"品牌标志

（资料来源：https：//www.chowtaiseng.com/.）

（4）周六福

2004 年，李伟柱在深圳创办周六福珠宝股份有限公司。

图 3-21 "周六福"品牌标志

（资料来源：https：//www.zlf.cn/.）

（5）周大金

周大金珠宝是深圳市大金五九品牌管理有限公司旗下以加盟分销、直营批发为主要商业模式的珠宝品牌。2006 年，周大金品牌诞生于深圳。

图 3-22 "周大金"品牌标志

（资料来源：https：//www.chowtaiking.com.cn/Home/Index-brand.html.）

（6）周金生

2005 年，李永杰在深圳创办周金生珠宝首饰有限公司。

周金生
CHOW KING SANG

图 3-23　"周金生"品牌标志

（资料来源：http：//www.chowkingsang.com/.）

目前，在中国珠宝市场上，除上述 6 个较为出名 "周"姓珠宝品牌外，姓 "周"的珠宝品牌还有：周百福、周福生、周大发、周瑞福、周大喜等。

（资料来源：周大福珠宝集团官网https：//www.ctfjewellerygroup.com/sc/group/history.html；https：//www.ctfjewellerygroup.com/sc/group/history/story-1.html；周生生官网https：//cn.chowsangsang.com/about-us/history；周大生官网https：//www.chowtaiseng.com/Companyintroduction/；周六福官网https：//www.zlf.cn/series/67；周金生官网http：//www.chowkingsang.com/；周大福、周大生、周生生、周六福……为啥珠宝品牌扎堆姓 "周"？https：//baijiahao.baidu.com/s?id=1741577281170030307&wfr=spider&for=pc.）

◇营◇销◇启◇示◇

在中国珠宝品牌中，周大福、周生生和周大生是三个创立时间较长、知名度较高的品牌。后来，国内新出现了一系列 "周"姓珠宝品牌，而它们的创始人并不姓周，这是市场跟随者竞争战略中的克隆（cloner）或模仿（imitator）战略，有 "傍大牌"的嫌疑。

41. "皇上皇"和 "煌上煌"——音相同，字不同

（1）皇上皇

广州皇上皇集团股份有限公司（简称 "皇上皇集团"）是 "广式腊味制作技艺"广东省省级非物质文化遗产传承企业。"皇上皇"是皇上皇集团旗下品牌。

1940 年，谢昌在广州市海珠南路开设 "东昌腊味店"，专营广府腊味，后字号改为 "东昌皇上皇腊味店"，创立 "皇上皇"品牌。皇上皇是首批 "中华老字号""中国驰名商标"。

皇上皇

图 3-24　"皇上皇"品牌标志

（资料来源：https：//www.gzhsh.com/index.aspx.）

根据皇上皇集团官网介绍："皇上皇，中华老字号，弘华夏美食之志，承广府腊味之技，四海扬名。腊中百味，金冠风肠，秉典藏工艺，择肥美豚肉，精挑细作，五味调和，旭日照，朔风敛，色趋赤，味渐浓，经时乃成，品相俱佳。固诚信之道，童叟无欺，以德而立也。西关老铺，盘龙柱，青灰墙，琉璃瓦，满洲窗，腊味成阵，醉绯酱紫，凝香绕樑。"

目前，"皇上皇"产品主要有美味腊肠系列、腊肉系列、礼盒系列等。

（2）煌上煌

江西煌上煌集团食品股份有限公司（简称"煌上煌集团"）始创于1993年，当初它的店名叫作"煌上煌烤禽社"。煌上煌集团是专门生产酱卤肉制品的公司。

图 3-25　煌上煌集团创业初期作坊式门店（1993 年）

（资料来源：https：//www.hsh.com.cn/fazhanlicheng/.）

图 3-26　"煌上煌"品牌标志

（资料来源：https：//www.hsh.com.cn/gongsijianjie1/. ）

目前，"煌上煌"产品主要有煌家招牌（酱鸭、卤鸭）、鲜货系列（酱鸭、卤鸭、卤牛肉）、礼盒系列等。

（资料来源：广州皇上皇集团股份有限公司官网 https：//www.gzhsh.com/about/index_13.aspx；http：//dfz.gd.gov.cn/gdcy/lzh/content/post_3720661.html；江西煌上煌集团食品股份有限公司官网 https：//www.hsh.com.cn/. ）

营 销 启 示

广州"皇上皇"品牌创立在前，江西"煌上煌"品牌创立在后；"皇上皇"生产广府腊味，"煌上煌"生产酱卤肉；"皇上皇"与"煌上煌"，两者音相同，而字不同。江西"煌上煌"有"傍大牌"的嫌疑。

第四篇
目标市场营销战略

基本概念、理论和方法概述

为了更有效地竞争，许多公司现在开始使用目标市场营销战略（target marketing，简称"目标营销"）。它们关注于那些最有可能被公司的产品或服务满足的消费者，而不是分散其营销活动。目标市场营销战略是一种顾客导向的市场营销战略，就是为目标顾客创造价值。

有效的目标市场营销要求营销者：首先，识别并描绘出因需要和欲望不同而形成的独特购买者群体（市场细分）；然后，选择一个或多个细分市场进入（目标市场选择）；最后，对于每一个目标细分市场，确立并传达公司营销供给的显著优势（市场定位）。

总之，目标市场营销战略（也简称为"STP战略"）包括下列三个步骤：市场细分（segmenting）、目标市场选择（targeting）、市场定位（positioning）。

1.市场细分

市场细分就是把一个市场分为若干个不同的顾客群体（细分市场，或称为"子市场"）。在每一个细分市场中，顾客的需求或欲望是相同的。

市场细分是指企业根据自身条件和营销目标，以需求的某些特征或变量为依据，区分具有不同需求的顾客群体的过程。经过市场细分，使同一细分市场的顾客具有较多的相似性，不同细分市场的顾客之间的需求具有较多的差异性。

市场细分的客观基础在于：顾客需求的异质性是市场细分的内在依据，企业资源的限制和进行有效市场竞争是市场细分的外在强制条件。

2.目标市场选择

市场细分有助于公司识别不同市场的机会。公司通过市场细分后，根据自己的任务、目标、资源和特长等，权衡利弊，然后决定进入哪个或哪些细分市场。企业决定进入的细分市场，就是该企业的目标市场。

所谓目标市场，就是指公司经过比较，决定选择作为自己服务对象的相应的细分市场。目标市场可以包括一个、多个或全部的细分市场。

目标市场选择就是评估各个子市场的有利条件，选择一个或几个子市场并进入这些市场。

公司有下列五种目标市场选择模式可供选择，如图4-1所示。

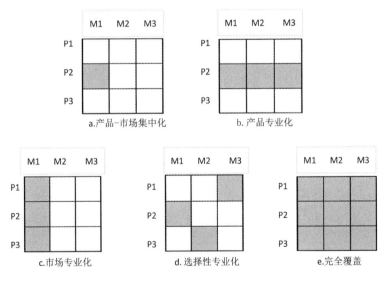

图 4-1　目标市场选择的五种模式
（注：上图中 P 代表产品 product，M 代表市场 market）

产品-市场集中化——最简单的模式是公司只选择一个细分市场（子市场）。公司选取一个细分市场，生产一种产品，供应单一的顾客群，进行集中营销。例如服装公司只生产儿童服装。小公司常常采用单一市场集中化模式，但是采用这种模式的公司风险比较大。为了分散风险，现在的公司往往采用各种专业化模式。

产品专业化指公司同时向几个细分市场销售同一种产品。例如，电冰箱厂的产品为电冰箱，它可以生产家庭用电冰箱、饭店餐馆用电冰箱，以及科研单位和实验室用电冰箱。

市场专业化指公司集中满足某一特定顾客群的各种需求。例如，许多电器公司，专门生产各种"家用电器"，有电冰箱、洗衣机、空调、电视机、家庭组合音响等。

选择性专业化指公司有选择地进入几个不同的细分市场。从客观上讲，每个细分市场都具有吸引力，而且符合公司的目标和资源水平。这些细分市场之间很少或根本不发生联系，但在每一个细分市场上公司都可能盈利。这是一种多角化经营方式。例如，云南红塔烟草（集团）有限责任公司以卷烟生产为主业，它的多元化产业涉及金融、能源交通、轻化工材料、酒店物业等多个行业。

完全覆盖指公司意图为所有顾客群提供他们所需要的所有产品。这是比较典型的某些大公司为谋求领导市场而采取的战略。例如，日本丰田汽车公司在汽车市场上，美国可口可乐公司在软饮料市场上，采用的便是这种模式。

可供公司选择的目标市场战略主要有三种：无差异市场营销、差异市场营销和集中市场营销。

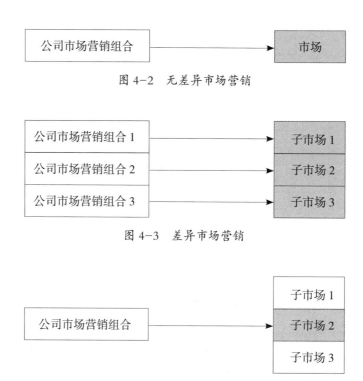

图 4-2　无差异市场营销

图 4-3　差异市场营销

图 4-4　集中市场营销

无差异市场营销指公司在市场细分之后，不考虑各个子市场的特性，而只注重子市场的共性，决定只推出单一产品，运用单一的市场营销组合，力求在一定程度上满足尽可能多的顾客的需求，如图4-2所示。

差异市场营销指公司决定同时为几个子市场服务，设计不同的产品，并在定价、渠道和促销方面都加以相应的改变，以适应各个子市场的需要，如图4-3所示。

集中市场营销指公司集中所有力量，以一个或少数几个性质相似的子市场作为目标市场，试图在较少的子市场上占有较大的市场占有率，如图4-4所示。

无差异市场营销和差异市场营销都是以整个市场作为自己的目标市场，而集中市场营销仅以一个或少数几个性质相似的子市场作为目标市场。

3.市场定位

随着市场经济的发展，在同一市场上有许多同一品种的产品出现。公司为了使自己生产或销售的产品获得稳定的销路，要从各方面为产品培养一定的特色，树立一定的市场形象，以求在顾客心目中形成一种特殊的偏爱，这就是市场定位。

市场定位的实质是取得目标市场的竞争优势，确定产品在顾客心目中的适当位置，并留下值得购买的印象，以便吸引更多的顾客。通过市场定位，以使目标顾客能理解该公司或者是产品与竞争者之间的差异。市场定位应该使企业所提供的产品对于目标市场的顾客来说要比竞争者的产品更具有吸引力。

美国西北大学菲利普·科特勒教授认为，产品在工厂中生产，但品牌在消费者心目中创造。产品定位（product position）是消费者对产品的认知、印象和情感的复杂组合，是将其与竞争者的产品相比较而形成的。

如果一家公司的产品和服务与其他公司的产品和服务类似，那么它是无法取得成功的。一个公司可以通过对自己的产品和服务进行定位和差异化，以获取竞争优势，如表4-1所示。

表 4–1　市场定位的方法

市场定位的方法	简介	案例
初次定位	新成立的公司初入市场，公司新产品投入市场，或产品进入新市场时，公司必须从零开始，运用所有的市场营销组合，使产品特色确定符合所选择的目标市场	红罐王老吉在消费者心中原有的定位是"药茶" "药茶"是"药"，无须也不宜经常饮用
重新定位	公司变动产品特色，改变目标顾客对其原有的印象，使目标顾客对其产品新形象有一个重新的认识过程	红罐王老吉从"药茶"重新定位为"预防上火的饮料" 饮料就可以经常喝，"怕上火，喝王老吉"
针对式定位（又称"竞争性定位"）	公司选择靠近于现有竞争者或与现有竞争者重合的市场位置，争夺相同的目标顾客群，彼此在产品、价格、地点和促销等各个方面差别不大	沃尔玛与家乐福的定位、麦当劳与肯德基的定位，就属于针对式定位，它们的定位趋同，争夺相同的目标顾客群
回避性定位（又称"创新式定位"）	公司回避与目标市场上的竞争者直接对抗，将其位置确定于市场"空白点"，开发并销售目前市场上还没有的某种特色产品或服务，开拓新的市场领域	7—ELEVEN便利店，为顾客提供最大的便利，靠地点、时间（全天候24小时）和"贴心服务"的便利性取胜

　　市场定位的任务是向目标顾客传播公司或品牌的核心观念。要树立品牌形象，产品必须有差异。差异化是市场定位的根本战略。

　　公司可以通过什么方法来使自己的产品或服务区别于竞争对手呢？一个公司可以在产品、服务、人员、渠道和形象等五个方面创造差别。差异化的变量，如表4–2所示。

表 4–2　差异化的变量

产品	服务	人员	渠道	形象
样式	订货方便	能力、资格	覆盖面	标志、色彩、口号
特色	交货	礼貌	专长	媒体
性能、品质	安装	诚实	绩效	公司氛围
一致性	客户培训	可靠		事件和公益活动
耐用性	客户咨询	负责		
可靠性	维修和修理	沟通能力		
可维修性				

续表 4-2

产品	服务	人员	渠道	形象
风格				
设计				

42.风花雪月之城——大理

大理市地处云南省西部，位于东经 99°58′~100°27′，北纬 25°25′~25°58′。大理市属亚热带高原季风气候类型，年平均降水量约 1000 毫米，年日照时数平均 2345 小时，年平均气温为 15℃，冬无严寒，夏无酷暑。大理市海拔最高点为苍山玉局峰，海拔高度为 4097 米；大理市海拔最低点为太邑乡坦底摩村，海拔高度仅 1340 米。

大理市集 "全国历史文化名城" "国家级风景名胜区" "国家级自然保护区" "中国优秀旅游城市" "最佳中国魅力城市" "苍山国家地质公园" 和 "中国十佳旅游休闲城市" 等多项桂冠于一身。

在大理，春风、夏花、秋月、冬雪，一年四季常伴左右！

"风花雪月" 是大理的四大标志性景观，分别指的是：下关的风、上关的花、苍山的雪、洱海的月。［本书作者注：下关、上关、苍山、洱海分别指的是云南省大理市的下关镇、上关镇、苍山、洱海（湖）等四个地点。］

"风花雪月" 既是大理的气候元素，也是大理的人文元素。下关镇一年四季都有大风，有时风力达八级以上。下关风不仅以风力大著称，而且有 "风高不寒，无沙无尘" 之特点；上关镇位于大理市苍山云弄峰之麓，盛产茶花等花卉，白族人民爱花，养花已成习惯，而且花卉繁多，四季飘香；苍山主峰马龙峰海拔 4122 米，在苍山十九峰上终年覆盖着洁白晶莹的积雪，而苍山脚下的大理坝子却四季如春；洱海（湖）夜晚倒映在湖中的金色月亮十分漂亮，洱海是人们划船赏月的最佳去处。关于洱海月，在白族人民群众中流传着多种神话和传说，其中流传最广的是天宫公主下凡的故事……因此，大理人常说 "下关风吹上关花，苍山雪照洱海月"。

"风花雪月" 是白族少女的帽子，垂下的穗子是下关的风，艳丽的花饰是上关的花，帽顶的洁白是苍山雪，弯弯的造型是洱海月。"风花雪月" 是风舒服，花似锦，雪纯洁，月醉人。"风花雪月" 四个字虽为具体的世间四象，让人意会的却是大理人细腻而丰富的情感世界。

（1）"风花雪月"代表着大理最独特、最具价值的景观

下关风、上关花、苍山雪、洱海月——"风花雪月"，有一个就足以称天下奇观，而四者皆全，可谓天下大观，独步海内！

（2）"风花雪月"代表着大理的自然、人文、风情

它是四大自然奇景，是浪漫的气息，是中国人诗入画入书最多的景象和意境。既是自然景象又是人文意境，既是浪漫气息又是武侠背景，既是诗情画意又是声色人性。

（3）"风花雪月"代表着无穷的演绎和联想

风——春风、风光、风情、风俗、风味、风月、风水、风骚、风雅、风韵。

花——花好月圆、花朝月夕、花红柳绿、花枝招展、花容月貌、大理茶花、兰花、苍山杜鹃、金花。

雪——雪山、雪雾、雪线、雪原、雪野、雪松、雪泥鸿爪。

月——月白风清、月宫、月桂树、月下老人、花容月貌、花前月下。

"风花雪月"有着无穷无尽的含义，它是大理历史的见证，文化的沉淀，它融入了大理人从古至今的情感，可以说，大理的山和水、人和物、天与地都概括其中，它浓缩了大理人文与自然景观的精髓。因此我们使用"风花雪月之城"作为大理的形象定位。

（资料来源：宁德煌.市场营销学：生活、营销与智慧[M].北京：机械工业出版社，2020：107–108；大理市政府官网http://www.yndali.gov.cn/dlszf/c103380/tydp.shtml.）

　营　销　启　示

市场定位战略主要是通过差异化来区别于竞争对手。"风花雪月之城"是大理的自然定位，"风花雪月"代表着大理最独特、最具价值的景观，是区别于世界其他城市的特性。

43.东方高原威尼斯——丽江古城

丽江古城位于云南省西北部云贵高原与青藏高原的连接部位，坐落于玉龙雪山下，海拔高度为2410米，始建于宋末元初，至今已有800多年历史，是一座风景秀丽、历史悠久、文化灿烂、保存完好的少数民族古城。

丽江古城（又名"大研镇"）是全国唯一拥有"文化、自然、记忆"三项世界遗产的所在地，也是列入《世界文化遗产目录》的中国两大古城之一。2011年7月6日，云南丽江古城景区被国家旅游局评定为国家AAAAA级旅游景区。

丽江古城在南宋时期就初具规模，已有八九百年的历史。丽江古城保留了大片明清年代的民居建筑，均为土木结构瓦屋楼房，多数为三坊一照壁，也有不少四合院，融会了纳西族、白族、汉族等民族建筑艺术的精华。民居布局灵活，注重装饰，精雕细刻，门窗多雕饰花图案，色调浓烈。

丽江古城被誉为"高原水城""高原姑苏"，水是古城的灵魂。它的水源于20千米外的玉龙雪山，冰清玉洁。水在古城口一分为三，三分为九，再九分古城的天下，依街傍巷，穿墙过院，遂使家家流水、户户垂杨、横桥无数、居游如梦……

丽江古城布局，街道依山势而建，顺水流而设，以红色角砾岩（五花石）铺就。

图4-5 丽江古城街景之一

图 4-6　丽江古城街景之二

　　中国国家历史文化名城中保存最为完好的四大古城有：云南丽江古城、四川阆中、山西平遥、安徽歙县。与中国其他的古城相比，丽江古城与其他古城的区别在于它 2400 米的海拔，在如此高的海拔上，我们仍能看到溪水穿街过巷、堤上绿柳成荫、街巷名花繁茂这样神奇的高原水城风光。从古至今，丽江古城四周没有建筑城墙也是世界一大奇观！

　　水是丽江的灵魂，水让丽江多了一份灵性，多了一份神秘，正是有了水的丽江古城才能在历史的车轮中存留到今天。因此，我们将丽江古城的形象定位为 "东方高原威尼斯"。

　　世界上最著名的水城，有意大利威尼斯、瑞典首都斯德哥尔摩、荷兰首都阿姆斯特丹、泰国首都曼谷、中国苏州等，它们都是在海边或靠近大海的城市。而中国丽江古城却是在海拔 2400 米高原上的 "水城"，这是丽江古城区别于世界其他著名水城的特性。

　　（资料来源：宁德煌.市场营销学：生活、营销与智慧[M].北京：机械工业出版社，2020：135-136；丽江市古城区政府官网http：//www.ljgucheng.gov.cn/xljgcq/c101200/202109/9bf5ce256b92420797f937c9cf16c2aa.shtml.）

◇营◇销◇启◇示◇

　　众所周知，一谈到"水城"，人们首先会想到意大利的威尼斯，丽江"东方高原威尼斯"的定位是比附定位的一种，也就是攀附世界名牌——水城威尼斯的定位策略。

44.张贤亮卖"荒凉"——东方好莱坞"宁夏镇北堡西部影城"

　　张贤亮在"宁夏有个镇北堡"一文中写道：

　　我想，再没有一个作家像我这样，不但改写了一个地方的历史，还改变了一个地方的地理面貌和人文景观，使周围数千人靠它吃饭。镇北堡虽然不大，却对宁夏非常重要，现在已经被宁夏领导人和老百姓称为"宁夏之宝"；是宁夏首府银川市唯一的国家AAAA级景区，各种媒体包括中央电视台的"新闻联播"，凡介绍宁夏一定会将"镇北堡西部影城"列为首选之一。我常常觉得这比我在文学创作上的成绩还值得欣慰。

　　为什么说我改变了这个地方的命运呢？因为在宁夏范围内像镇北堡这样明、清时代修筑的边防戍塞不止一处，"文革"前，仅银川市附近至少就有四座，有的比镇北堡保存得还完整。

　　据史料记载，明朝从弘治到万历年间，明朝中央政府一方面在西北地区大修长城，即包括嘉峪关在内的现在所称的"明长城"，同时还沿着黄河与贺兰山之间狭长的平原地带修建了许多"关隘"，以防蒙古部族入侵。那时，宁夏最重要的军事重镇是中卫县以东的胜金关。明参将韩玉将军从胜金关开始修筑"关隘"，向北逶迤到贺兰山东麓这处天然屏障，分为"南路""西路""北路"。"南路"的"隘口"有十处，"西路"的"隘口"有四处，"北路"的"隘口"有十七处。位于贺兰山下的镇北堡就属"北路"中的一座。如果今天这十七座军事要塞都完好无损，我们站在贺兰山上就可看到它们都能遥相呼应，彼此支援。韩玉将军的布置还是非常符合军事科学的。

　　可能就因为有这么严密的军事布防，对外敌有强大的威慑作用，宁夏这条战线始终与蒙古部族相安无事，所有的"关隘"包括镇北堡在内都没有经历过一次战争。原先修筑得非常坚固的长城、兵营、要塞、城堡还有放狼烟的斥堠，就在风雨时光中渐渐消融。到了"文化大革命",这些旧时代的遗物更成了眼中钉,人民对它们的破坏不遗余力,一座座城堡连同很长一段古长城都被"革命"掉了。

现在,只有在当时的"革命"波及不到的偏远地区还残留了几座古堡,但也都体无完肤。镇北堡之所以幸存就在于它坐落在一片荒凉之中。

现存的镇北堡有其不同于其他古堡的特点。古代军事要塞或牧主、地主、军阀修筑的城堡,全都是独立的一座,惟独镇北堡是两座,一座比较完整,一座是废墟。原来,明代的镇北堡巍然屹立了200多年后的一天,到清朝乾隆三年十一月二十四日,即公元1739年1月3日,宁夏突然发生了强烈地震。《银川小志》里记载:"城堞、官廨、屋宇无不尽倒。震后继以水火,民死伤十之八九,积尸遍野。暴风作,数十里皆成冰海。"从此号称"塞上江南"的宁夏元气大伤,直到今天还是经济比较滞后的地区。镇北堡正在银川市的西北方,8米厚的城墙连同城门楼及城内所有的建筑物几乎全部坍塌,作为要塞的防御功能也随同消失。镇北堡所在地正是军事要冲,到清代,此地仍有不可替代的军事价值,于是在乾隆五年(1740年),就在原镇北堡的旁边不到200米的地方,又修筑起一座同样的城堡,统称为镇北堡。

当年被地震摧毁的边防戍塞不止镇北堡一处,可是其他受灾的边防戍塞仅仅做了些修复工程,有的还因清朝与蒙古的关系已与明朝时期不同干脆撤销了建制,惟独镇北堡又建了一座新城堡。200多年前乾隆皇帝就给今天的镇北堡西部影城打下了基础。

一片荒凉,两座废墟,构成了今天的镇北堡西部影城。

1980年,我平反后分配到宁夏文联工作,恰巧广西电影厂的导演张军钊要拍根据郭小川长诗改编的电影《一个和八个》,摄制组从陕北采景一路跋涉到宁夏,都没有找到理想的地方。到银川,他们请宁夏文联的干部协助他们找。文联干部也不清楚宁夏境内有什么古城堡,想起我是刚从农村上来的"出土文物",就向我打听。我就把镇北堡介绍给文联干部,叫人领摄制组去看。这一看,就看上了。

至今,镇北堡已拍摄了80多部电影电视。中国改革开放后的电影就是从镇北堡登上国际影坛的;有许多导演、影星就是在这里开始他们的从影生涯以后进入"国际级"的,张艺谋、陈凯歌、陈道明、葛优、姜文和巩俐。镇北堡成就了他们,镇北堡也因他们的成就获得了"中国电影从这里走向世界"的称誉。

我不想在这里唠唠叨叨地叙述创建镇北堡西部影城的艰辛,那和我的劳改生活一样是我一段珍贵的生活积累,可说"寒天饮冰水,点滴在心头"。我也不想详细描绘今天镇北堡的图景,镇北堡西部影城一年一个变化,即使我在写这篇文章的时候它也在变。镇北堡西部影城范围内有大大小小一百多处场景。来宁夏视察的国家领导人、省部级官员和名人都要到此一游，都曾留下题词或签名，这里只举文化部部长孙家正的一句话，我认为他的话是给镇北堡西部影城最好的褒扬，也等于权威鉴定。他的题词是："真好玩!"

[资料来源：张贤亮.宁夏有个镇北堡.收获，2006（3）；镇北堡西部影城.http//www.chinawfs.com/]

营销启示

宁夏镇北堡西部影城，被誉为"东方好莱坞"，它成立于1993年9月21日，由著名作家张贤亮任董事长。镇北堡西部影城特色：古朴、原始、粗犷和荒凉。

目前，镇北堡西部影城已迅速发展成为中国西部最著名的影视城，是宁夏集观光、娱乐、休闲、餐饮、购物、体验于一体的重要旅游景区和中国西部题材、古代题材的电影电视最佳外景拍摄基地，被国务院和文化部评为"国家文化产业示范基地"和"国家级非物质文化遗产代表性项目名录保护性开发综合实验基地"，被国家旅游局评为AAAAA级旅游景区。

45. "让多数人知道，让少数人拥有" —— 云烟（大重九）的营销境界

2011年，红云红河集团迎来了历史上最好的一年，但在产品的金字塔架构中，塔尖部分始终空缺。近年来，一批高端卷烟品牌迅速崛起，无论是黄鹤楼1916、白沙和天下，还是南京九五之尊，都正在切走卷烟市场蛋糕最丰厚的一块。竞争者频频出手，让红云红河集团感受到了压力。

如果红云红河集团不尽快推出高端卷烟，市场留给它的机会将很有限。虽然高端卷烟的销量不大，但在红云红河集团看来，却有着极其重要的战略意义，它带来的蝴蝶效应是不能低估的，它不仅能完善企业的产品结构，而且能让企业尽快摆脱低端竞争的困扰。它已经不是推出一个品牌、一款产品的问题，而是如何抢占战略高地的问题。

摆在红云红河集团面前的一个至关重要的问题是，哪一个品牌将承载这一历史性使命？有哪个品牌将堪当重任呢？这时，一个有着极其厚重历史沉淀的品牌进入了决策者的视线，那便是大重九。虽然它在过去的90多年时光里，并没被人看成是高端卷烟，但其多舛的历史与革命的烙印，足以激发人们对它的怀念与想象。怀旧向来是

高端品牌的一个情感诉求，无论是国窖 1573，还是黄鹤楼 1916，皆是如此。为纪念辛亥革命而诞生的大重九，天生具备怀旧的基因。

其实，早在 2008 年前，红云红河集团就在为大重九的复兴做准备，推出了少量限量版大重九，以测试人们对大重九的反应。2008 年来，尽管市面上不见大重九的踪影，但江湖上始终有它的传闻，神秘感、饥饿感十足的营销策略，激发了人们的好奇心，为大重九的复出造足了势。

要在高端市场快速崛起，一定要有一款任何企业都难以超越的标志性产品。无论多么昂贵的商品，总能找到合适的消费者。而且通常情况下，越是昂贵的商品，营销起来越轻松。红云红河集团通过市场调研发现，高端卷烟在国外没有太大的市场空间，相反在中国却有着强劲的需求。

红云红河集团认为，"大重九一诞生就与革命结下不解之缘，勇气，责任，梦想，这些与生俱来的价值观是大重九与其他烟草品牌最大的不同之处"。

"大重九之所以能成为经典，与它的价值观不无关系。"国内高端卷烟市场是一个价格决定价值的消费市场。"大重九的内涵太深厚了，有人说它代表了勇气，有人说它代表了爱国，也有人说它代表梦想。我们要从这么多的品牌理念中，提炼出一个最符合云烟（大重九）消费者价值观的品牌理念。"事实上也是如此，几乎所有的烟草品牌都有着大同小异的诉求，重塑云烟（大重九）的品牌价值，就必须与目标消费者产生共鸣。

红云红河集团认为："香烟与其他商品不同，它是一种交流的手段。它的消费通常有场景，有沟通，有情谊。高端卷烟更是如此，在某种程度上，高端卷烟是一种情景消费品。"

红云红河集团认为：" '方便亲切交谈' 这一诉求精准地表达了高端卷烟的独特价值"。"方便亲切交谈"是红云红河集团对云烟（大重九）的全新定位和诠释，尽管与勇气、责任、梦想的关联度不大，但这句话背后有着很深的含义。"云烟（大重九）提出 '方便亲切交谈'，是对超高端卷烟的礼仪性身份和道具性价值的深刻表达，是直指香烟消费本质的诠释。'亲切交谈' 多为社会精英人士的沟通方式，'亲切交谈' 是他们熟知且追求的工作和生活场景。'亲切交谈'，是思想的交流，也是意见的分享；是观点的碰撞，也是情谊的传达；是感情的沟通，也是共识的达成。"

一个成功的高端品牌不在于它向世人传播普世的价值观，而在于向目标消费者传递独一无二的体验。"我们要让多数人知道，少数人拥有。"红云红河集团的目标正是世界级奢侈品品牌所最追求的境界。

2011 年 8 月 30 日，云南红云红河集团正式向市场推出了最新高端品牌 "云烟（大重九）"，这包烟当时市场零售价定为 229.9 元/包（每包 20 支烟）。［本书作者注：目前 "云烟（大重九）"市场零售价定为 100 元/包］

国家烟草专卖局一位原副局长曾经评价："云烟（大重九）"雍容华贵、国色天香，体现了一个 "老"字，但在怀旧中增加了新的元素、新的理念、新的科技。

本书作者通过对 "云烟（大重九）"品牌的分析，发现它能表达出六层含义：

属性：昂贵、烟庄、有机；

利益：方便亲切交谈；

价值：高香气、低危害、零农残；

文化：爱国、情义、怀旧；

个性：尊贵、卓尔不凡；

群体（消费者）：顶级精英人士。

（资料来源：http：//www.hyhhgroup.com/htmlnew/news/newsarc.php?id=10982；云烟（大重九）：塔尖上的复兴［J］.成功营销，2012 （4）.引用时有增改。）

◇营◇销◇启◇示◇

　　针对 "云烟（大重九）"的品牌定位，云南红云红河集团对 "云烟（大重九）"采取了与其定位相适应的 "让多数人知道，让少数人拥有"市场营销策略。但是，把香烟作为奢侈品，天价香烟的出现是一种扭曲的消费！

46. "春城新景观，人生后花园" ——昆明金宝山艺术园林

昆明金宝山艺术园林（简称 "金宝山"）是云南诺仕达集团的全资核心企业，该园位于昆明市西山区晖湾高海公路 7 千米处，占地面积 2533 亩（亩为非法定单位，1 亩 ≈ 666.67 平方米，全书特此说明），前期累计投资 2.6 亿元，于 2000 年 12 月 9 日开业。它依山傍水，背靠青山，面对的是中国第六大淡水湖——滇池，它将自己定位为集艺术、观光、纪念、历史、教育于一体的景观型生命文化公园。

金宝山围绕 "生命公园"的品牌战略，在节地生态葬式方面，金宝山根据气候条件和园林特色合理规划，先后推出了塔葬、草坪葬、壁葬、花葬等节地生态葬式，

积极地引导客户认识并接受,拥有了多个节地生态葬区和可观数量的客户。在景观建设方面,金宝山以美化城市环境为指导思想,"金宝十六景"等景观景点源于自然造化天成,让游客在享受回归自然的情趣之中怡情养性。在人文特征方面,金宝山致力于建设成"为祖国、为云南做出贡献的人们"的纪念地,忠魂园、军魂园、艺术名人苑、教师园、建勋园、仁爱园等主题园区奠定了精神传承的基石,形成了"红色文化"建筑群落,忠魂园已成为国内公认的最大且最具特色的"红色文化"主题园。依托这些景点,多年来坚持举办"让我们陪他们过八一"等一系列主题纪念活动,传承红色文化,弘扬军魂精神,形成了广泛的社会影响。在殡仪服务方面,金宝山在全国首创"圆满服务"这一现代殡仪服务理念,以关怀心灵为核心,尊重逝者、眷顾生者,以优质专业的殡仪服务关怀人生。在墓型设计上,金宝山设计实施了三百余种富有人文个性特征的艺术墓型,配以不同种类的绿化植物,具有赏心悦目的美感。

历经多年建设,金宝山被民政部授予"全国殡葬改革示范单位";荣任中国殡葬协会常务理事单位和中国公墓工作委员会副主任单位;中共云南省委和省人民政府授予"云南省文明单位";中共云南省高校工委和云南省教育厅命名为"三生教育实践基地";云南省民政厅授予"经营性先进单位";中共昆明市委、昆明市人民政府命名为"昆明市爱国主义教育基地";昆明市人民政府授予"价格、计量信得过单位"和"园林单位"。开业至今,金宝山接待昆明市观光市民近百万人次,拥有客户6万多人。

开园至今,先后在金宝山落葬的云南各界名人有:

著名电影表演艺术家、电影《五朵金花》和《阿诗玛》的扮演者杨丽坤;云南省委原副书记和省长和志强,云南省委原书记和省长刘明辉,云南省委原常委和云南省副省长刘披云等;昆明军区原副司令员开国中将陈康,昆明军区原副司令员开国少将查玉升,昆明军区原副司令员开国少将徐其孝,昆明军区原副司令员兼云南省军区司令员开国少将张海棠,开国少将王启明等13位将军;京剧表演艺术家刘奎官,京剧艺术家刘美娟,画家张建中,书法家尚文;冶金学家谭庆麟,地质学家李希勋,经济学家和教育家朱应庚,著名中医和教育家戴慧芬等等。

通过对金宝山实地调查研究分析后,可以发现:

金宝山定位——风水极佳、人文艺术气息浓郁、园林式高尚"住宅",可以与省长、将军、艺术家、科学家和教育家们为"邻"。

金宝山目标市场——那些家境殷实、希望入土为安和有利子孙后代发展的那些70~80岁的老年人。

金宝山服务——推出一站式殡仪大礼服务，其服务流程包括：

（1）购买服务：联系园林、园区参观、实地选位、交纳定金、签订合同。

（2）往生服务：免费殡仪咨询、往生事项、提供协助追悼告别、协助火化装盒、派车前往火化场礼仪接灵、在规定期限内免费存灵。

（3）安葬服务：安葬申请、落葬准备、位置复核、礼仪落葬。

（4）后续关怀：园区"住宅"物业管理、代客祭奠等。

（5）支持体系：素食轩、商店、礼仪队、车队、设计部、石材工艺部、园林工程部、保卫部、维修中心等。

金宝山定价——金宝山地处昆明市西山区晖湾，距离市中心较远，2001年它开盘时较好位置园区的价格为6500~10000元/平方米，其定价在当时昆明市楼盘中是最高的，它采用"需求导向定价法"定价。而在同时期昆明市一环与二环之间的楼盘价格约为3000~3300元/平方米，昆明市二环边上的楼盘价格约为2000~2500元/平方米。

金宝山促销——广告语"春城新景观，人生后花园"；给著名电影表演艺术家杨丽坤等提供园区免费"入住"优待；每年在园区举办以"九九重阳节，浓浓敬老情"为主题的重阳节敬老活动；开展"诺仕达杯"昆明市百位明星老人评选活动；"钟鸣鼓响、梵音缭绕"，定期组织佛教祈福活动等等。

图 4-7　昆明金宝山艺术园林

图 4-8　昆明金宝山艺术园林

（资料来源：金宝山艺术园林官网http：//www.kmjbs.com/company/info/；宁德煌，张晓霞.生活中的市场营销学[M].昆明：云南科技出版社，2015：83-85.）

　　公司办公的地方叫作写字楼，供人们居住的地方叫作住宅，停放轿车的地方叫作车位，储藏货物的地方叫作仓库，逝者安息的地方叫作人生后花园，它们都属于房地产项目。做人生后花园生意有时比做住宅地产赚头大。市场营销最简洁的定义，就是"满足顾客需要并获得利润"。

47. "中国民航飞行员的摇篮"——中国民用航空飞行学院

　　中国民用航空飞行学院，简称"中飞院"，创建于1956年。"中飞院"以培养民航飞行员、工程技术和民航运行管理人才为主，其中全民航70%的飞行员、80%的机长、90%的功勋飞行员都毕业于该学院，因此它被誉为"中国民航飞行员的摇篮"。

图 4-9 中国民用航空飞行学院的校标

（1）办学资源

"中飞院"本部位于成都平原腹地的四川省广汉市，校区地跨川豫两省五市，占地面积 19000 余亩，设有广汉校区，在建成都天府校区，在四川新津、广汉、绵阳、遂宁和河南洛阳建有 5 个飞行训练分院，管理运行 5 个通用和运输机场，在四川自贡、重庆永川、河南芮城建有 3 个训练基地，与北大荒通航、中航飞校共建北大荒训练基地和梧州训练基地，建成贯通祖国南北的训练网络；拥有奖状 CJ1/M2 （Cessna525）、新舟 600 （MA600）、西门诺尔 （Piper PA-44-180）、赛斯纳 172 （Cessna172R/S）、西锐 20 （Cirrus SR20）、钻石 42 （DA42NG）、钻石 20 （DA20-C1）、阿古斯塔 AW109 （AW109SP）、罗滨逊 R66 （Robinson R66）、罗滨逊 R44 （Robinson R44）等 20 种型号近 400 架初、中、高级教练机，以及空客、波音等 40 台飞行模拟机和练习器，500 多台各型航空发动机。

"中飞院"图书馆馆藏纸质图书超过 190 万册、电子图书超过 800 万册、数据库 52 个，建立了 6 个以飞行训练、航空安全为主题的民航特色数据库，与中国商飞共建了国产商用飞机特藏室。学院建有世界一流的航空发动机维修培训中心，是全球最大的 LEAP 系列发动机培训中心和 CFM 全球四大培训中心之一；拥有国内最大、实力最强的通用航空维修基地，是世界主流通航飞机制造商的授权维修中心；拥有全球海拔最高、性能一流的 "高原航空安全实验室"，国内高校最先进的 360 度全视景塔台指挥系统和中国民航局授权的完备考试培训体系，并为中国民航建标、立法提供技术支持和培训。

（2）学科专业

"中飞院"坚持立足民航和特色发展，形成了多学科协调的学科专业体系，现有15个二级学院、47个本专科专业、13个硕士学位授权点，覆盖了民航各个领域，其中飞行技术、计算机科学与技术、信息与计算科学、英语、交通运输、电子信息工程等专业为国家级一流本科专业建设点；飞行器动力工程、电气工程及其自动化、工商管理等专业为省级一流本科专业建设点；交通运输工程、航空宇航科学与技术、安全科学与工程为四川省优势特色学科建设点。

（3）师资力量

"中飞院"现有专任教师1400余人，其中，"双师"型教师400余人，具有正高级飞行员、教授、研究员等高级职称的教师600余人，有博士、硕士学位的中青年教师占教师总数的65%以上。他们当中有国家级专家、国家重点研发计划首席科学家、国务院政府特殊津贴获得者、中国民航英雄机长、全国最美教师、民航功勋飞行员、民航科技创新领军人才和拔尖人才、国际民航组织专家组成员、民航特聘专家、交通运输部青年科技英才、四川省"天府峨眉""天府学者""天府青城"的专家人才和名师等，形成了一支在国内外享有盛誉的飞行技术、空中交通管理、航空工程、机场运行管理等民航特有专业高水平师资队伍。

（4）人才培养

"中飞院"建校以来，学院累计培养了近20万名各类民航专业技术人才，在不同历史时期，不同专业领域涌现出了大量引领民航业安全发展的管理人才和杰出校友。他们中有以"中国民航英雄机长"刘传健为代表的"中国民航英雄机组"成员；有勇斗歹徒、保卫人民生命财产安全的反劫机英雄杨继海、王仪轩、张远生、阎文华；有感动中国的英雄机长倪介祥；有飞越科索沃战火的英雄机长刘晋平；有南沙永暑礁机场校验试飞机组成员以及国产大飞机ARJ21、C919、AG600首席试飞机组成员等。

学院近八成毕业生进入民航系统。2022年毕业生平均就业率近90%，其中飞行技术专业就业率达到100%，交通运输、航空工程等大类专业的就业率达80%以上（数据截至2023年5月）。

（资料来源：中国民用航空飞行学院官网https：//www.cafuc.edu.cn/xxgk/xxjj.htm.）

◇营◇销◇启◇示◇

　　一所大学能被誉为"×××的摇篮"，就说明它有准确的定位。国内外最著名的大学，都是那些使命陈述清晰、定位准确的大学，而不是那些只追求招生数量多、校园面积大、学科门类全的大学。

48. "女人街" ——香港旺角通菜街

　　"女人街"位于香港旺角通菜街，至于为何得名女人街，是因为早年以销售女性用品为主，同时也聚集了许多大批女性顾客。现在女人街已成为其中一条香港最有名的购物街道，驰名中外，是到香港旅游的必选热点。

图 4-10　香港"女人街"街景之一　　　　图 4-11　香港"女人街"街景之二

　　"女人街"最著名是街道中心的合法摊档，小贩通常用铁枝架起蓝白帆布，然后在小贩车上摆卖各色各样的货品，小贩一摊接一摊，布满整整一条长街，甚为壮观。这些小贩仍以女性顾客为主要对象，货品主要是各种成衣、配饰、家居用品等，全都价廉物美，另外也有为了吸引游客而设的纪念品，如T恤、仿古玩等。

　　现在，"女人街"所售卖的物品亦已趋向多元化，包括各种家居用品、男女服装、化妆品、手袋、手表、饰物、玩具、香薰等。

　　"女人街"摊档一般于中午起营业至晚上11时为止。"女人街"外围附近亦有不少熟食档及湿货摊档。

最后，要提醒大家注意的是，"女人街"的东西大多是冒牌货、山寨货，商品档次不太高。如果你打算购买大量货品，谨记要跟档主讨价还价！

（资料来源：宁德煌，张晓霞.生活中的市场营销学[M].昆明：云南科技出版社，2015：89。引用时有修改。）

◇营◇销◇启◇示◇

> 自发形成的香港"女人街"，成了女性顾客逛街购物的好去处。

49. "男人街" ——香港油麻地庙街

庙街位于九龙油麻地，因街上的天后庙（妈祖）而命名。以庙前的榕树头花园为界，分成南北两段。这里聚集的人多为草根阶层的市民和外来游客，这里有极具特色的香港货品，有各类衣物饰品、电器、打火机、男士领带、钟表、仿真古董、手工艺品，还有很多承接量身定做的廉价西服、牛仔裤的服饰店等。

图 4-12　香港九龙油麻地天后庙（妈祖庙）　　　图 4-13　香港"男人街"

每天下午 2 时许，便有不少小贩在此开摊设档，但人流疏落；一到黄昏，这里便变成一个摊贩密布的平价市集，在约 600 米长的路段，挤满几百个露天摊档，到处人流涌动，摩肩接踵。

在庙街，除了购物，游客、市民还可以一品许多有名的香港传统美食和特色小吃。

庙街的知名度一半是被香港电影炒热的，像《食神》《庙街故事》《庙街皇后》

《庙街十二少》《庙街妈兄弟》等电影，都是以此地为背景拍摄的。

现在，庙街摊档售卖的物品已相当多元化，包括男性服装、手工艺品、茶具、玉器、古董，甚至廉价电子产品都有。

庙街摊贩的营业时间为每日下午 2 时至午夜 12 时，入夜后的庙街才真正热闹起来。

（资料来源：宁德煌，张晓霞.生活中的市场营销学[M].昆明：云南科技出版社，2015：89–90.）

营 销 启 示

香港庙街过去出售的商品大都以男性顾客为对象，也就约定俗成地被叫作"男人街"。

50.成功的目标营销——中国移动的目标市场和细分市场

2006 年，中国移动通信集团公司（简称"中国移动"）将其定位从"移动通信专家"调整为"移动信息专家"，这一年集团公司营业额达 2954 亿元，用户总数超过 3 亿，市场占有率高达 67.5%，其经营领域从专注于移动通信业务转向与信息服务相关的多元化领域发展，以"移动信息化"为主题推动新市场的开发。同时，其目标市场也从 B2C 延伸到 B2B，即中国移动从 2006 年开始拓展新的细分市场——集团客户（公司、政府、行业客户等），至 2006 年底，集团客户总数达到 139 万户，纳入集团客户管理的个人用户数占用户总数的比例达到 26.4%。中国移动针对该细分市场实行大客户管理，提供集团客户移动信息化项目的整体解决方案。

图 4-14　中国移动 Logo

此前，中国移动选择和逐步发展以下三个主要的消费者细分市场：

细分市场一：高端和商务人群，以"全球通"品牌突出服务为驱动力。

图 4-15 "全球通"品牌

细分市场二：年轻时尚的一族，以"动感地带"品牌突出时尚体验为驱动力。

图 4-16 "动感地带"品牌

细分市场三：低端人群和农村市场，以"神州行"品牌突出低价格为驱动力。

图 4-17 "神州行"品牌

中国移动针对不同的细分市场建立了不同的业务模式、差异化的营销策略和渠道体系。不同的细分市场亦对中国移动公司有不同的贡献：

细分市场一和集团客户对利润的贡献最大。

细分市场二对品牌活力和客户体验的贡献最大。

细分市场三对客户数量和市场份额的贡献最大。

（资料来源：菲利普·科特勒等.营销管理（第13版，中国版）［M］.北京：中国人民大学出版社，2009.）

营销启示

　　"中国移动"将中国的移动信息市场细分为三个不同的细分市场，并推出"全球通""动感地带"和"神州行"等三大服务品牌，分别来满足这三个细分市场的需要，最终成功实现了公司的市场营销目标。

51.一座传统寺庙的现代生存——少林寺的商业开发

少林方丈释永信，俗名刘应成，生于 1965 年，安徽颍上人。1981 年，释永信到少林寺出家。1987 年，释永信接任少林寺管委会主任，全面主持寺院事务。1999 年，释永信荣膺少林寺方丈。1998 年 7 月至今，释永信当选为河南省佛教协会会长。2002 年 9 月至今，当选为中国佛教协会副会长。1998 年 3 月至今，连续当选为第九届、第十届、第十一届、第十二届全国人大代表。

主张 "利用商业防止少林寺被商业化" 的释永信，使少林寺脱胎换骨成为天下佛教圣地，而他也完成了人生修行的数次飞跃。但经济利益的驱动让少林寺经常陷入与外界各种势力的纠缠之中，释永信更是常常处于风口浪尖之上，甚至绯闻缠身。是民众的误解，还是时代的必然？众说纷纭中有一点大概是肯定的：在探索传统寺庙生存与现代商业模式相融合的道路上，在商业浪潮的裹挟下，释永信注定了要一直被争议下去。或许在喧嚣之后，历史才能给这位方丈一个公允的评价。

从来没有一个寺庙的住持，像他那样在尘世的修行中受到广泛关注并引发持续争议。从来没有一个尘世的修行者，能那样以商业化的方式，拒绝一座寺庙的被商业化。从来没有一个人，在最好也是最坏的年代保持一种纯粹的精神信仰，让佛教成为人间佛教，而非远离大众。少林寺方丈，也即被许多人称为 "少林寺CEO" 的释永信，他也许可以担当以上这些评价。

为什么要发展寺庙产业？释永信有切身体会。1981 年，他刚到少林寺出家，整个寺院不到 30 人，到处是残垣断壁，十几个和尚守着 28 亩地过日子，1928 年军阀石友三部纵火焚烧少林寺留下的痕迹仍依稀可见，而寺院的经济来源，就是卖大碗茶，"整天为一日三餐忙活，非常困难，更谈不上修缮寺产，弘扬佛法了"。

1987 年，年仅 22 岁的释永信承师衣钵成为当时全国最年轻的寺院住持，1999 年升座成为方丈。自 1986 年开始，他先后创立了少林寺拳法研究会、少林武僧团、少林寺红十字会、少林书画研究院、中华禅诗研究会、少林寺慈善福利基金会，所作所为，全都是想着如何实现 "历代祖师的心愿"，寻找一个 "有利于佛教事业发展的生存模式和发展空间"。

"安于清净的山门，卖卖香，收收门票，佛教的衰落是必然的。我们天天讲普度众生，不到众生中去，实际上一辈子也度不了几个，甚至都度不了一个，那么我们也就空有一颗慈悲心而已。"

为此，自 20 世纪 90 年代初开始，他掀起 "少林寺" 商标争夺战，拆迁寺院周边建筑，申请世界遗产，创办少林药局，组织少林秘籍上网，整修千年古刹，海选"功夫之星"，送僧人学习MBA课程，重拍影视剧《少林寺》。而且，在目前内部机构设置上，少林寺设立外联处、寺务处、少林寺网站等机构，还拥有少林实业发展有限公司和少林影视公司这两家商业化运作公司。

"开展这些与宗教有关的商业活动，关键看它的目的是什么，采用的形式是什么。一些人不理解我们，是暂时的，时间长了，自然就明白了。检验这些以商业形式出现的活动是对是错，依我看来，关键看是否有利于寺院的发展和佛法的弘扬。"

对少林寺而言，身处盛世，难就难在如何因势利导济世度人，而非被商业给"度"了去，"你不化它，它就必然化你"。好在释永信坚持少林寺主动入世，"以正信正念引导佛教文化及禅武文化产业的健康发展"。

据少林寺官方网站（http：//www.shaolin.org.cn）介绍：

河南少林无形资产管理有限公司，其前身是少林实业有限公司，成立于1998年，由中国嵩山少林寺全资所有，其核心任务是保证"少林""少林寺"这一中华千年品牌保值升值、永续发展。公司主要对少林寺的商标、品牌等无形资产进行有效的保护。目前，少林寺已拿到45个类别、200多项商标的注册证书。

少林寺文化传播有限公司，以在全球范围内传播与保护少林文化为己任，主要从事文化产业领域中包括电影、电视、广播、网络、电子游戏及舞台演出等媒体及传播业产品的开发和经营，并在上述领域进行少林寺品牌的授权与管理。

少林寺武僧团的前身是少林寺僧兵。中华人民共和国成立以来，为了继承和发扬传统的少林武术，满足社会上对少林武术的要求，1987年12月21日释永信法师发起成立少林寺武术队。1989年少林武术队正式更名为少林寺武僧团。它在形式上仿照了历史上的僧兵体制，但职能转变为通过表演少林武术，达到弘扬祖国传统武术文化，宣传少林禅宗正法的目的。少林寺武僧团目前已经在60多个国家和地区进行过表演。

（资料来源：周健，张正良.释永信："少林寺CEO"的尘世修行［J］.企业观察家，2011（11）；少林寺官方网站http：//www.shaolin.org.cn.）

图 4-18　少林寺

营 销 启 示

非营利组织（NPO）不是以营利为主要目的的组织，它受到法律或道德约束，不能将盈余分配给拥有者或股东，但是为了组织的生存与发展，它们必须在财务上创造盈利，否则就难以为继。佛教寺院作为一个非营利性组织，它的生存与发展同样也需要通过商业经营活动产生收益，以提供其活动的资金，因此佛教寺院也就离不开营销！

52. "看人下菜碟"——小老板卖面条的生意经

有一位小饭店老板做生意，整天门庭若市，买卖兴隆。这天才开门就进来一位拉板车的力夫，要了一大碗烩面，老板给他做了满满一大碗，中间面条多得鼓了起来，吃完饭力夫心满意足地付钱走人。过一会儿，又来了一位精瘦的、却精明干练的生意人，也要吃烩面，老板给他端上来一碗烩面，量不大但料多味美，生意人满意地吃完走人了。老板笑眯眯地将他的生意经总结成四个字"看人下菜"，拉板车的力夫饭量大，量足吃饱经济实惠最重要；生意人则最关心的是味道鲜美，量多了也吃不完，还多费了钱，那么他就会不高兴。

营 销 启 示

　　"看人下菜碟"，本是人们常用的一句贬语，比喻不能一视同仁，待人因人而异，根据不同的人给予不同的待遇。但是，在企业营销过程中，我们就是要"看人下菜碟"——强调因人而异，要为不同的顾客，提供不同的产品或服务的需要，满足他们不同的需要。我们通过分析发现，小老板卖面条时采用的是差异市场营销战略，他对拉板车的力夫、生意人分别采用了不同的市场营销组合，满足了顾客的需要，实现了小饭店门庭若市、买卖兴隆。

53. "秀色可餐"——赏花吃花享受风雅人生

　　我国利用可食花朵制成肴馔，历史悠久，是古代的宝贵饮食文化遗产之一，素为宫廷和民间所采用。

　　早在战国时代，伟大的爱国主义诗人屈原在他的抒情长诗《离骚》中就写有"朝饮木兰之坠露兮，夕餐秋菊之落英"的诗句，以示高洁。"落英"，指初开的花朵。

　　唐代段成式所著的《酉阳杂姐》卷七"酒食"一栏中，也记有"芍药之酱""寿木之华（花）"等花肴食品，并记有后梁京兆人韦琳家中奢侈筵宴有"兰肴成列"（兰花制成的系列食品）。到了唐朝，吃花越来越盛行，从帝王到百姓，全民开启一场吃花盛宴。在长安城里，鲜花被做成了各种好看的糕点。

　　在宋代，吃花已经变成了一件极其风雅的事，王公贵族们以花馔显示其富贵荣华，名媛淑女们认为"食花如花，花容体香"。花馔同样受僧、道、隐士、山民以及文人学士的喜爱，花馔是一种重要的素食，原料易得易做，同时又具备雅趣。

　　明清时期，五花八门的花馔食谱则变得越来越多。

　　这说明中华民族在很早的时候就开始了食用以花朵为原料制作的菜肴和食品。

　　花馔口味清新、味香色艳，并具有一定的食疗保健作用。

　　我国人民经常食用的花卉有菊花、兰花、桂花、牡丹花、梅花、栀子花、芍药花、荷花、玫瑰花、芙蓉花、木槿花、玉兰花、茉莉花、橘花、香橼花、野蔷薇花、木香花、锦带花、甘菊花、金银花、桃花、杏花、梨花、红花、晚香玉、蚕豆花、南瓜花、扁豆花、丝瓜花、白菜花、青花菜、黄花菜、凤仙花、刺槐花、款冬花、月季花、海棠花、榆钱等。其烹调技法有煮、蒸、煎、炒、炸等。鲜花除可以做成菜肴、饭、粥、面、饼、糕、羹、馄饨、包子等各种食品外，还可制成各种饮料及酒类，以及卤制成糖花、蜜饯等多种美味食品。我国自明清开始，采集鲜花用蒸馏法制作香露，以供入汤、入酒及调汁制饵等多种形式的食用，则更是花馔的一大进展。

图 4-19　玫瑰鲜花饼

食花曾是人类社会的一种普遍现象，今天似乎是有些淡漠了，然而，在素有"植物王国"美誉的云南却保留了许许多多吃花的习惯。云南是植物王国，也是花的王国，花卉资源十分丰富，一年四季，此谢彼开，繁花似锦，永不凋落。漫山遍野的鲜花为云南菜的烹调提供了极为丰富的原料。除了前面提到的各种可食花卉外，云南各族人民经常食用的花朵还有：苦刺花、金雀花、仙人花、野芭蕉花、棠梨花、小雀花、棕包花、芋头花、海菜花、雪莲花、韭菜花、苦藤花、山茶花、鸡蛋花、荷花玉兰、面蒿花、百合花、大白杜鹃花、木棉花、槐花、石榴花、核桃花、缅桂花、奶浆花、樱花、睡莲花，鲜三七花、节节高花等，目前已知云南各族人民群众经常食用的花卉有 100 多种。

[资料来源：宁德煌，张晓霞.简谈云南民族花馔［J］.民族艺术研究，1995（3）；宁德煌，张晓霞.家制滇味花馔［J］.中国食品，1995（6）；梅尔.春天吃花享受风雅人生［N］.羊城晚报，2021-04-07（A15）.]

营 销 启 示

鲜花食品是一个细分市场，对商家来说商机无限，例如：鲜花点心、鲜花饮料、"百花宴"……

54. "汉味早点第一巷"——武汉户部巷

户部巷，"汉味早点第一巷"位于中国著名的历史文化名城武汉市武昌自由路，是一条长 150 米的百年老巷，其繁华的早点摊群 20 年经久不衰。在别的城市被敷衍甚至忽略的早餐，被武汉人随意而隆重地提升到"过年"般"过"的位置。以"小吃"闻名的户部巷，就是武汉最有名的"早点一条巷"。

户部巷于明代形成，清代因毗邻藩合衙门（对应京城的户部衙门）而得名。出于历史和地理的原因，很早就以经营汉味早点而闻名，热干面、糊汤粉、牛肉面粉、面窝、稀饭等独特汉味早点经营，经久不衰。2002 年以来，武昌区政府在重塑历史文化名城的过程中，按照"汉味早点第一巷"的定位，对户部巷进行整体打造。经过多年的建设改造，户部巷已由原来的 147 米长、3 米宽、12 家小吃经营户的小巷，发展成为由户部巷老巷、自由路和民主路西段组成，集小吃、休闲、购物、娱乐为一体的年接待游客逾千万的汉味特色风情街区，各类经营门店约达 340 个，其中从事小吃经营 160 余户，经营品种 170 有余。

"汉味早点第一巷"扬名以后，吸引了一批百年老字号小吃企业扎堆于此，如四季美汤包、蔡林记热干面、德华酒楼、老谦记豆丝等；还有近几年来已声名远播的汉味小吃品牌，如精武鸭脖、周黑鸭、新农牛肉、盈喜客中式快餐等也来此安家落户，以及户部巷本土孕育的石记热干面、陈记牛肉面、徐嫂糊汤粉、李桃烧麦、今楚汤包、真味豆皮等数十个汉味小吃品牌使户部巷成了汉味小吃的代名词，也是登名楼、逛名街、品名吃、观名景的老武昌的新天地。

图 4-20　武汉户部巷

图 4-21　武汉户部巷

营×销×启×示

　　俗话说"生意要挤着做"，因此才在城市里形成了例如"汉味早点第一巷""海鲜一条街""小吃一条街""酒吧一条街""婚纱一条街"等的街区。

55. "两桶油"的 661 亿外快——中石油和中石化的非油便利业务营销

　　作为一种新的零售业态，中国石油化工集团有限公司（简称中石化）、中国石油天然气集团有限公司（简称中石油）两个石油巨头开设的近 5 万家位于加油站的便利店，正成为其营收棋局中愈发重要的一枚棋子。城市里到加油站除了加油还能干点啥？购物、用餐、休息、汽车保养与维修、买彩票、ATM 存取款、交水电和煤气费……

　　所谓非油品业务，即加油站油品销售之外的收入：便利店，以及与餐饮或广告商等合作而获得的租金收入等，其中便利店占相当比重。

　　细心的人可能留意到，近年来，越来越多的中石化和中石油的加油站里开起了便利店，前者的品牌名称为"易捷"，后者的品牌名称叫作"昆仑好客"。

图 4-22 中石化 "易捷"

图 4-23 中石油 "昆仑好客"

2023 年 6 月 14 日，中国连锁经营协会发布的《2022 年中国连锁 Top100》行业统计显示：中石化易捷销售有限公司（简称 "易捷"）名列中国连锁百强第 12 位，中石油昆仑好客有限公司（简称 "昆仑好客"）名列中国连锁百强第 22 位。2022 年，中石化 "易捷" 门店数为 28606 个，销售额为 381 亿元；2022 年，中石油 "昆仑好客" 门店数为 20600 个，销售额为 280 亿元。

上述行业统计显示，2022 年，两大石油巨头一年里光靠着 "不务正业"，就能获得 661 亿元销售收入。

在便利店的带动下，中石化和中石油正在试图将众多加油站的角色塑造为 "服务驿站"。

无论如何，最大的赢家是石油巨头们。加油站空间的商业价值被不断挖掘出来，石油巨头们有时对送上门来的新生意和新主意应接不暇。而一些看好其渠道优势的合作者，宁愿先期牺牲一些利益，目的只为 "先入为主"。

根据美国能源部下属的官方机构美国能源资料协会（EIA）发布的报告，美国的加油站便利店销售收入占整个加油站总收入的比重可以达到 30%~40%，形成的利润占总利润的 55%~65%。在美国，加油站便利店模式填补了人们生活中的一种空缺，习惯周末到郊区大型商场购物的美国人，日常生活的零星需求则可以在加油站便利店实现，且国外很多商店关门早，要买东西去 24 小时营业的加油站是上乘选择，这早已经成为一种自然存在的消费文化。

但在中国，"买东西到加油站" 这种消费习惯的培养，短时间内似乎并不现实。

（资料来源：中国连锁经营协会官网 http://www.ccfa.org.cn/portal/cn/xiangxi.jsp?id=444632&type=10003；宁德煌，张晓霞.生活中的市场营销学[M].昆明：云南科技出版社,2015:109–111。）

◇营◇销◇启◇示◇

中石油、中石化利用加油站渠道资源优势开展非油便利业务营销，成为新的卖点和利润增长点。

56. 5.5 亿人的大市场 —— 中国农村消费市场开拓

根据《中华人民共和国 2019 年国民经济和社会发展统计公报》，2019 年末，全国内地总人口 140005 万人，其中乡村人口 55162 万人，占全国总人口的 39.4%。

2019 年，按常住地分，城镇居民人均消费支出 28063 元，农村居民人均消费支出 13328 元。农村居民消费总量只占城镇居民消费总量的 30.9%。假如这个巨大的消费群体每人全年多购买 10 元的商品，全国即可增加 55 亿元商品的有效需求。如果农村的消费市场能得到有效扩大，那么整个消费市场的状况将得到根本性的转变。对很多商家来说，这将是一个巨大的商机。

但是，我国农村消费市场的现状：购买力不足、农村居民素质偏低和消费观念保守、信息传递渠道单一和不畅等。

我国农村消费市场开拓策略如下：

（1）产品——适销对路

工业品下乡绝不意味着"积压品下乡"，更不能拿质次价廉的商品糊弄农村消费者，高品质农村地区消费者实际需求才是硬道理。例如，价格低、功能简单、容易操作、宽稳压范围、节能的普及型家电产品。

（2）定价——"低价渗透"或"同价位较高价"

对于日常消费品，农民倾向于购买价格较低，质价比较高的实惠商品，因此，日常消费品应该采用低价渗透策略；而对于大件耐用消费品，农民却倾向于购买同等水平下价格较高的商品，则宜采用同等价位的较高价策略，这是因为农民对商品知识了解得不够充分，认为"便宜没好货，好货不便宜"，立足于长远而选择价格较高的商品。

（3）分销——加强终端控制

由于农村市场相对消费量小，消费集中（比如节日前后）的特点，我国的单个企业往往没有能力广泛建立县级的分销网络。则可以考虑由多个非竞争产品（比如彩电与冰箱、洗衣机）品牌合作，建立多品牌联合的广泛的销售网络，比如建立多种知名品牌的联合产品专卖店。

（4）促销——注重口碑和品牌美誉度

在农村，信息传递渠道单一和不畅，但人与人之间信息交流却相当活跃，公众意见对消费者有重要的影响，再加上农民具有求同的从众心理和好胜的攀比心理，口碑和品牌美誉度会影响到大件耐用消费品的流行趋势。

在20世纪八九十年代的中国农村，"农村刷墙广告"曾是重要的促销手段之一。

◇营◇销◇启◇示◇

中国农村市场有其独特的特点，而不是城市市场的简单复制，企业要坚决摒弃试图把城市过剩产品推给农村消费者的意图，必须对农村市场进行市场细分，从而确定自己的目标顾客群及目标区域，做到产品功能、质量适农，产品价格适农，产品分销适农，产品促销适农等。商业经营农村化，采取相应的营销策略，以满足农村消费者需求。

57. "老昆明"百姓喜欢抽的香烟——"大重九""金象""春耕"牌香烟

20世纪60年代，昆明老百姓喜欢抽的香烟，主要是昆明卷烟厂（现在名称为"红云红河集团昆明卷烟厂"）生产的"大重九""金象""春耕"等品牌香烟。

一般来说，普通干部喜欢抽"大重九"牌香烟，工人喜欢抽"金象"牌香烟，农民喜欢抽"春耕"牌香烟。

2023年7月3日，据元老级中国烹饪大师蒋彪先生回忆，在1963—1969年期间，昆明市场"大重九"零售价4角钱一包，"金象"零售价2角7分钱一包，"春耕"零售价9分钱一包。

"文化大革命"期间，昆明卷烟厂的"大重九"牌香烟改名为"春城"牌香烟，"金象"牌香烟改名为"金沙江"牌香烟。

图4-24 "大重九"牌香烟　　图4-25 "金象"牌香烟　　图4-26 "春耕"牌香烟

图 4-27　"春城"牌香烟　　　　图 4-28　"金沙江"牌香烟

◇营◇销◇启◇示◇

不同的细分市场，其顾客的需求和欲望是不同的。

58. 从"男人的衣柜"到"全家人的衣柜"——海澜之家

　　海澜之家集团股份有限公司（简称"海澜集团"）创建于 1988 年，创始人是周建平。海澜集团从一间纺织面料工厂开始，从生产走向零售，从原料走向品牌，成为中国服装行业的领军者。2002 年初，海澜集团总裁周建平前往日本进行市场考察。在日本期间，日本服装品牌丰富的品种、大众化的价格、量贩式的自选购买方式给他留下了深刻的印象。回国后，周建平将这种面向大众消费的服装销售模式在中国推出，成立了江阴海澜之家服饰有限公司。2002 年 9 月，"海澜之家"第一家门店——南京中山北路店正式开业。

　　海澜之家最初的定位是"男人的衣柜"。海澜之家最初只有一个品牌，即"海澜之家（HLA）"。

图 4-29　海澜之家初次定位——男人的衣柜

图 4-30　海澜之家曾经的广告语："一年逛两次海澜之家，每次都有新满足。"

由于国内服装市场竞争十分激烈，海澜之家想从"男人的衣柜"升级为"全家人的衣柜"。

海澜之家现在的定位是"服装国民品牌"。

图 4-31　海澜之家重新定位——国民品牌

图 4-32　海澜之家现在的品牌口号："服装国民品牌　与国民共成长"

目前，海澜集团旗下共有 7 个服装和家居生活品牌，即海澜之家、黑鲸、OVV、男生女生、英氏、圣凯诺、海澜优选等。

图 4-33 海澜集团品牌汇总图

（资料来源：海澜集团官网 http：//www.heilan.com.cn/about.）

海澜之家（HLA）——男人的衣柜；高品位，中低价位；男装品牌。

黑鲸（HLA JEANS）——基于"不普通的普通人"品牌主张；年轻一代消费者；打造男女同穿的无性别服饰品牌。

OVV——致力于以"不费力的高级感"为专业的独立女性打造摩登衣橱；独立女性；女装品牌。

男生女生（HEYLEDS）——全品类、全年龄段的舒适服饰；男女儿童；童装品牌。

英氏（YeeHoO）——中国高端童婴品牌；婴幼童；童装品牌。

圣凯诺（SANCANAL）——中国职业服定制品牌，专注团体职业服装定制；白领；职业装品牌。

海澜优选（HEILAN HOME）——海澜优选生活馆为国民优质生活精挑细选。

10000+种商品种类，遍及服装、生活杂货、时尚家居三大领域，打造一站式家居产品集合店；家居用品；家居生活品牌。

根据海澜之家官网介绍："海澜之家，一个具有国民普适性的服装品牌。打造高品质服装的同时保证价格亲民。经历二十年打磨，成长为家喻户晓的国民品牌。全国门店超5000家，线上会员超4000万。从'男人的衣柜'到'服装国民品牌'。海澜之家坚持做令中国消费者放心、有陪伴感的国货品牌。不断与国民共情共振，共同成长。"

（资料来源：海澜集团官网 http：//www.heilan.com.cn/about；海澜之家官网 https：//www.hla.com.cn/；https：//www.hla.com.cn/s/brand1?lang=zh-cn；卖件衣服10个月，江阴首富困于存货 https：//baijiahao.baidu.com/s?id=1764515772076624435&wfr=spider&for=pc.）

　　海澜之家的初次定位是"男人的衣柜"，重新定位是"服装国民品牌"；海澜之家原来是单一男装品牌，现在发展成为完整覆盖男装、女装、童装、职业装，以及家居用品等7个品牌。

　　顾客的需要是多样的和可变的，企业拥有的资源和能力是有限的。一个资源和能力有限的企业，要满足无限的顾客需要是不可能的。因此，企业必须实施目标市场营销（target marketing），为特定的顾客群服务。

59. 成年人的高端布艺玩偶——问童子

　　"问童子"是杭州问童子文化创意有限公司（简称"问童子"）旗下品牌。

　　据问童子官网介绍：问童子品牌创立于2010年，是中国高端布艺玩偶品牌。旨在通过中国文化与前沿设计的碰撞交融，赋予玩偶无尽可能，创造颠覆传统的艺术作品。

图 4-34　"问童子"品牌标志

（资料来源：http://www.wentongzi.com/page/brand/.）

　　问童子品牌名称，象征如孩童般，好奇于世界万千，不安于规矩束缚，以纯粹直面未知，用疑问挑战答案。

　　问童子品牌理念是"颠覆传统"。问童子所谓"颠覆传统"，是重拾传统，重塑传统，与时俱进，引领未来。

　　问童子以其独特的设计风格和差异化的市场定位，开拓了潮流玩偶这一全新品类，填补了中国高端布艺玩具市场的空白。

　　（1）　"问童子"的市场定位

　　问童子不止在产品设计上做了创新，其创新式定位在国内也是少有。不同于普通的玩偶将目标顾客锁定在少年、儿童上，问童子的目标顾客是成年人。问童子另辟蹊径，打造出专属于中国成年人的高端布艺玩偶品牌。问童子意在告诉人们，玩偶不代表低幼，问童子的玩偶是艺术和个性的载体，而成年人可以通过自己的选择和判断呈现出自我审美与价值主张！这才是真正符合中国人精神需求的品牌，也是最能赢得社会认同的品牌文化。

此外，问童子的许多玩偶，采用眼睛无表情设计，例如：归家等狗玩偶、粉化、初始、麻辣鸳鸯、杠上开花、妙手回春、龙凤呈祥、混沌等。万千心绪，交由玩偶主人定义。这一点也从情感层面上，吸引着特立独行的人群。

（2）"问童子"的作品（产品）

"问童子"的产品有：玩偶（小偶、中偶、大偶、挂偶、艺术偶、限量玩偶）、配件和周边等。

小偶有：奋斗兔小偶、藏狐小偶、驴小偶、袍子小偶、狗小偶、黄小仙小偶、夜猫小偶、蜕变羊小偶、奋斗猪小偶等。

中偶有：归家、旺财、来福、桃花旺、花想容、奋斗兔、夜猫、黄小仙、奋斗猫、布老虎、蜕变羊、蜕变熊、蜕变虎、奋斗鹿、奋斗猴、鸽王、奋斗猪等。

大偶有：荒野牛、奋斗兔、布老虎大偶、奋斗熊、奋斗猪等。

挂偶有：奋斗鸭、奋斗猫、奋斗兔、奋斗狼、奋斗猴、奋斗大熊猫、奋斗熊、奋斗猪、东郭狼等。

艺术偶有：万物、僵化、渔者等。

限量玩偶有：补衲、奋斗兔（鸿运当头）、奋斗牛（秋裤特别版）、奋斗兔（赤眼特别版）、奋斗猪（加量特别版）等。

图 4-35　归家（中华田园犬公仔，狗玩偶，中偶，零售价格 499 元）

（资料来源：http://www.wentongzi.com/project/cid/251061/page/3/.）

配件有：玩偶专用展示架。

图 4-36　玩偶专用展示架

（资料来源：http：//www.wentongzi.com/project/cid/500196/.）

周边有：卫衣、长裤、纸尿裤、手袋、唐装、围裙、T恤、帆布袋等。

营 销 启 示

> 布艺玩偶不再是小朋友的专属，布艺玩偶也会受成年人喜欢。
>
> 成年人玩具市场是一个特殊的细分市场，它是一种只有通过细心观察才能发现的、正在成长的群体。发现这个细分市场的存在，也为众多公司带来了无限的商业机会。

60. 会让消费者傻傻分不清品牌标志、产品规格、价位的香烟品牌——"云烟"

据红云红河烟草（集团）有限责任公司（简称"红云红河集团"）官网介绍，红云红河集团主要生产"云烟""红河"等卷烟品牌。"云烟"品牌规模位居中国烟草第 1 位。

红云红河集团昆明卷烟厂创建于 1922 年，拥有"云烟""红山茶""春城""香格里拉""茶花""大重九"6 个主要品牌。"云烟"是"中国名牌"和"中国驰名商标"。

2023 年 7 月，"云烟"牌香烟的产品规格有 35 种，它们是：9+1 大重九、中支大重九、细支大重九、软大重九、云烟（云端）、云烟（小云端）、云烟（中支云端）、云烟（软礼印象）、云烟（黑金刚印象）、云烟（印象）、云烟（中支塞上好江南）、云烟（雪域）、云烟（84mm 细支雪域）、云烟（印象烟庄）、云烟（软印象烟庄）、云烟（中支乌镇之恋）、云烟（盛世小熊猫）、云烟（小熊猫家园）、云烟（神秘花园）、云烟（软珍红钻）、云烟（中支金腰带）、云烟（细支珍品）、云烟（软珍品）、云烟（软珍品红韵）、云烟（84mm 细支祥瑞）、云烟（呼伦贝尔碧草云天）、云烟（绿呼伦贝尔）、云烟（74mm 大团结）、云烟（硬云龙）、云烟（细支云龙）、云烟（福）、云烟（软如意）、云烟（软紫）、云烟（紫）、云烟（红）等。

（1）"云烟"各产品规格中存在着不同品牌标志混淆的情况

红云红河烟草（集团）有限责任公司（简称"红云红河集团"）成立于 2008 年 11 月 8 日，隶属云南中烟工业有限责任公司，是由昆明卷烟厂、曲靖卷烟厂、红河卷烟厂、会泽卷烟厂、新疆卷烟厂和乌兰浩特卷烟厂等企业先后合并重组而成。

红云红河集团合并重组成立以后，由于各种主客观原因，"云烟"产品规格数量越来越多，2012 年 4 月，有 9 种产品规格；2021 年 12 月，最多时曾有 42 种产品规格；2023 年 7 月，"云烟"仍有 35 种产品规格。

在"云烟" 35 种产品规格中，出现了两个不同品牌标志混淆的情况，甚至出现了看不到"云烟"品牌标志、看不清"云烟"品牌标志的情况。

①看不到"云烟"品牌标志

"大重九"和"云烟"是昆明卷烟厂两个有着悠久历史的香烟品牌。"重九"品牌创始于 1922 年。1949 年，"重九"更名为"大重九"。"云烟"品牌诞生于 1958 年。

图 4-37 昆明卷烟厂早期"大重九"烟标　　图 4-38 昆明卷烟厂早期"云烟"烟标

图 4-39 昆明卷烟厂"大重九"品牌标志　　图 4-40 昆明卷烟厂"云烟"品牌标志

在"云烟"产品规格中，9+1大重九、中支大重九、细支大重九、软大重九就存在着只看得到"大重九"品牌标志，而看不到"云烟"品牌标志的情况。

图 4-41 9+1大重九　图 4-42 中支大重九　图 4-43 细支大重九　图 4-44 软大重九

在"云烟"产品规格中，云烟（小熊猫家园）、云烟（雪域）看不到"云烟"品牌标志。

图 4-45 云烟（小熊猫家园）　　　　图 4-46 云烟（雪域）

②两个不同品牌标志混淆

曲靖卷烟厂始建于1966年，代表品牌"福"。在"云烟"产品规格中，云烟（福），就存在着"福"与"云烟"品牌标志混淆的情况。

图 4-47　曲靖卷烟厂 "福" 品牌标志

图 4-48　云烟（福）

会泽卷烟厂始建于 1973 年，代表品牌 "小熊猫"。在 "云烟" 产品规格中，云烟（盛世小熊猫）存在着 "小熊猫" 与 "云烟" 品牌标志混淆。

图 4-49　会泽卷烟厂 "小熊猫" 品牌标志

图 4-50　云烟（盛世小熊猫）

乌兰浩特卷烟厂于 1982 年复建，代表品牌 "呼伦贝尔"。在 "云烟" 产品规格中，云烟（呼伦贝尔碧草云天）、云烟（绿呼伦贝尔）就存在着 "呼伦贝尔" 与 "云烟" 品牌标志混淆的情况。

图 4-51　乌兰浩特卷烟厂 "呼伦贝尔" 品牌标志

图 4-52　云烟（呼伦贝尔碧草云天）　　图 4-53　云烟（绿呼伦贝尔）

③看不清 "云烟" 品牌标志

在 "云烟" 产品规格中，云烟（云端）、云烟（中支塞上好江南）、云烟（神秘花园）等看不清 "云烟" 品牌标志。

图 4-54　云烟（云端）　　图 4-55　云烟（中支塞上好江南）　　图 4-56　云烟（神秘花园）

（2）"云烟" 各产品规格的零售价格差异巨大

从价格来看，香烟的价格和品质一般是成正比的，通常来说，价格越高的香烟品质也更好。

上海烟草集团有限责任公司生产的 "中华" 牌香烟是中国高档烟消费市场的第一品牌，有 "国烟" 的美誉。"中华" 牌香烟只有一类烟，例如，中华（软）零售价格为 65 元/包，中华（硬）零售价格为 45 元/包。

2023 年 7 月，"云烟" 牌香烟横跨一、二、三类烟市场，既有零售价格在 10 元/包以下的低价位香烟，也有零售价格在 10~20 元/包的中价位香烟，还有 20 元/包以上，甚至 100 元/包的高价位香烟。"云烟" 牌香烟的零售价格，从 7 元/包到 100 元/包的都有。例如，云烟（红）的零售价格为 7 元/包，云烟（紫）的零售价格为 10

元/包，云烟（软珍品）的零售价格为 22 元/包，软大重九的零售价格为 100 元/包。"云烟"各产品规格的零售价格差异巨大。

图 4-57 软大重九　图 4-58 云烟（软珍品）图 4-59 云烟（紫）图 4-60 云烟（红）

（3）"云烟"各产品规格的香型并非都是"清甜香型"

一般说来，中国卷烟香型有：清香型、浓香型、中间香型、淡雅香型、清甜香型、醇香型、焦甜香型、原香型、本草香型、绵香型、清润香型、国酒香型等 12 种。

"中华"牌香烟［中华（软）、中华（硬）］是浓香型。

在"云烟"各产品规格中，云烟、大重九是"清甜香型"。"清"指的是清新雅致的香气；"甜"指的是甜润优雅的口感；"香"则指的是烟草的具有本香。"云烟"牌香烟整体香气呈现清新且明快、细腻又飘逸的特点，口感微甜。经过多年的不断创新与完善，确定了自身"清新自然、甜润和谐、韵味深远"的品类特征。

但是，在"云烟"各产品规格中，还存在着不少非"清甜香型"的香烟，如云烟（雪域）、云烟（84mm 细支雪域）、云烟（中支乌镇之恋）、云烟（盛世小熊猫）、云烟（小熊猫家园）、云烟（呼伦贝尔碧草云天）、云烟（绿呼伦贝尔）、云烟（74mm 大团结）、云烟（福）等。

（4）"云烟"各产品规格的烟盒包装颜色五花八门

"中华"牌香烟，它的烟盒包装颜色只有一个，就是中国红。

2023 年 7 月，"云烟"35 种产品规格的烟盒包装颜色五花八门，有金黄色、黄色、黑色、棕色、蓝色、粉色、白色、绿色、红色、紫色和五彩等等。

例如：9+1 大重九、中支大重九、细支大重九、软大重九、云烟（软礼印象）等的烟盒包装是金黄色；云烟（云端）、云烟（小云端）、云烟（中支云端）等的烟盒包装是黄色和白色；云烟（黑金刚印象）的烟盒包装是黑色；云烟（印象）的烟盒包装棕色；云烟（雪域）、云烟（84mm细支雪域）等的烟盒包装是蓝色、云烟（印象烟庄）、云烟（软印象烟庄）、云烟（印象烟庄）的烟盒包装是粉色；云烟（硬云龙）、云烟（细支云龙）、云烟（中支乌镇之恋）等的烟盒包装是白色；云烟（小熊猫家园）、云烟（绿呼伦贝尔）的烟盒包装是绿色；云烟（软珍品）、云烟（软珍红钻）、云烟（软珍品红韵）、云烟（中支金腰带）、云烟（细支珍品）云烟（红）等的烟盒包装是红色；云烟（软紫）、云烟（紫）、云烟（84mm细支祥瑞），云烟（福）的烟盒包装是紫色；云烟（神秘花园）的烟盒包装是五彩等等。

（资料来源：红云红河烟草（集团）有限责任公司官网https：//www.hyhhgroup.com/htmlnew/about/index3.php；https：//www.hyhhgroup.com/htmlnew/about/brand_index.php；上海市烟草专卖局、上海烟草集团有限责任公司官网http：//www.sh.tobacco.com.cn/qyfwth/catalogueDetail/8a8a8b995d1013b3015d1135d880037a.htm.）

营　销　启　示

市场定位的实质是取得目标市场的竞争优势，确定产品在顾客心目中的适当位置，并留下值得购买的印象，以便吸引更多的顾客。美国西北大学菲利普·科特勒教授认为，产品在工厂中生产，但品牌在消费者心目中创造。产品定位（product position）是消费者对产品的认知、印象和情感的复杂组合，是将其与竞争者的产品相比较而形成的。

品牌（brand）是一个名称、术语、标志、符号或设计，或者是它们的结合体，以识别某个销售商或某一群销售商的产品或服务，使其与它们的竞争者的产品或服务区别开来。

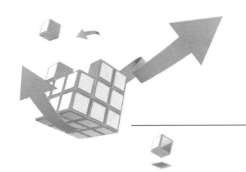

第五篇
市场营销组合策略

基本概念、理论和方法概述

市场营销组合策略（Marketing Mix）就是公司用来在目标市场实现其营销目标的一整套可以控制的营销工具（或手段）。

1960 年，美国营销学家杰罗姆·麦卡锡（E. Jerome McCarthy）把不同的营销活动概括成四大类营销组合工具，即市场营销中所说的"4P's"：产品（product）、价格（price）、渠道（place）和促销（promotion），如图 5-1 所示。

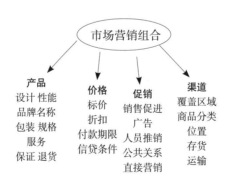

图 5-1　市场营销组合中的 4P 要素

需要注意的是，杰罗姆·麦卡锡提出的 4P's 代表的是销售者的观点，即卖方用于影响买方的有用的营销工具。从买方的角度来看，每一个营销工具都是用来为顾客提供利益的。1990 年，美国营销学家罗伯特·劳特朋（Robert Lauterborn）提出了与 4P's 相对应的顾客 4C's。4P's 组合与 4C's 组合对照比较表，如表 5-1 所示。

表 5-1　4P's 组合与 4C's 组合对照比较表

4P's	4C's
产品 （product）	顾客问题的解决 （customer solution）
价格 （price）	顾客的成本 （customer cost）
渠道 （place）	便利 （convenience）
促销 （promotion）	沟通 （communication）

（资料来源：菲利普·科特勒等.营销管理（亚洲版，第3版）［M］.北京：中国人民大学出版社，2005：23.）

综上所述可知，获胜的公司必将是那些既可以经济方便地满足顾客的需要，同时又能和顾客保持有效沟通的公司。

产品策略（product）

（1）产品的含义

市场营销以满足顾客需求为中心，而顾客需求的满足必须以提供某种产品给顾客来实现，因此，产品是市场营销的 "基础"。

产品（Product）是指能够提供给市场以满足需要或欲望的任何东西，包括有形的商品（Goods）、无形的服务（Service）、体验（Experiences）、事件（Events）、人物（Persons）、地点（Places）、财产（Properties）、组织（Organizations）、信息（Information）和观念／创意（Ideas）等。

（2）品牌与商标策略

在产品策略中，品牌与商标策略十分重要。

所谓品牌（brand），也就是产品的牌子，是用以识别销售者的产品或服务，并使之与竞争对手的产品或服务区别开来的商业名称及其标志，它包括：文字、图形、字母、数字、三维标志、颜色组合和声音等，以及上述要素的组合。

品牌是一个集合概念，它包括品牌名称、品牌标志和商标。

品牌名称是指品牌中可以用语言称呼的部分，例如，美国快餐麦当劳（McDonald's）。

品牌标志是指品牌中可以被认出，但不能用语言称呼的部分，例如：麦当劳的品牌标志是金拱门。

商标（trade mark）是经过注册登记受到法律保护的品牌或品牌的一部分。

　　品牌与商标的联系与区别：品牌是市场概念，商标是法律概念。品牌的范围比较广，商标一定是品牌，但品牌却不一定是商标。商标是经过注册登记受到法律保护的品牌或品牌的一部分。

　　一般说来，一流的企业定标准，二流的企业做品牌，三流的企业做产品。

　　品牌不仅具有消费者价值，而且还具有企业价值。

　　品牌的消费者价值。当产品趋于同质化时，品牌将取代具体的产品，成为消费者购买的理由与保证。品牌给消费者带来的经济效用包括：简化消费者的购买行为、增强消费者的购买信心、激发消费者的享用联想。

　　品牌的企业价值。一个强势的品牌无疑对企业有着重要的意义，具体包括产生品牌溢价、提升无形价值、促进业务增长、培养顾客忠诚、高筑竞争壁垒。

　　品牌决策包括品牌化决策、品牌持有者决策、品牌名称决策、品牌战略决策、品牌重新定位决策等。

　　公司与公司之间的竞争，过去是产品竞争、服务竞争，今后将是品牌与信誉的竞争。在激烈的市场竞争中，创名牌是公司的一项重要任务，有无名牌是经营公司是否获得成功的标志。

　　我们既要创名品，更要创名牌、名店。

　　名牌具有4个特征：名牌体现出很强的竞争优势；名牌能体现出优良的传统；名牌能赢得很高的社会声誉；名牌是企业的无形资产。

　　（3）服务营销策略

　　在产品策略中还包括服务营销策略。

　　服务（Service）是一方向另一方提供的任何活动或行动，它本质上是无形的，并且不会产生所有权问题。服务的生产可能与某种有形产品联系在一起，也可能毫无关联。

　　服务具有5个对营销方案设计有重大影响的主要特点：无形性、不可分离性、可变性、不可储存性和无权性。

表 5-2　服务的特征及其相应的市场营销含义

服务的特征	特征简介	相应的市场营销含义
无形性 （intangibility）	服务与有形产品相反，在购买服务之前，它们是看不见、尝不到、摸不着、听不见、闻不到的	服务不能储存； 服务不能申请专利； 服务不容易进行展示或沟通； 服务难以定价
不可分离性 （inseparability）	服务的生产、传递和消费过程同时发生	顾客参与并影响交易； 顾客之间相互影响； 员工影响服务的结果； 难以进行大规模生产
可变性 （variability）	由于服务质量与何时、何地和由谁来提供服务有着密切的关系，所以服务具有极大的可变性	服务的提供与顾客的满意取决于员工的行动； 服务质量取决于许多不可控因素； 无法确知提供的服务是否与计划或宣传相符
不可储存性 （perishability）	服务无法储存，不能为日后的销售或使用	服务的供应和需求难以同步进行； 服务不能退货或转售
无权性 （absence of ownership）	服务的销售不会产生所有权的转移	服务不牵涉到所有权的转移，会使顾客感觉到不踏实，顾客并未真正拥有服务

有形产品消费是结果消费，服务消费主要是一种过程消费。图 5-2 归纳了有形产品消费和服务消费的本质，同时也表明了生产、消费和营销三者之间的关系。

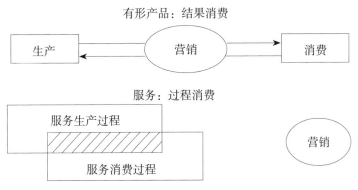

图 5-2　有形产品消费、服务消费的本质及营销的作用

（资料来源：（芬兰）克里斯廷·格罗鲁斯.服务管理与营销：基于顾客关系的管理策略（第2版）[M].北京：电子工业出版社，2002:36）

图5-2的上部表明的是有形产品的结果消费，我们从中可以看出生产和消费过程，无论从空间上，还是从时间上看，都是分离的。传统市场营销理论正是以这一点为基础而建立起来的。由于生产过程与消费过程相互分离，所以，在两者之间就需要一座联系生产和消费的"桥梁"，自20世纪以来，这座"桥梁"一直被称为"市场营销"。

图5-2的下部表明的是服务的过程消费。在这里，服务的生产和消费同步进行，并不需要将两者连接起来的"桥梁"。传统市场营销的那种对生产和消费的连接功能在服务过程中毫无用武之地。我们可以将连接服务的生产和消费过程视为服务营销的核心。我们必须将市场营销纳入有机的服务过程，这与传统市场营销是完全不同的。服务营销的核心是如何将服务的生产过程和服务的消费过程有机地结合起来，这样顾客才能感知到良好的服务质量，也才愿意与公司建立长期的关系。

服务与有形产品不同，服务质量与有形产品质量也不同。有形产品质量是一种客观质量，通常与有形产品的技术特性紧密相连；而服务质量是由顾客感知的质量，服务的技术特性并非服务唯一或最重要的特性。

良好的服务质量既包括服务结果的质量，也包括服务过程的质量，只有两者都优异时，顾客所感知的服务质量才能提高。而且在顾客的眼中，服务结果是理所当然的事情，所以影响服务质量最重要的因素就是服务过程。

服务质量管理的方法之一，就是顾客期望管理。在服务营销中，顾客对服务质量的期望是由过去的体验、口碑和广告宣传等因素共同作用而形成的。在一般情况下，顾客会对感知服务（Perceived service）和期望服务（Expected service）进行比较。如果感到服务达不到期望的水平，顾客就会对提供者丧失兴趣并感到失望。对于那些成功的企业而言，它们往往会在供应物中增加额外的利益，不仅使顾客满意，而且使顾客感到惊喜。使顾客感到惊喜，就是对顾客期望的一种超越。

如果：

感知服务<期望服务，顾客不满意；

感知服务=期望服务，顾客满意；

感知服务>期望服务，惊喜、很满意。

价格策略（price）

在市场营销组合中，价格是唯一带来收入的因素，其他因素则只产生成本。事实上，买卖双方一次交易是否成功，往往取决于价格的高低。价格是市场营销的"焦点"。

价格的名目十分繁多，无所不在。例如，你租公寓要付房租，受教育要付学费，看病要付诊费，坐飞机、火车、出租车和公共汽车要付票价；银行要为你的借款向你收取利息；保险公司为你提供保险服务要向你收取保险费；你驾车在高速公路上行驶要缴纳过路费；经理人的"价格"可能是薪水，推销员的"价格"可能是佣金，而工人的"价格"则可能是工资等等。

价格是产品或服务价值的货币表现。以货币来表示产品或服务的价值就称之为产品或服务的价格。在市场经济条件下，任何产品或服务都必须具有价格，供需双方才能进行交易。

企业在制定其定价策略时，必须考虑许多因素。制定定价策略的六个步骤，如图5-3所示。

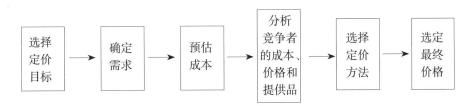

图 5-3　制定定价策略的六个步骤

企业的定价决策受到企业内部因素和外部因素的影响，如图5-4所示。

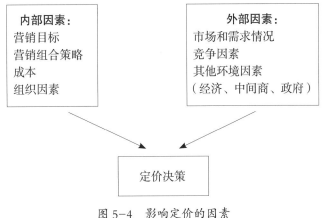

图 5-4　影响定价的因素

企业定价太低会损害企业的盈利能力，定价太高则无法产生有效的需求。图 5-5 总结了定价的主要影响因素。市场营销理论认为，产品的最高价格取决于产品的市场需求，最低价格取决于该产品的成本费用，在最高价格和最低价格之间，公司能够把产品的价格定多高，则取决于竞争者同种产品的价格水平。

最高价格 （在这个价格以上 不可能有需求）	顾客对产品 价值的看法	竞争者的价格 和替代品的价格	成本	最低价格 （在这个价格以下 不可能获利）

图 5-5　定价的主要影响因素

企业通盘考虑一个或几个定价影响因素，然后选择一个基本定价方法制定价格。

定价方法主要有三种：

（1）成本导向定价法

成本导向定价法是一种主要以产品成本为依据的定价方法。成本导向定价法主要有两种：成本加成定价法和目标收益定价法。

（2）需求导向定价法

需求导向定价法是一种以市场需求强度及消费者感受为主要依据的定价方法。需求导向定价法主要有两种：感知价值定价法和价值定价法。

（3）竞争导向定价法

竞争导向定价法是一种以竞争对手产品价格为主要依据的定价方法。竞争导向定价法主要有两种：随行就市定价法和拍卖式定价法。

定价策略主要有三种：

（1）新产品定价策略

定价策略通常会随着产品沿着产品生命周期的演进而发生变化。在产品导入期的定价尤其具有挑战性。引入新产品的公司面临着首次定价的任务。实践中，新产品定价有两种互相对立的基本策略可供企业选择：市场撇脂定价和市场渗透定价，如表 5-3 表示。

表 5-3 新产品定价策略表

定价策略	描述
市场撇脂定价 （market-skimming pricing）	在新产品刚上市时，将价格定得很高，然后随着时间的推移逐渐降价，以便从市场中一层一层地赚取利润。市场撇脂定价的着眼点在于高利润
市场渗透定价 （market-penetration pricing）	为新产品首先设定一个较低的价格，以便能够迅速而广泛地渗透市场，并赢得一个很大的市场份额。市场渗透定价以物美价廉迅速吸引大批量的购买者，很高的销售量又能够降低成本，因此公司可以进一步降低价格。市场渗透定价的着眼点在于占领市场

（2）产品组合定价策略

如果产品是一个产品组合中的一部分的话，为这个产品制定价格的策略通常也要发生变化。在这个情况下，企业寻求这样一个价格组合，它能使整个产品组合产生的总利润最大化。制定价格会成为一项十分困难的工作，因为不同的产品涉及不同的需求和成本，而且面临着不同程度的竞争。常用产品组合定价策略，如表 5-4 所示。

表 5-4 常用产品组合定价策略表

策略	描述
产品线定价 （Product line pricing）	为产品线中的不同产品制定价格
可选择的产品定价 （optional-product pricing）	为一个主要产品的可选择配件定价
附属产品定价 （captive-product pricing）	为那些要与主要产品一起使用的产品定价
副产品定价 （by-product pricing）	为低价值的副产品定价
产品捆绑定价 （product bundle pricing）	为一组一起销售的产品定价
单一价格定价 （single price pricing）	为所销售的全部产品制定单一的价格

（3）价格调整策略

企业通常要调整它们的基本价格，以适应顾客的差异以及环境的变化，常用的价格调整策略，如表5-5所示。

表5-5　常用价格调整策略表

策略	描述
价格折扣和折让 （price discounts and allowances）	降低价格以回报顾客提前付款的行动，或促销产品
差别定价 （segmented pricing）	调整价格以反映在顾客、产品或地点的差异
心理定价 （psychological pricing）	调整价格以产生心理上的效果
促销定价 （promotional pricing）	暂时性地降低价格以提高近期销售量
地理定价 （Geographic pricing）	按照顾客地理区域的不同调整价格
国际化定价 （International pricing）	为国际化市场调整价格

（资料来源：菲利普·科特勒，等.市场营销原理（亚洲版）［M］.北京：机械工业出版社，2006：238-239.引用时有增改。）

渠道策略（place）

在市场经济条件下，生产者与消费者之间存在时间、地点、数量、品种、信息、产品估价和所有权等多方面的差异和矛盾。企业生产出来的成品，只有通过一定的分销渠道，才能在适当的时间、适当的地点，以适当的价格和方式供应给消费者或用户，从而化解生产者与消费者之间的矛盾，满足市场需要，实现企业的市场营销目标。

所谓分销渠道，通常指促使某种产品或服务能够顺利地经由市场交换过程，转移给消费者或用户消费使用的一整套相互依存的组织。其成员包括产品或服务从生产者向消费者转移过程中，取得这种产品或服务所有权或帮助所有权转移的所有企业和个人。因此，分销渠道包括商人中间商（因为他们取得所有权）和代理中间商（因为他们帮助转移所有权），还包括处于分销渠道起点和终点的生产者、中间商和最终消费者或用户，但是，不包括供应商和辅助商。

　　分销渠道对产品从生产者转移到消费者所必须完成的工作加以组织，其目的在于消除产品或服务与使用者之间的分离。

　　营销渠道（Place）是市场营销的"关键"。

　　消费品营销渠道，如图5-6所示。

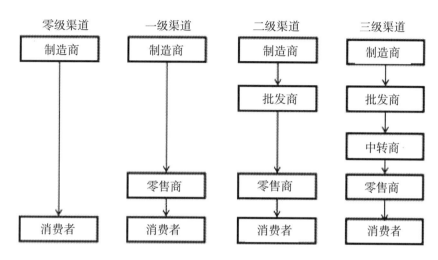

图 5-6　消费品营销渠道

　　公司的分销策略，主要有下列三种：

　　（1）专营性分销（Exclusive distribution）

　　专营性分销，也叫独家分销或排他性分销，它是最窄的渠道。专营性分销意味着严格地限制经营公司产品或服务的中间商数目。它适用于生产者试图对中间商的服务水平和服务量保持控制的情况，并且规定中间商不得销售竞争对手的产品。通过专营性分销，生产商希望中间商对产品有充分的了解，同时以更积极的态度进行销售。专营性分销常常要求公司与中间商之间建立紧密的伙伴关系。例如，高档汽车、新型汽车、大型家用电器、知名品牌时装等，可以采用专营性分销。

　　（2）选择性分销（Selective distribution）

　　选择性分销，其渠道宽度介于专营性分销与密集性分销之间。选择性分销只依赖于数量有限的愿意销售某种特定产品的中间商。对于一些已经建立信誉的公司或新成立的公司来说使用选择性分销可以不必担心分销机构太多，可以获得足够的市场覆盖面，有更大的控制权和更低的成本。例如，多数的电视、家具和小的家用电器品牌等，适合采用选择性分销。

（3）密集性分销（Intensive distribution）

密集性分销，它是最宽的渠道。密集性分销是制造商尽可能多地在商店中销售商品或服务。例如：香烟、汽油、零食小吃、软饮料、口香糖、报纸和肥皂等，这些消费者倾向于经常购买或者购买地点多样化的产品，适合采用密集性分销。

促销策略（promotion）

中国古人说过"酒香不怕巷子深"，同时也说过"货好还需会吆喝"。前一句话"酒香不怕巷子深"，强调了产品质量的重要性；后一句话"货好还需会吆喝"，则突出了促销的关键作用。在市场经济条件下，产品极大丰富，买方占优的今天，后一句话"货好还需会吆喝"，更符合现实并被商家所广泛关注。

有一个美国商人做过一个形象的比喻："一个好的商品不做广告，就犹如一个漂亮的女人在一间漆黑的房子里向她的情人暗送秋波。"

过去，有人认为"公司是钓鱼者，顾客是鱼，促销是钓鱼用的诱饵"。按现在市场营销学的观点来看，这种说法是错误的。"顾客是上帝""顾客是公司的衣食父母""顾客是员工的老板或上司"，公司不能够把顾客看作是鱼，也不能把促销看作是钓鱼用的诱饵。促销本质上是买卖双方的一种信息沟通活动。

促销（Promotion）是公司通过人员和非人员的方式，沟通公司与消费者之间的信息，引发、刺激消费者的消费欲望和兴趣，使其产生购买行为的活动。

促销是市场营销的"手段"。

促销的核心是沟通信息。

促销的目的是引发、刺激消费者产生购买行为。

促销的作用：传递信息，强化认知；突出特点，诱导需求；指导消费，扩大销售；形成偏爱、稳定销售。

公司常用的促销方式主要有五种，即销售促进、广告、人员推销、公共关系和直接营销。公司常用促销方式一览表，如表5-6所示。

（1）销售促进（sales promotion）：各种鼓励购买商品和服务的短期刺激。

（2）广告（advertising）：由公司以付款的方式进行的创意、商品和服务的非人员展示和沟通活动。

（3）人员推销（personal selling）：公司销售力量为销售产品或建立顾客关系而进行的人员展示。

（4）公共关系（public relations）：通过保持良好的公众形象与公司各方公众维

持良好关系，慎重处理不利流言、谣传与事件。

（5）直接营销（direct marketing）：为了获得立即的反馈并培养长期顾客关系，而与仔细选择的目标顾客进行的直接联系，例如，使用电话、邮件、传真、电子邮件、互联网以及其他工具，与具体顾客进行直接沟通。

表 5-6 公司常用促销方式一览表

销售促进	广告	人员推销	公共关系	直接营销
竞赛、游戏、抽奖、彩票	印刷和广播广告	推销展示	新闻发布会	产品目录
优惠和赠品	外包装广告	销售会议	演讲	邮寄
样品	电影	激励活动	研讨会	电话销售
交易会和贸易展	宣传册	样品	年度报告	电视购物
展览会	海报和传单	交易会和贸易展	慈善捐款	传真
示范表演	目录		出版物	电子邮件
优惠券（coupon）	广告软文转载		社区关系	语音邮件
返点、回扣	广告牌		游说	公司博客
低息融资	陈列招牌		识别媒介	网站
娱乐	购买点展示（POP）		公司杂志	
贴旧换新折价	视听材料		公司事件	
搭售	标志和商标			

（资料来源：宁德煌，张晓霞.生活中的市场营销学[M].昆明：云南科技出版社，2015：128.）

公司促销策略有两种，即推式策略和拉式策略。

（1）推式策略

推式策略是运用人员推销和销售促进的手段将产品推向市场，从制造商推向批发商，从批发商推向零售商，直至最终推向消费者或用户。这种策略通常以中间商为主要促销对象，如图 5-7 所示。

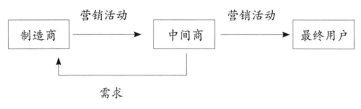

图 5-7　推式策略图

（2）拉式策略

拉式策略是运用广告和公关宣传手段，着重使消费者产生兴趣，刺激购买者对产品的需要，进而推动消费者向中间商订购产品，然后由中间商向企业订购产品，以此达到向市场推销产品的目的。这种策略以最终用户为主要促销对象，如图 5-8 所示。

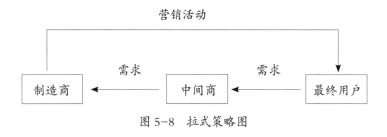

图 5-8　拉式策略图

61. "米老鼠"奶糖——中国人自己创立的糖果品牌

（1）"ABC 米老鼠奶糖"的诞生

1943 年，上海 "ABC糖果厂"的老板冯伯镛在尝试了英国的牛奶糖之后，经过精心的研发，创制出自己品牌的国产奶糖。精明的他还利用当时热播的 "米老鼠"卡通形象，为自己的产品设计了一种米老鼠包装，这种糖被命名为 "ABC米老鼠糖"。结果， "ABC米老鼠糖"以其较为低廉的价格以及时尚的外观，一举取代洋货，走俏上海，成为国内畅销的奶糖。

图 5-9　上海 "ABC 糖果厂" 的 ABC 米老鼠奶糖

（2）　"米老鼠奶糖" 和 "大白兔奶糖" 是同一种奶糖的两个不同品牌

1950 年，在公私合并的风潮中，ABC 糖果公司被收归国有，更名为 "爱民糖果厂"，其后并入上海冠生园，主要产品依然为 "米老鼠奶糖"。

图 5-10　 "中国上海爱民糖果厂" 米老鼠奶糖

图 5-11　 "中国上海爱民糖果厂" 大白兔奶糖

图 5-12 "上海冠生园"大白兔奶糖

20 世纪 50 年代，我国举国上下开展了以"除四害"（四害系指老鼠、苍蝇、蚊子、麻雀）为核心的爱国卫生运动，老鼠是四害之首，再加上"米老鼠"会给人崇洋媚外的感觉，从市场角度考虑，由爱民糖果厂的美术设计师王纯言设计新的产品包装。经过数稿精心设计，全新的"大白兔"包装横空出世。形象活泼、幽默风趣、天真善良的兔子无疑是一种"正面形象"。大白兔品牌用一只跳跃状的白兔，包裹其中的奶糖为白色，长约 3 厘米，直径约 1 厘米，质感香糯，有嚼劲，每颗用可吃的米纸包着，再用包装纸包好。

"大白兔"奶糖甄选上乘的原料，每一锅糖浆由工人手工打制 40 分钟，制出的奶糖奶味纯正、奶香浓郁、口感醇厚、弹性十足、营养丰富，七颗奶糖可以泡一杯牛奶，优异的品质令"大白兔"奶糖上市之初，就受到消费者的青睐。但是，在 20 世纪 50 年代至 70 年代，那个物资匮乏的年代，"大白兔"奶糖供不应求。"大白兔"奶糖不断改进质量和包装，形成了独特的配方和稳定的工艺流程，产品盛销不衰，成为中国的一大特色产品。1979 年，"大白兔"奶糖荣获国家银质奖。获奖后的大白兔奶糖更是成为居家必备和送礼佳品。大白兔让几代人留下了幸福而甜蜜的回忆。

（3）痛失"米老鼠"成血的教训

1985 年的一天，与往常一样，"米老鼠奶糖"车间的生产正进行得红红火火。忽然之间，传来一则消息：商标有问题，暂停生产。所有人都震惊了，这到底是怎么回事呢？原来，由于上海冠生园没有产品整体观念，缺乏法律意识，"米老鼠"和"大白兔"这两个品牌一直没有注册成为合法商标。1983 年，来自广州的一家糖果厂前来冠生园取经，善良的老师傅们手把手地把生产奶糖的技术教给他们。但令人不齿的是，徒弟回去后也开始生产米老鼠奶糖，并抢先把冠生园的"米老鼠"商标形象进行了注册。不久之后，这家糖果厂又以 4 万美元的低价把"米老鼠"奶糖商标卖给了美国的迪斯尼公司。这一由中国人创造并经营长达半个世纪的奶糖品牌就这样拱手让人，前辈人的心血一下子付之东流了。

（4）打响 "大白兔"商标保卫战

大梦初醒的冠生园在 "米老鼠"的风波中吸取血的教训，迅速为 "大白兔"注册了商标，让大白兔商标拥有 "家族商标群"，组成了一个 "立体防御体系"。

冠生园把整个 "大白兔"奶糖的品牌和包装作为 8 种商标进行了注册，糖纸和包装纸的任何部位都具有法律保护。同时围绕主商标，又设计出十几个近似商标，包括大白兔、大灰兔、大黑兔、大花兔、小白兔、金兔、银兔等，都进行了商标注册。从长远利益出发，冠生园开始把自己的 "大白兔"商标在与企业未来发展有关的所有领域进行超前注册。现在，不仅食品、服装、家具、钟表、自行车等行业，就连餐饮、通信、银行、保险等服务性行业，"大白兔"商标都拥有了一席之地。

当年美国沃特·迪斯尼公司对 "米老鼠"的垄断，也教会了 "大白兔"要到境外去 "抢滩"，占领国际市场。从 1985 年始，冠生园就拿出大量外汇在境外注册 "大白兔"商标。今天，冠生园在海外注册商标 270 多件，其中在 50 多个国家和地区拿到了 "大白兔"的注册证。

（资料来源：上海冠生园官网http：//www.gsygroup.com/plus/list.php?tid=24; http：//www.gsygroup.com/plus/list.php?tid=7.）

———— 营 销 启 示 ————

品牌的范围比较广，商标一定是品牌，但品牌却不一定是商标。商标是经过注册登记受到法律保护的品牌或品牌的一部分。

"米老鼠"奶糖是由中国人自己创立的糖果品牌，但是，由于上海冠生园缺乏法律意识，长期没有将 "米老鼠"这个品牌注册成为合法商标，最终导致痛失 "米老鼠"品牌。

62.茅台酒、中华香烟、青岛啤酒和张裕葡萄酒等商标的英文翻译——MOUTAI，CHUNGHWA，TSINGTAO，CHANGYU

在日常生活中，一些细心的消费者注意到，茅台酒商标的英文翻译不是用汉语拼音MAOTAI，而是MOUTAI，而且前面的贵州被翻译成了KWEICHOW；中华香烟商标的英文翻译是CHUNGHWA，青岛啤酒商标的英文翻译是TSINGTAO，张裕葡萄酒商标的英文翻译是CHANGYU。

图 5-13 贵州茅台酒（KWEICHOW MOUTAI）

（资料来源：https：//www.moutaichina.com/maotaigf/cpzx/cnmtj/546161/index.html.）

图 5-14 中华（CHUNGHWA）

（资料来源：https：//www.sh.tobacco.com.cn/qyfwth/catalogueDetail/8a8a8b995d1013b 3015d1135d880037a.htm.）

图 5-15 青岛（TSINGTAO）

（资料来源：https：//www.tsingtao.com.cn/.）

图 5-16 张裕（CHANGYU）

（资料来源：http：//changyu.com.cn/content/details153_2598.html.）

事实上，茅台酒、中华香烟、青岛啤酒和张裕葡萄酒等商标的上述英文翻译方法，它来源于威妥玛式拼音法。

威妥玛式拼音是由英国外交官、著名汉学家威妥玛（Sir Thomas Francis Wade）（1818—1895 年）发明的，他用拉丁字母来标注汉语发音，并成为中国地名、人名及事物名称外译之译音标准。威妥玛式拼音，在 1958 年中国推广汉语拼音方案前广泛被用于人名、地名注音，影响较大。1958 年后，威妥玛式拼音法在国内逐渐废止。

为保证历史的延续性，少量享誉海内外的商标至今仍旧使用威妥玛式拼音法，例如，茅台（MOUTAI）、中华（CHUNGHWA）、青岛（TSINGTAO）和张裕（CHANGYU）等。

（资料来源：https：//www.moutaichina.com/maotaigf/cpzx/cnmtj/546161/index.html;https：//www.sh.tobacco.com.cn/qyfwth/catalogueDetail/8a8a8b995d1013b3015d1135d880037a.htm;https：//www.tsingtao.com.cn/；http：//changyu.com.cn/content/details153_2598.html.）

营 销 启 示

　　汉语拼音推行之后，威妥玛式拼音法虽在国内基本不再使用，但威妥玛式拼音并没有彻底消亡，由于其在国内外影响力相当大，很多中国驰名商标已经成了国际知名品牌，因此保留了一些商标威妥玛式拼写法。

63. 普洱茶哪个品牌好？——大益、中茶、下关、松鹤延年、宝焰、普秀、八角亭、凤牌……

中华人民共和国国家标准《地理标志产品 普洱茶》（GB/T 22111—2008）明确

规定：普洱茶是指以地理标志保护范围内的云南大叶种晒青茶为原料，并在地理标志保护范围内采用特定的加工工艺制成，具有独特品质特征的茶叶，按其加工工艺及品质特征，普洱茶分为普洱茶生茶、普洱茶熟茶两个种类。

普洱茶生茶属于绿茶类，普洱茶熟茶属于黑茶类。

普洱茶曾获得原国家工商总局国家地理标志证明商标（GI）、原国家质检总局国家地理标志保护产品（PGI），但目前云南省各普洱茶生产企业对普洱茶地理标志的专用标志使用不够充分。

原国家质检总局普洱茶地理标志产品产地保护范围为：云南省昆明市、楚雄州、玉溪市、红河州、文山州、普洱市、西双版纳州、大理州、保山市、德宏州、临沧市等，共11个州（市）75个县（市、区）639个乡（镇、街道办事处）现辖行政区域。这个产地保护范围过大，它涵盖了云南省68.75%的州（市）、58.14%的县（市、区），已经大大超出了普洱茶的重点产地范围西双版纳州、普洱市和临沧市。普洱茶地理标志产品产地保护范围并非越大越好，保护范围太大，既不利于突出普洱茶的地域特色，也增加了普洱茶地理标志有效保护的难度。

目前，国内市场上云南普洱茶品牌较多，主要普洱茶品牌如表5-7所示。

表5-7　云南普洱茶主要品牌一览表

公司	品牌名称	品牌标志	商标
云南大益茶业集团有限公司	大益	益 TAETEA 大益茶	大益（中国驰名商标）
云南中茶茶业有限公司	中茶	茶	中茶（中国驰名商标）

续表5-7

公司	品牌名称	品牌标志	商标
云南下关沱茶（集团）股份有限公司	1.下关 2.松鹤延年 3.宝焰		1.下关（中国驰名商标） 2.松鹤延年（云南省著名商标） 3.宝焰（云南省著名商标）
云南普洱茶（集团）有限公司	普秀		普秀PURSUE（中国驰名商标）
云南农垦集团勐海八角亭茶业有限公司	八角亭		八角亭（云南省著名商标）
云南滇红集团股份有限公司	凤		凤（中国驰名商标）

（资料来源：https：//www.dayitea.com/da-yi-cha；http：//www.chinatea.com.cn/uer/180.html；http：//www.cofco.com/cn/News/Allnews/Latest/2012/0727/42716.html；http://www.xgtea.com/ppzx.asp；https：//www.puercha.com.cn/ppzx/；http://www.limingpuer.com/list/cnIndex/1/191/auto/12/0.html；http：//www.dianhong.com/subsiteIndex/toPage?subsiteFlag=dhmain&subsiteId=1&newsClassId=14&pageType=auto&pageSize=20&start=0&objectId=.）

　　"大益"牌是知名茶企云南大益茶业集团有限公司的知名品牌，"大益"是中国驰名商标。大益普洱茶原料，主要来自世界茶树原产地云南西双版纳勐海——普洱茶核心产区，被誉为"普洱圣地"；大益不断革新领先的拼配技术，拥有大量经典普洱茶配方；大益数十年专注普洱茶领域，拥有丰富的陈化原料，目前绝大部分存世普洱茶大部分出自勐海茶厂。大益7542、大益7572是大益集团出产量最大的普洱茶生、熟饼。大益7542香气纯正持久，滋味浓厚回甘，存放后的变化丰富，被市场誉为"评判普洱生茶品质的标准产品"。市场上广受茶友追捧的73青饼、88青饼，96橙印、97水蓝印等名品都是不同时期"7542"的别称。大益7572发酵适度，色泽褐红，滋味醇厚，汤色红亮，综合品质高，被市场誉为"评判普洱熟茶品质的标准产品"。因此，"大益"牌是普洱茶标杆产品和经典代表。大益集团"大益茶制作技艺"为国家级非物质文化遗产。

　　"中茶"牌是中粮集团中国茶叶股份有限公司拥有的知名品牌，"中茶"是中国驰名商标。"中茶"牌是新中国第一个茶叶商标，它诞生于1951年。1951年9月，按中国茶叶总公司的要求，全国国营茶厂统一使用"中茶牌"商标。当时的云南四大国营茶厂：昆明茶厂（现名云南中茶茶业有限公司）、勐海茶厂（现名云南大益茶业集团有限公司）、下关茶厂［现名云南下关沱茶（集团）股份有限公司］和普洱茶厂［现名云南普洱茶（集团）有限公司］，开始在普洱茶产品上使用"中茶"牌商标。"中茶"牌普洱茶，从此开始积淀时间的陈香，"中茶"牌普洱茶的发展，就等同于整个普洱茶产业的发展。在过去的70余年岁月中，"红印""绿印""蓝印"等"中茶"牌普洱茶经典之作层出不穷，"中茶"牌已经成了陈年普洱茶的代名词。

　　"下关"牌、"松鹤延年"牌和"宝焰"牌是云南下关沱茶（集团）股份有限公司拥有的品牌。"下关"牌是中国驰名商标，该商标主要用于沱茶和部分带有边销茶渊源的砖茶。"松鹤延年"是云南省著名商标，该商标主要用于沱茶和饼茶。"宝焰"牌是云南省著名商标，该商标主要用于紧茶、饼茶和方茶。云南下关沱茶（集团）股

份有限公司 "下关沱茶制作技艺" 为国家级非物质文化遗产。

目前，由于云南各大普洱茶生产企业品牌化做得还不够好，品牌促销与宣传工作还不到位，导致普通消费者大多数只熟悉普洱茶主要生产企业名称，而不太熟悉其普洱茶品牌名称和品牌标志，更不熟悉各品牌普洱茶经典产品及其特点；究竟普洱茶哪个品牌好，消费者众说纷纭，没有统一的答案。

（资料来源：《云南省茶叶产业高质量发展三年行动工作方案（2023—2025年）》；中华人民共和国国家标准《地理标志产品 普洱茶》（GB/T 22111—2008）；宁德煌，宁旭冬.云南州市高原特色农产品优势资源与市场开拓研究[M].昆明：云南科技出版社，2018.）

营 销 启 示

　　普洱茶产业的健康、有序发展，不能建立在依靠炒作山头茶、高秆古树茶、百年老普洱茶等噱头的基础之上，必须走品牌化之路，实施名牌战略。

　　品牌化（branding）的本质就是创建产品之间的差距，它一直是作为区分不同生产者产品的工具。品牌可用于识别一种产品的来源或生产者。品牌是企业对消费者的一种承诺，是企业对产品或服务质量的保证。随着消费者的生活变得越来越繁忙和复杂，品牌所具有的简化消费者购买决策、降低消费者购买风险的能力就成了无价之宝。

　　名牌具有四个特征：①名牌体现出很强的竞争优势。②名牌能体现出优良的传统。③名牌能赢得很高的社会声誉。④名牌是企业的无形资产。

64.农业农村部 "三品一标" ——国家安全优质农产品公共品牌

农产品是指来源于农业的初级产品，即在农业活动中获得的植物、动物、微生物及其产品。

发展绿色、有机、地理标志和达标合格农产品（以下称农产品 "三品一标"）是供给适配需求的必然要求，是提高农产品质量品质的有效途径，是提高农业竞争力的重要载体，是提升农安治理能力的创新举措。

"三品一标" 中的 "三品"，指 "无公害农产品、绿色食品、有机农产品"，而 "一标"，指的是 "农产品地理标志"。

　　"三品一标"农产品是自 20 世纪 90 年代以来，由农业农村部门推动、得到社会广泛认可的安全优质农产品。

　　农业农村部农产品质量安全监管司的主要职责是组织实施农产品质量安全监督管理有关工作。指导农产品质量安全监管体系、检验检测体系和信用体系建设。承担农产品质量安全标准、监测、追溯、风险评估等相关工作。

　　"三品一标"是我国在不同发展阶段、针对特定形势、立足各自侧重点发展起来的国家安全优质农产品公共品牌。

　　"三品一标"工作作为农产品质量安全监管的重要内容，在适应经济发展新形势、促进农业转型升级、提高人们生活水平等方面，具有不可替代的作用。

　　"三品一标"产品定位于安全、优质、生态和特色文化，涵盖了各个层面的价值元素，能有效满足消费者对农产品日益多样化的消费需求，应该成为农业适应经济新常态的发展重点。

　　"三品一标"推行全程质量控制和规范生产，让农产品质量安全工作在标准化、品牌化、准入管理、示范创建等很多方面有了抓手、落了地。

表 5-8　农业农村部"三品一标"的含义

名称		含义
三品		无公害农产品是指产地环境、生产过程和产品质量符合国家有关标准和规范的要求，经认证合格获得认证证书并允许使用无公害农产品标志的未经加工或者初加工的食用农产品
		绿色食品是指产自优良生态环境、按照绿色食品标准生产、实行全程质量控制并获得绿色食品标志使用权的安全、优质食用农产品及相关产品。中国绿色食品发展中心负责全国绿色食品标志使用申请的审查、颁证和颁证后跟踪检查工作
		有机产品是指生产、加工和销售符合中国有机产品国家标准的供人类消费、动物食用的产品。国家认证认可监督管理委员会（以下简称"国家认监委"）负责全国有机产品认证的统一管理、监督和综合协调工作。有机产品认证机构（以下简称"认证机构"）应当经国家认监委批准，并依法取得法人资格后，方可从事有机产品认证活动

续表 5-8

名称	含义
一标	农产品地理标志（AGI）是指标示农产品来源于特定地域，产品品质和相关特征主要取决于自然生态环境和历史人文因素，并以地域名称冠名的特有农产品标志。国家对农产品地理标志实行登记制度。经登记的农产品地理标志受法律保护。中国绿色食品发展中心负责审查和组织专家评审

（本书作者注：2018 年 3 月，根据第十三届全国人民代表大会第一次会议批准的国务院机构改革方案，将农业部的职责整合，组建中华人民共和国农业农村部）

（资料来源：农业农村部关于实施农产品 "三品一标" 四大行动的通知 http：//www.moa.gov.cn/govpublic/ncpzlaq/202209/t20220929_6412208.htm；宁德煌，宁旭冬.云南州市高原特色农产品优势资源与市场开拓研究.昆明：云南科技出版社，2018：175-176.引用时有增减。）

营×销×启×示

　　农产品并不是土生土长、家种家养的品质就好。我国农产品也是有品牌的，农业农村部 "三品一标" 是农产品质量的保证。"三品一标" 是我国国家安全优质农产品公共品牌。

65.国家农产品地理标志——国家特有农产品标志

　　我国是一个文明古国，有着几千年的农业文明史，独特的地理气候条件和历史文化传统孕育了许多独具特色的农产品地理标志。可以说国家地理标志农产品大多是全国各地特色农产品的代表，具有较强的资源特性和比较优势。

　　农产品地理标志作为保护农业知识产权、促进农产品贸易的重要手段，在世界范围内受到广泛关注和重视，对于推进我国农业产业化和标准化、实施农产品品牌战略具有重要意义。

　　农产品地理标志的前身是 "货源标记、原产地名称"，是指标示农产品来源于特定地域，产品品质和相关特征主要取决于自然生态环境和历史人文因素，并以地域名称冠名的特有农产品标志。农产品地理标志具有独特性、外部性、永久性等特征。

在 2018 年 3 月以前，我国农产品地理标志保护管理存在三大系统：原农业部的国家农产品地理标志登记证书（AGI）、原国家工商行政管理总局的国家地理标志证明商标（GI）、原国家质量监督检验检疫总局的国家地理标志保护产品（PGI）。

我国的农产品地理标志保护管理存在三个主管部门、三套保护制度，其法律依据分别是：农业部根据《农产品地理标志管理办法》（2007 年），实施农产品地理标志登记管理；国家工商行政管理总局商标局依照《中华人民共和国商标法》（2001 年、2013 年）实施的地理标志证明商标或集体商标注册；国家质量监督检验检疫总局根据其发布的《地理标志产品保护规定》（2005 年），对原产地产品予以保护。

农业部《农产品地理标志管理办法》中的第二条：本办法所称农产品是指来源于农业的初级产品，即在农业活动中获得的植物、动物、微生物及其产品。本办法所称农产品地理标志，是指标示农产品来源于特定地域，产品品质和相关特征主要取决于自然生态环境和历史人文因素，并以地域名称冠名的特有农产品标志。

国家工商行政管理总局依照《中华人民共和国商标法》实施地理标志证明商标或集体商标注册。《中华人民共和国商标法》中的第三条：经商标局核准注册的商标为注册商标，包括商品商标、服务商标和集体商标、证明商标；商标注册人享有商标专用权，受法律保护。本法所称集体商标，是指以团体、协会或者其他组织名义注册，供该组织成员在商事活动中使用，以表明使用者在该组织中的成员资格的标志。本法所称证明商标，是指由对某种商品或者服务具有监督能力的组织所控制，而由该组织以外的单位或者个人使用于其商品或者服务，用以证明该商品或者服务的原产地、原料、制造方法、质量或者其他特定品质的标志。

国家质量监督检验检疫总局《地理标志产品保护规定》中的第二条：本规定所称地理标志产品，是指产自特定地域，所具有的质量、声誉或其他特性本质上取决于该产地的自然因素和人文因素，经审核批准以地理名称进行命名的产品。地理标志产品包括：①来自本地区的种植、养殖产品。②原材料全部来自本地区或部分来自其他地区，并在本地区按照特定工艺生产和加工的产品。

总之，在 2018 年 3 月以前，我国农产品地理标志保护管理存在着三大系统（农业部、国家工商行政管理总局和国家质量监督检验检疫总局），农产品地理标志数量统计也存在着三个口径（农业部、国家工商行政管理总局和国家质量监督检验检疫总局）。由三个部门共同管理和保护所带来的各有侧重与不足、法规内容交叉重叠、行政执法机关多头执法管理等现象，也造成了保护不统一、执法不协调、管理资源浪费等负面效应，最终也影响了农产品地理标志的保护效果。

表5-9　国家农产品地理标志一（2018年3月以前）

国家农产品地理标志	主管部门	农产品地理标志品种注册情况
国家农产品地理标志登记证书（AGI）	农业部	蔬菜（含食用菌）、粮食、鹿、蜂、虫、蛇、蛙类较多选择国家农产品地理标志登记证书（AGI）
国家地理标志证明商标（GI）	国家工商行政管理总局	水果（含杂果）、观赏园艺、猪、猪肉、家禽、茶叶（含咖啡）、海水产品类则较多选择国家地理标志证明商标（GI）
国家地理标志保护产品（PGI）	国家质量监督检验检疫总局	中草药材、淡水产品、白酒和火腿等注重品质特征、产地因素的农产品则较多选择国家地理标志保护产品（PGI）

2018年3月，根据第十三届全国人民代表大会第一次会议批准的国务院机构改革方案：①将农业部的职责整合，组建中华人民共和国农业农村部。②将国家工商行政管理总局的职责整合，组建中华人民共和国国家市场监督管理总局；将国家工商行政管理总局的商标管理职责整合，重新组建中华人民共和国国家知识产权局；不再保留国家工商行政管理总局。③将国家质量监督检验检疫总局的职责整合，组建中华人民共和国国家市场监督管理总局；将国家质量监督检验检疫总局的出入境检验检疫管理职责和队伍划入海关总署；将国家质量监督检验检疫总局的原产地地理标志管理职责整合，重新组建中华人民共和国国家知识产权局；不再保留中华人民共和国国家质量监督检验检疫总局。

2019 年 10 月 16 日，国家知识产权局发布新的地理标志专用标志官方标志。根据《中华人民共和国商标法》《中华人民共和国专利法》等有关规定，国家知识产权局对地理标志专用标志予以登记备案，并纳入官方标志保护。原相关地理标志产品专用标志同时废止，原标志使用过渡期至 2020 年 12 月 31 日。新的地理标志以经纬线地球为基底，中文为"中华人民共和国地理标志"，英文为"GEOGRAPHICAL INDICATION OF P.R.CHINA"，"GI"为国际通用的"Geographical Indication"缩写名称。

表 5–10　国家农产品地理标志二（2019 年 10 月 16 日至今）

国家农产品地理标志	主管部门	备注
国家农产品地理标志登记证书（AGI）	农业农村部	目前，农业农村部继续推动农产品地理标志（AGI）高质量发展
国家地理标志（GI）	国家知识产权局	2019 年 10 月 16 日，新国家地理标志（GI）由国家知识产权局正式发布。原相关地理标志产品专用标志〔国家工商总局国家地理标志证明商标（GI）、国家质检总局国家地理标志保护产品（PGI）〕同时废止，原标志使用过渡期至 2020 年 12 月 31 日

（资料来源：新的地理标志专用标志官方标志发布http://www.gov.cn/xinwen/2019–10/18/content_5441951.htm；宁德煌，宁旭冬.云南州市高原特色农产品优势资源与市场开拓研究［M］.昆明：云南科技出版社，2018：163–164.）

营销启示

　　国家地理标志农产品大多是全国各地特色农产品的代表，具有较强的资源特性和比较优势。加强国家地理标志农产品的品牌宣传促销，有助于国内外消费者了解和消费我国地理标志农产品。

66.魔芋的应用领域有哪些？——食用、医药用、工业生产用、食物保鲜用、环境保护用……

魔芋（konjac）又称"蒟蒻""鬼芋""妖芋""麻芋"等，是天南星科魔芋属的多年生草本植物。

图 5-17　魔芋块茎

魔芋的生长区域主要分布在亚洲的印度、日本、缅甸、泰国和中国西部的秦岭大巴山区、四川盆地和云贵高原等。

新鲜魔芋块茎中含有生物碱，有微毒，不能直接食用，需加工后方可食用。

魔芋最重要的成分和价值在于葡甘露聚糖（Glucomannan）。葡甘露聚糖是膳食纤维、可溶性纤维和植物凝胶。

（1）魔芋的用途之一——食用

魔芋是一种特殊的生态食材，可以加工成魔芋豆腐、魔芋干和雪魔芋等食用。

图 5-18　手工魔芋豆腐

在中国四大菜系中，川菜系最擅长烹调魔芋菜品，川菜大师马杰还出版了一本魔芋菜谱（本书作者注：马杰，张盛林，王克夫.中国魔芋菜谱［M］.中国农业出版社，2009.）。常见川菜魔芋菜品有魔芋烧鸭、家常魔芋、魔芋鸡翅等。

图 5-19　魔芋烧鸭

从营养学角度讲，魔芋是一种低热量、低蛋白质、低脂肪和高膳食纤维的功能食品。

魔芋是有益的碱性食品，对食用动物性酸性食品过多的人，搭配吃魔芋，可以达到食品酸碱平衡，对人体健康有利。

魔芋可以加工成魔芋精粉，魔芋精粉又可以进一步加工成葡甘露聚糖。

魔芋精粉可用于生产魔芋仿生食品，例如，素海参、素虾仁、素腰花、素肚片、素蹄筋、素鸭肠、素鱿鱼、海蜇皮、鱼丸和虾丸等。

图 5-20　素海参

魔芋精粉还可以生产蒟蒻果冻、魔芋蛋糕、魔芋脆饼、魔芋粉条、魔芋米、香辣味魔芋爽等食品。

图 5-21 蒟蒻果冻

葡甘露聚糖是在普通魔芋精粉的基础上进行加工提取而得的一种新产品，它进一步分离魔芋精粉中的淀粉、色素和生物碱，特别是除去了普通魔芋精粉中含有的有害物质二氧化硫。

葡甘露聚糖具有水溶、持水增稠、稳定、悬浮、胶凝、黏结、成膜等多种独特的理化性质而使它具有广泛的应用和开发价值。

葡甘露聚糖在食品工业中有下列广泛的用途：

①在肉制品中，如火腿肠、午餐肉、鸡丸、鱼丸中添加，起到黏结、爽口和增加体积的作用。

②在乳制品中，如果奶、发酵酸奶、勾兑酸奶、炼乳、摇摇奶、AD钙奶、直酸凝乳型酸奶等产品中添加起到稳定剂作用。

③在豆制品中，如特种豆腐、豆花、豆奶、果味豆奶、果蔬汁豆奶等中添加起到稳定剂的优良作用并延长保存期，易拉罐装 12 个月内不油析、不凝聚、不漂浮、不沉淀。

④在饮料中，如杏仁奶、椰奶、花生奶、核桃奶、粒粒橙、果汁、果茶、各种固体饮料及八宝粥等中添加起到增稠持水和稳定剂作用，延长保质期。

⑤在冷食中，如冰激凌、雪糕、冰棍、冰霜、冰片、两吃冰、咬嚼冰等中添加起到优良稳定剂作用，防止产生冰晶。

⑥在糖果中，如各种软糖、牛皮糖、水晶糖等中添加起到凝胶和增进口感的作用。

⑦在可食性包装材料中，利用魔芋葡甘露聚糖的成膜性而制成。

⑧在面条、方便面、粉皮、粉条、沙河粉、米粉、粉皮、面片、馒头、包子、饺

子、面包、蛋糕、蛋奶酥、曲奇饼及其他糕点中添加起到黏结、保水、增加筋力、保持品质的优良作用。面条、粉条等添加魔芋后口感细滑，不断节，回锅不泥，面包、馒头等添加后能延长货架时间。

（2）魔芋的用途之二——医药用

葡甘露聚糖作为膳食纤维（人体第七大营养素），不被吸收，不含热量，有饱腹感，且能减少和延缓葡萄糖的吸收，是糖尿病的良好辅助药物，且可预防肥胖和缓慢减肥。

葡甘露聚糖为可溶性纤维，能吸收水、保水，并通过酵解增加粪便体积和松软度，利于通便，防止便秘。

国内外已有用葡甘露聚糖制成容积性类药物治疗便秘。

用葡甘露聚糖为药物防治高脂血症和冠心病、糖尿病、肥胖病是目前研究的热门。

（3）魔芋的用途之三——工业生产用

在工业上，葡甘露聚糖可用于生产天然身体海绵（Konjac Sponge）。

天然身体海绵的主要用途是用于婴幼儿沐浴、妇女沐浴和美容化妆等。

图 5-22　婴幼儿沐浴用天然身体海绵

（4）魔芋的用途之四——食物保鲜用

利用魔芋葡甘露聚糖的成膜性，并含有多种生物碱，可作为食品的天然保鲜防腐剂。例如，用 0.5% 的魔芋葡甘露聚糖溶液浸渍草莓或杨梅 10 秒钟，自然干燥后贮存1 周后仍然新鲜完好；用 0.05% 的魔芋葡甘露聚糖溶液处理新鲜沙丁鱼，搁置 4 天，仍然新鲜；用 0.3% 的魔芋葡甘露聚糖溶液处理新鲜鸡蛋，在 27°C 高温下，经过 24天仍具有商品价值，而未处理的鸡蛋，10 天即不能食用。

（5）魔芋的用途之五——环境保护用

利用魔芋块茎中含有多种生物碱的有毒成分，作为保护植物的药剂，可以克服施用高度农药污染环境造成的危害。例如，用0.01%的魔芋葡甘露聚糖和卵磷脂混合，搅拌成乳状液后，喷在红花、茶叶等植物新芽上，3周后观察未见有虫害，而未处理的1周内即可看到许多蚜虫。

资料来源：

［1］张敏.薯类吃个明白[M].北京：中国农业出版社，2018.

［2］卢俊.神奇的魔芋[M].昆明：云南科技出版社，2013.

营　销　启　示

　　市场营销以满足顾客需求为中心，而顾客需求的满足必须以提供某种产品给顾客来实现，因此，产品是市场营销的"基础"。如果一个公司能够充分并深入地了解自己产品功能及其广泛应用领域，那么这个公司就可以知道自己市场（顾客/客户）在哪里，有助于公司实施目标市场营销战略和市场开发战略。

67.无所不洗！——海尔洗衣机可以洗地瓜、洗蛤蜊、洗小龙虾……

1996年，一位四川农民投诉海尔洗衣机排水管老是被堵，服务人员上门维修时发现，这位农民用洗衣机洗地瓜（南方又称"红薯"），泥土多，当然容易堵塞。

服务人员并不推卸自己的责任，帮顾客加粗了排水管。顾客感激之余，埋怨自己给海尔人添了麻烦，说如果能有洗红薯的洗衣机，就不用烦劳海尔人了。

农民一句话，海尔人记在了心上。经过调查，他们发现原来这位农民生活在一个"红薯之乡"，当年红薯喜获丰收，卖不出去的红薯需要加工成薯条。在加工前要把红薯洗净，但红薯上沾带的泥土洗起来费时费力，于是农民就动用了洗衣机。更深一步的调查发现，在四川农村，有不少洗衣机用过一段时间后，电机转速减弱、电机壳体发烫。向农民一打听，才知道冬天他们用洗衣机洗红薯，夏天用它来洗衣服。

这令海尔老总张瑞敏萌生一个大胆的想法：发明一种洗红薯的洗衣机。1998年4月，能洗大地瓜的洗衣机投入批量生产。洗衣机的型号为XPB40-DS，不仅具有一般双筒洗衣机的全部功能，还可以洗地瓜、水果甚至蛤蜊，价格仅为848元。首次生产了1万台投放农村后，立刻被一抢而空。

图 5-23   "海尔"能洗大地瓜的洗衣机

有技术人员对张瑞敏要求开发能洗地瓜的洗衣机的指令想不通，认为太"土"，也太不合理了！但张瑞敏说，对顾客的要求说不合理是不行的，开发出适应顾客要求的产品，就能创造出一个全新的市场。

承认洗衣机洗地瓜的合理性，是海尔创新理念的典型体现。消费者潜在的新需求，绝无"不合理"之说，满足这些需求的过程就是创新。大地瓜洗衣机销量并不大，但它验证了海尔的创新理念，给消费者以信心。试想，海尔连这样的市场需求都能满足，还有什么做不到呢？有位意大利工程师伯列奥尼在海尔工作，听说有人怀疑大地瓜洗衣机，就说："这有什么奇怪的。我家里的洗衣机早就改造过了，专门用来洗海鲜哩。"这就是观念的差距。

张瑞敏说："经营者必须想到所有用户。这个产品可能不赚钱，但你赢得了用户，赢得了市场，最终会赚钱的。"

海尔洗衣机被推崇为贴近农村消费者需求的典型案例。为满足四川农民的需求，海尔开发了大地瓜洗衣机，在西藏又利用洗衣机的原理开发可以打酥油茶的机器，在安徽开发出可以洗龙虾的洗衣机等。

资料来源：

[1]颜建军，胡泳.海尔中国造 ［M］.海口：海南出版社，2001.

[2]农村家电消费战 ［N］.每日商报，2009-04-05.

营销启示

海尔"大地瓜洗衣机"的发明，是一个倾听顾客抱怨，并开发出适合中国农村市场需求产品的成功案例！

68.无须大厨烹调菜肴，唾手可得百姓美食——火锅

中国饮食文化存在着地域、民族、宗教等各种差异。不过，地不分南北东西，人不分男女老幼，季节不分春夏秋冬，火锅是一致的热爱。

火锅容易制作，人们只要有食材、有锅、有火、有水（或汤）、有调料（蘸料），就可以吃火锅。火锅食材选料甚广，荤素兼备，可丰可俭，食客可各取所需、自己调味、自涮（烫、煮）自食。吃火锅，食客吃的时候食物热气腾腾，汤菜合一，大家围桌会食，随心所欲，众声喧哗，气氛热烈。

美食家沈宏非先生在《食相报告》的"大话火锅"一文中认为：火锅是一种具有中国特色的饮食方式。全体中国人的身份认同，就是火锅。世界上很少有一个种族，像中国人这样热爱火锅。

中国火锅有南派火锅和北派火锅之分。

北派火锅以北京"东来顺"的"涮羊肉"为代表。北派火锅都有一个特点，就是主料单一，只涮羊肉，底汤简单。例如：北京"东来顺"的风味涮肉有八大特点，即选料精、刀工美、调料香、火锅旺、底汤鲜、糖蒜脆、配料细、辅料全。"东来顺"涮肉调料很有讲究，勾兑调料有它独到之处。一般是由七种原料调制而成，使用时以麻酱、酱油为主，韭菜花、酱豆腐为辅，虾油、料酒少许，辣椒油自由。

南派火锅以重庆、四川火锅为代表。南派火锅的特点是，食材选料甚广，讲究锅底和蘸料，具有麻、辣、烫、鲜的口味特色。例如，重庆"朝天门"火锅的锅底，主要有：奔驰三味锅、九州方圆锅、招牌全红锅、胡椒猪肚鸡锅、泰式冬阴功锅、滋补高汤锅、酸辣金汤、金汤花胶鸡、重庆麻辣火锅、重庆牛油火锅、养颜番茄汤锅、养生菌王汤锅等。例如，"海底捞"火锅的特色蘸料，主要有：特色蘸料（锅底百搭）、鲜香味碟（提鲜必备）、香辣味碟（川渝搭档）、海鲜味碟（海鲜专属）、丸滑味碟（丸滑必备）、酸辣味碟（酸辣开胃）、蒜泥香油碟（川式口味）、芝麻调味酱（老北京口味）等。

广东人"打边炉"的进食方式，也属于火锅。广东人"打边炉"的动机是御寒，以及贪图食物的新鲜与生猛。

南宋林洪在其烹饪著作《山家清供》中有"拨霞供"（涮兔肉，即兔肉火锅）的记载。林洪对火锅这种无须厨师烹调菜肴的冬天饮食方式是十分欣赏的，他认为火锅不仅容易做，吃的时候食物热气腾腾，而且大家聚在一起用餐非常热闹，很有乐趣。

（资料来源：东来顺官网https：//www.donglaishun.com/index.php/Cqcp#cqcp-sec1；重庆朝天门餐饮控股集团有限公司官网http：//www.ctmcq.com/show/pot/；海底捞官网https：//www.haidilao.com/cate/sauce.）

営 × 销 × 启 × 示

经营火锅餐厅与不经营火锅餐厅相比，最主要区别在于经营火锅餐厅不需要厨师为消费者烹调菜肴。消费者吃火锅，餐厅把食材烹调大权交给消费者，食物的生熟、老嫩、口味、咸淡等全靠消费者自己掌控和选择，这样既可以大大地节约餐厅厨师劳动力成本，又可以满足消费者个性化消费需求。

69.一名乘客的航班——飞？还是不飞？

1999年3月9日，海南航空股份有限公司从广州飞往成都的一个航班，148个座位中，只有1名乘客。

一架波音737客机，从广州飞成都，总费用为7万~8万元，只运载一名乘客，远远不够运输成本，但飞机还是照常起飞了。而且，航行途中照常举行乘客抽奖活动，这位惟一的乘客以100%的中奖率，获得一张免费机票，等于不花钱享受到了乘坐专机的待遇。

这件事，引起人们的争论。当地报纸上出现了几种不同的声音。有的为海航"一名乘客的航班"叫好，大为赞赏公司以客人利益为重，恪守信誉的做法。有的对"一名乘客的航班"不解，认为"按照市场经济的一般规律，148比1这个数字的比例就已经失去了这个专机航班存在的理由"。有的则觉得可以循国内外许多航空公司常规的做法，向乘客讲明情况，帮助乘客调整航班，或者在乘客同意的前提下，给予退票和相应的赔偿。

海南航空公司自办的一张报纸发表评论员文章。文章说："海航从来都不是按常规发展起来的。""为了整体利益和长远利益而牺牲局部利益是值得的。一名乘客的航班，照飞。"

一名乘客的航班，该不该飞？

资料来源：

[1]汤定娜，万后芬.中国企业营销案例［M］.北京：高等教育出版社，2001.

［2］高铸成.这次航班该不该飞［N］.中国旅游报，1999-06-04.

附注：除 1999 年 3 月 9 日海南航空公司广州飞成都出现"一名乘客的航班"外，因为各种原因，后来我国也多次出现了只有一名乘客的航班：2005 年 7 月 4 日南方航空公司 CZ6468 航班（西安飞沈阳，原因：飞机机械故障）、2007 年 2 月 10 日东方航空 MU2455 航班（武汉飞北京，原因：天气大雾弥漫）、2008 年 12 月 23 日南方航空公司 CZ3302 航班（天津飞广州，原因：大雪天气）、2009 年 11 月 2 日中国国际航空 CA1272 次航班（兰州飞北京，原因：飞机机械故障）等。

营×销×启×示

旅客购买了一张机票，形成了乘客与航空公司之间的契约关系，航空公司作为营运人就有责任将其运送到目的地。否则，航空公司信誉受到的损害将会远远超过一名乘客航班的经济损失。此外，如果该执飞航班当天安排满了飞行计划，它都必须按照飞行计划来飞，否则就有可能导致之后的航班出现连串延误。

70.　"三男一女"同一软卧车厢——尴尬的不应该是乘客

2023 年 4 月 16 日，有女子发帖称，她购买过夜车次的软卧车票，上车后发现包厢内其余三位都是男性，让她觉得很尴尬。尤其是睡觉时，软卧包厢的推拉门会处于关闭状态，最终她选择和其他包厢的旅客交换床位。这名女乘客"吐槽软卧车厢分配三男一女"引发了众多网友关注。

2023 年 4 月 21 日，极目新闻记者联系了一位有类似乘车经历的李先生（化名），他介绍，今年 2 月底，他出差返程时，曾搭过黑河到哈尔滨的夜间软卧车，车程接近 11 个半小时。当晚 6 点多，李先生进入车厢后，发现车厢里还有一名女乘客，李先生和她均为上铺。因彼此并不认识，两个人分别收好东西便到各自铺位上休息了。直到凌晨，他在睡梦中听到有人上车。等他醒来一看，发现车厢下铺多了两名女乘客。四名乘客中只有他一名男乘客。李先生表示，他当时一直在上铺苦恼，下床时怎么才能不踩到下铺的女乘客。"从上铺下床的脚镫子有点窄感觉踩不稳，担心下床一脚踩到别人的脸，感觉在密闭的小空间很难解释清楚。"

2023 年 4 月 23 日上午，中国铁路客户服务中心"12306"客服表示，普通列车的卧铺车票为随机发售，如果在卧铺车厢中出现了三男一女或三女一男的情况，乘客可以找列车员或者联系 "12306"，工作人员会尽可能地协调。

2023年4月23日上午，中国国家铁路集团有限公司宣传部门工作人员对此作出了回应："我们已经报业务部门研究，具体由业务部门决定。"

中国铁路运输史上也出现过专门开辟的 "女性包厢"。2006年，原铁道部曾要求在京沪线的Z5/6、Z21/22次列车上开设 "女宾软卧"。当时的 "女宾软卧"专门针对的是独自一人乘火车的女性乘客。上海至北京的Z6、Z22次列车每天分别在列车一个车厢内预留2个软卧包房（8个铺位）。由于女宾软卧包间为女性 "专用"，所以，只要每个包间有一张票售出，该女性专用包厢即可成行。2006年2月7日，京沪Z6次直达列车从上海出发，3号软卧车厢预留的两个包房成为这条线路上首次开设的女性专用包房。不过，在中国首个女士专用包房中，只坐了两名乘客。综合多方资料来看，客流问题正是 "女宾包厢"迅速夭折的主因。"女性专用包厢"虽然草草收场，但铁路部门有关人士称，对单身女性的照顾仍将继续，如有女性要求换位，列车会尽量满足要求。2015年，铁路部门率先在部分高铁动卧列车上试水 "女宾专用包房"，另有部分普通旅客列车也推出了所谓的 "女宾包房"服务。例如，Z206次列车的资料介绍道，针对独自出行的女性旅客，如果觉得旅途中与男性旅客同住包厢不便，可向乘务人员申请，根据实际情况调整到只有女性乘客乘用的 "女宾包房"，享受更加人性化的列车服务。

中国国家铁路集团有限公司在其官网 "铁路精神"中提道：优质——铁路人的职业追求。①优质服务是铁路承担社会责任、实现自我发展的需要。市场供求的基本关系告诉我们，没有运输需求就没有运输服务，铁路行业存在的意义在于满足运输服务需求。运输服务需求既包含运输服务的数量要求，也包含运输服务的质量要求，二者缺一不可。②把 "人民群众满意"作为检验铁路工作的根本标准。树立 "以服务为宗旨，待旅客货主如亲人"的理念。……赋予铁路服务人性化、亲情化的时代内涵。③以 "三个出行"常态化为目标实现货畅其运、人畅其流。实现 "三个出行"常态化。坚持常态化的工作思路，把实现旅客 "安全出行、方便出行、温馨出行"作为日常工作目标，推动客运服务上水平。

（资料来源：https：//m.thepaper.cn/topicword_7042；https：//baijiahao.baidu.com/s?id=1764414121019614359&wfr=spider&for=pc；http：//www.china-railway.com.cn/tlwh/tljs/201812/t20181217_91353.html.）

营×销×启×示

> "中国铁路"提出把"人民群众满意"作为检验铁路工作的根本标准。"中国铁路"的服务只有做得更加细致周到，铁路旅客才会有更好的出行感受和体验，这样也才能真正做到"人民群众满意"。

71. 海底捞的特色服务——超越顾客的期望

1994 年，四川省简阳海底捞火锅正式创建。2018 年，海底捞国际控股有限公司在香港联合交易所有限公司正式挂牌上市。历经 20 多年的发展，海底捞国际控股有限公司（以下简称"海底捞"）已经成长为国内外知名的餐饮企业。截至 2021 年 6 月 30 日，海底捞在全球开设 1597 家直营餐厅，其中，1491 家门店位于中国大陆，海外 106 家门店，包括新加坡、韩国、日本、美国、加拿大、英国、越南、马来西亚、印度尼西亚及澳大利亚等地。2006—2020 年，海底捞连续 15 年入选中国烹饪协会"中国餐饮百强企业"。

图 5-24　海底捞 Logo

海底捞在其官网上对"特色服务"有较详细介绍：

海底捞始终从顾客体验出发。创新性地为顾客提供愉悦的用餐服务。门店全部的个性化服务都来自服务员的创意。这些充满温度的个性化服务也真正让顾客的每一次用餐都成为一场欢乐时光。

（1）部分门店设有儿童游乐园，并有专人陪护

图 5-25　部分门店设有儿童游乐园

（2）为女性顾客提供免费美甲（工作日）和手护（休息日）

图 5-26　为女性顾客提供免费美甲和手护

（3）等位期间为顾客准备各种零食、水果、游戏

图 5-27　为顾客准备各种零食，水果，游戏

（4）为顾客免费照片打印

图 5-28　免费照片打印

（5）四川特色的国粹变脸表演

图 5-29　变脸表演

（6）融合中华武术的捞面表演

图 5-30　捞面表演

（7）免费皮鞋擦拭清理服务

图 5-31　免费擦皮鞋

除上述"特色服务"之外，海底捞还有许多别的餐厅没有的服务，例如，服务员真诚的微笑服务；吃火锅眼镜容易有蒸汽，服务员给你擦眼镜的绒布；头发长的女生，服务员给你系头发的皮筋套，还是粉色的；手机放在桌上容易脏，服务员给你包手机的塑料套等等。

在《海底捞你学不会》一书中，黄铁鹰先生认为："如果说所有的餐馆都需要好的服务，火锅店就需要更好的服务。因为火锅不同于别的菜，吃火锅时每个客人都是半个大厨，不仅自己要调料，还要亲自在沸腾的汤里，根据自己的喜好和口味，煮各种食材，因此吃火锅的人比吃其他菜式的人需要更多的服务；特别是四川火锅浓重的麻辣刺激，吃到最后大多数人实际上已经分不出火锅店的不同口味；因此，在地点、价格和环境差不多的情况下，服务好坏是顾客区分火锅好坏的最重要因素。""什么是好的服务？就是让客人满意。什么是更好的服务？就是让顾客感动。""怎样才能让顾客感动？就是要超出顾客的期望，让顾客感到意外，让他们在海底捞享受到在其他餐馆享受不到的服务。这样，海底捞与其他火锅店的差别才能体现出来。于是，当顾客要吃火锅时，才能想到海底捞。"

在《海底捞你学不会》一书中，海底捞董事会主席张勇曾经说过："如果客人吃得开心，就会夸你的味道好；如果觉得你冷淡，就会说难吃；服务会影响顾客的味觉！"

（资料来源：海底捞官网 https：//www.haidilao.com/about/brand；https：//www.haidilao.com/about/special；黄铁鹰.海底捞你学不会（第2版）[M].北京：中信出版社，2015.引用时有增改。）

营销启示

> 海底捞的特色服务超越了顾客的期望，让顾客感到意外，让他们在海底捞享受到在其他餐馆享受不到的服务。这样，海底捞与其他火锅店的差别才能体现出来。于是，当顾客要吃火锅时，才能想到海底捞。

72. "买一包，送一把"——"傻子瓜子"品牌名称的由来

据安徽省芜湖市傻子瓜子有限总公司官网（http：//www.whszgz.com/）介绍：

"傻子"称号的由来——"我卖瓜子的时候，别人买一包，我就会另抓一把给

他，他要是不要，我就硬塞，所以别人都叫我'傻子'。后来我想给自己卖的瓜子取个名字，想来想去，干脆就叫'傻子瓜子'得了！"

（1）"'傻子'+瓜子"

一提起我来，人们首先想到的是"傻子"。从上个世纪（本书作者注：20世纪）80年代开始，社会上对我的"傻子"称号猜测很多，考证出处也不少。有的说我做生意公道，不会缺斤少两，傻乎乎的，故此叫"傻子"。有的人说我是淮北人，南方人称淮北人为"侉子"，"侉子"和"傻子"读音相近，所以叫"傻子"。其实这都不对。

我家沿袭三代的绰号都叫"傻子"。1936年，我父亲到芜湖来，为了生计卖水果，他神态木讷，衣衫褴褛，不知道扣斤扣两，不会当奸商，人们都叫他"傻子"，时间长了人们就不知道他的姓名，只知道他叫"傻子"或"老傻子"。我跟着他做生意，人们就叫我"小傻子"。我是父母所生的第9个孩子，也是唯一幸存的孩子，父母叫我"小九子"。父亲去世时我已经20多岁了，人们就叫我"傻子"。现在我年纪大了，人们就叫我"老傻子"。我的几个儿子，人们都叫他们"小傻子"，就这样"傻子"名称传了三代。

1972年，我改行炒瓜子，要为瓜子起一个商标名称，许多朋友对我说，就起"傻子"招牌为好，不要起"昌隆"和"兴旺"等吉祥的招牌，吉祥的招牌太多了，起一个似乎有贬义的招牌，反而会给顾客留下很深的印象。这样的例子很多，在外国有"米老鼠和唐老鸭"，在中国有"狗不理包子"和"王麻子剪刀"。我一听有道理，于是我就打出了"傻子瓜子"的招牌。事实证明，我打出的这个不好听的招牌，效果十分理想，瓜子畅销全国，还多次卖到国外。如果当时采用一个好听的商标，未必有这么好的业绩和这么高的知名度。1982年底，我的"傻子瓜子"获得了国家注册的商标权。

（2）"傻子瓜子"的起步

我5岁那年随父亲从家乡怀远县逃荒到芜湖，4年之后就开始跟着父亲做水果生意，一干就是20年。其间，每逢水果淡季我就贩鱼。很多人好奇的是，我为什么退出了干了20年的水果生意，转而去炒瓜子了呢？

水果生意有一个特点，因为水果容易腐烂，我每次都不敢进太多，贩一点卖一点，这样让我感觉很累。因此20年下来我对这种生意厌烦了。1971年和1972年连续两年因为气候问题，各地水果歉收，立秋以后贩不到水果，全家人生活无着。我感到不改行不行了，但是干什么心里没底。情急之下，我就去请教已经60多岁的父亲生前好友熊仁寿大伯。他拍拍我的肩膀说："小九子，你可以试着去炒瓜子啊，瓜子又不像水果那么容易坏，可以保鲜好几个月。你回家买口大锅，请瓦工砌一个炉子，再到供销社买些瓜子、桂皮、香料和食盐等原料，明天我去教你怎么炒。"我立刻回家按照熊大伯的指点做了。第二天一早，熊大伯就来我家教我炒瓜子。当天，把炒的瓜子包成 275 小包，带到电影院门口去卖，每包 5 分钱，不到两个小时就卖完了，净赚了 8.85 元。

炒了一段时间，有人提出我炒的瓜子没有上海和苏州的好吃。于是我就专门跑到上海、苏州和北方的城市买瓜子，买回来品尝比较，在配方上作了改进，同时增加了花色品种，炒了奶油瓜子、酱油瓜子、椒盐瓜子和五香瓜子等 5 大类，共 20 多个品种，既有适合南方人口味的瓜子，也有适合北方人口味的瓜子。每个品种都能做到香味纯正，壳仁分离，一磕就开。我的瓜子开始在芜湖小有名气，人们都慕名来我家买瓜子，我的生意越做越大。

（3）"中国第一商贩"

真正做大还是靠引起市长的关注和新闻的宣传。1981 年 9 月 4 日，我正在家中炒瓜子，突然来了 4 个人，为首的是分管财贸的副市长赵文波，还有芜湖日报社总编辑、工商局副局长和公安局副局长。赵副市长在品尝了我捧给他的瓜子之后说："口味很好。要放开干，把瓜子牌子创出来，打到各地去，为芜湖增光！"第二天，《芜湖日报》头版发表了题为《货真价实的"傻子瓜子"》的报道。就这样，我的"傻子瓜子"在全市传开了。

与此同时，国营的集体的和个体的瓜子经营者共有五六家纷纷上市，我家瓜子的销量也因此受到影响。于是我想出了两条妙计：一条是薄利多销，立刻宣布每斤由全市统一价 2.4 元下降到 1.76 元；二是足斤足两，童叟无欺，少一罚十。这一招果然灵，两三天内，我家瓜子的销量猛增，每天销售 300 斤左右，而且逐日增长。

不久，我顺势而上，在合肥、蚌埠、淮南、马鞍山、铜陵和安庆等城市设立 16 个代销点。紧接着，我又把瓜子卖到了上海，在上海南京路和淮海路两家食品店开设了销售点。接踵而来的是全国 10 多个省份 50 多个城市的富商到芜湖，要与我合作。1982 年下半年，我就城郊租地建房办起了第 4 个瓜子加工厂。无奈之中我又在南京、无锡、苏州和昆山办起了加工厂。单是芜湖这边厂子的雇工就有 103 人之多。因此，我成为当时中国最大的个体户。人们称我为"中国第一商贩"。

图 5-32 "傻子瓜子"创始人年广九

图 5-33 年广九在执秤卖瓜子
（1980 年）

（资料来源：年广九，沐昌根.年广九：以 "傻" 为旗 ［J］.21 世纪商业评论，2006 （10）；傻子瓜子官方网站 http：//www.shazigz.com/.）

营销启示

　　信誉是一种责任，是企业不欺骗顾客的承诺。企业为什么不能欺骗顾客，信誉是一个很重要的原因，如果你欺骗了顾客，信誉就没有了，以后就再也无人愿意买你的产品了。有信誉就有市场，没有信誉就没有市场。人们常说 "无商不奸"。有人认为年广九在买卖中讲信用是傻帽，殊不知，这种傻帽式的营销却是一种大智若愚营销策略。它能给年广九招来回头客，通过顾客口碑宣传，一传十、十传百，"傻子瓜子" 的名气就传开了。

73.餐饮营销的法宝——餐饮工作 "十字诀"

　　餐饮营销要做得好，必须搞好 "餐饮工作十字诀"，即色、香、味、形、器、洁、量、质、境、情。
　　（1）色
　　"色" 是指饮食的色泽。

色，既指食品原料本身的天然色彩，也指各种不同色泽食品原料在烹饪菜肴时的色彩组合搭配，还指食品原料通过烹饪后而产生的色彩。

美丽的色彩，能引起人们美好的感情。色彩与人的视觉有关，根据科学实验证明，色彩对人的食欲影响很大。例如，红色、黄色可以增加人的食欲。红色是与味道极为密切的颜色，能刺激起人们饮食的强烈兴趣，味觉鲜明，感到浓厚的香味和酸甜的快感，例如火腿、香肠、红烧肉、樱桃肉、茄汁鱼等。黄色多有清香感觉，鲜美之感略次于红色。金黄多具有酥脆、干香感，例如干炸虾段、干炸肉饼等具有金黄色；淡黄则有嫩而淡香、甜味感，例如锅塌豆腐、蒸蛋羹等；橘黄、深黄有香甜、肥糯的特色，例如香酥鸭、黄焖鸡等。菜肴的色彩搭配要注意做到鲜明与协调。

（2）香

"香"是指饮食的香气。

香气的有与无是评判饮食好与坏的重要标志之一。香气最能诱发人的食欲，所谓"香气扑鼻，馋涎欲滴"。

菜肴要求清香、醇香。例如，"佛跳墙"是闽菜中最著名的古典名菜，由于异香扑鼻，被形容为"坛启荤香飘四邻，佛闻弃禅跳墙来"，因而得名"佛跳墙"。川菜"回锅肉"被称为"过门香"，"鱼香肉片"被称为"满屋香"。菜肴的香气，是厨师在烹调时通过掌握投料先后、火候变化，把主辅料和调料经过受热所起的化学变化而产生出菜肴香气。

（3）味

"味"是指饮食的味道。

对于中国饮食说，味必求其醇正、清鲜。

掌握火候与调味是烹调中的两大技术，两者的关系密切，不可分割。调味讲究酸、甜、苦、辣、咸等五味的合理调配，调味是决定菜肴成败的根本。味道与人的味觉有关，味必求其醇正、清鲜。中国有川、粤、鲁、苏、湘、闽、徽、浙等八大菜系之分，不同的菜系有不同的口味。谈到菜肴的味道，川菜有"味在四川"之美誉。川菜有家常味型、鱼香味型、怪味味型等23种调味味型。

（4）形

"形"是指饮食的形状和造型。

中国菜肴讲究形状和造型美观，主要表现在烹饪原料切配精细、菜肴围边和点缀烘托主菜、热菜装盘形态丰满、凉菜拼摆协调美观、菜肴与盛器相配得宜等几个方面。

菜肴的形状和造型与人的视觉有关。在烹调中，烹调原料可以切成丝、片、丁、条、块、节颗等各种形状，菜肴的主、辅料的形状讲求合理搭配，例如，"丝配丝""片配片"和"丁配丁"等。许多工艺菜，例如食物雕花、花色拼盘等，十分注重艺术造型。

（5）器

"器"是指饮食器具，包括餐具、饮器等。

饮食器具也与人的视觉有关。美食需配美器，在搭配中要注意菜肴与器皿的和谐、统一。器为之美，有和谐之美、精巧之美或古朴之美等。

（6）洁

"洁"是指饮食的清洁卫生。

饮食的清洁卫生，包括：食品卫生、餐具卫生、餐厅环境卫生、厨房卫生、炊具卫生、餐饮工作人员卫生等。

饮食的清洁卫生，事关消费者的身体健康，乃至生命。餐厅有高低档之分，但是，餐厅的卫生标准决不存在高低之分。因此，任何餐厅必须严格执行卫生标准，餐厅卫生不达标，其他方面再好，也不能营业。

（7）量

"量"是指饮食供应的数量。

"量"是指饮食要节制，它有不多不少、够吃就好、留有余韵的意思。餐厅要知道再好吃的菜肴顾客多吃了也会厌恶，要做到顾客再想吃时已没有，请顾客下次再来，这就是饮食心理学。

（8）质

"质"是指饮食原料和成品的质量、营养。

从食品安全金字塔来看，食材质量从高到低分别是：有机食品、绿色食品、无公害食品和普通食品。

选用上好食材，加工时去芜存菁，烹调时精心制作，这固然是表现饮食"质量"的一个方面，但是，饮食的营养构成、组合和搭配，其所包含的"内在质量"更为重要。它形成当前世界饮食的一股新潮流。在中国饮食文化中，我们要注重饮食中碳水化合物、蛋白质、脂肪、矿物质（无机盐）、维生素、水、膳食纤维等七大营养素的合理搭配。

（9）境

"境"是指就餐的环境。

就餐环境要与餐厅定位、目标顾客、中餐、西餐和菜肴等相协调和相统一。

最简单的，在餐桌上插一枝鲜花，也是一种氛围。

吃海鲜，最好在海边码头或渔村的餐厅里，人们可以看海景、吹海风、品海鲜。

吃江鱼，最好在江边船上餐厅里，人们可以看江景、吹江风、品江鱼。

吃素食，最好在远离城市喧嚣的佛教寺院素斋堂里，人们可以品尝具有食材原味的清心素食，体验"一山一水一寺庙，一堂一餐一素斋"！

（10）情

"情"是指餐饮的服务。

餐饮服务要使客人保持和提高愉快舒畅的情绪。餐厅通过各种具体的服务可直接或间接地与客人沟通感情、传递感情。对于餐饮服务人员来说，一是要主动热情、彬彬有礼，二是要注意速度和节奏，三是要加强菜品介绍。

餐饮服务要做到：规范服务，微笑服务，个性化服务和亲情服务。

例如：规范服务，餐饮服务有它的基本技能、服务程序和服务技巧。餐饮服务技艺是技术性较强的工作，它包括托盘、铺台、口布折花、斟酒、上菜与分菜、撤碟等。

（资料来源：宁德煌.饮食消费者行为与餐饮营销策略研究 [M].昆明：云南科技出版社，2022：97–111.）

营 销 启 示

目前，国内外餐饮业竞争十分激烈，世界各地出现了各种奇趣餐厅，这些餐厅在"餐饮工作十字诀"的某一个或某几个方面进行创新，希望能给顾客带来奇妙的餐饮体验，达到招徕顾客、开拓市场的目的。

74.坐在马桶上吃"大便"——台湾高雄厕所餐厅

中国台湾地区高雄市有一家以厕所文化为主题的餐厅。餐厅用形似尿盆的容器来盛放食物，甚至有类似大便形状的冰激凌供应。就餐者安坐抽水马桶上，津津有味地咀嚼盛在容器里的美味佳肴。

台湾高雄厕所餐厅将厕所和餐饮相结合，颠覆传统，其设计理念更让人跌破眼镜。

图 5-34　台湾高雄厕所餐厅

（资料来源：台湾高雄的厕所餐厅，在马桶上吃 "大便". http: //news.163.com/05/-0701/10/1NIPHM6R00011259.html；便所主题餐厅，http: //www.moderntoilet.com.tw/en/about.asp.）

◇营◇销◇启◇示◇

　　我国深圳、北京、广州、昆明、上海等地，也曾先后开设过一批厕所主题餐厅。厕所与餐厅是功能完全不同的两个地方，厕所主题餐厅将两者统一在一起，它标新立异、本末倒置。在文明社会中，这是一种餐饮业非主流竞争方式，不值得提倡！

75.中国文学营销的先行者——莫言

　　中国著名作家莫言，原名管谟业，出生于 1955 年 2 月 17 日，山东高密人。莫言于 2012 年 10 月 11 日获得 2012 年诺贝尔文学奖。

　　现在世界上有好几千个作家有资格获得诺贝尔文学奖，但是每年只能发给一个。为何中国作家莫言能够获得诺贝尔文学奖？

　　莫言的主要作品有《红高粱家族》《酒国》《丰乳肥臀》《檀香刑》《生死疲劳》和《蛙》等。

　　2012 年，诺贝尔文学奖颁发给莫言，主要理由是他代表了幻觉现实主义（Hallucinatory realism）这种文学现象。瑞典文学院说，中国莫言的 "幻觉现实主义融合了民间故事、历史和当代社会"。诺贝尔文学奖评委之一、瑞典汉学家马悦然认为 "莫言的作品十分具有想象力和幽默感，他很善于讲故事"。

莫言说："我的文学表现了中国人民的生活，表现了中国独特的文化与民族的风情。同时我的小说也描写了广泛意义上的人""历史和现实的结合。这两部分缺一不可，如果没有虚幻，仅仅写实，这部小说没有生命。反之，全是虚幻的，和现实中国没有联系，也没有意义。"莫言作品具有强烈的民族性和中国色彩。

莫言的《红高粱家族》被译为 20 余种文字在全世界发行，并被张艺谋改编为电影《红高粱》，《红高粱》获得了第 38 届柏林电影节最佳故事片金熊奖。《丰乳肥臀》获得了"大家文学奖"（10 万元），《蛙》获得了 2011 年第八届茅盾文学奖。

莫言的三部作品《生死疲劳》《红高粱》和《天堂蒜薹之歌》被翻译成瑞典文，译名分别为《西门闹和他的七世生活》（Ximen Nao och hans sju liv）、《红土地》（Det röda fältet）和《大蒜民谣》（Vitlöksballaderna）。由瑞典汉学家陈安娜（Ann Gustafsson）翻译，她曾是汉学家、诺贝尔文学奖评委马悦然的学生。她的丈夫陈迈平是中国作家，1986 年出国留学后定居瑞典。

《生死疲劳》——直译成瑞典语是一个很长的句子，而且索然无味。陈安娜最后不得不用书中的故事为它命名：主人公西门闹经历六道轮回，分别转世成驴、牛、猪、狗、猴和大头婴儿蓝千岁，用动物的眼睛看尽 1950—2000 年的 50 年乡村史，这是所谓的"七世生活"，即《西门闹和他的七世生活》。

《红高粱》——"高粱"这种东西瑞典人不种——这也是为什么《红高粱》翻译成瑞典语时，变成了《红土地》。

《天堂蒜薹之歌》——"蒜薹"在瑞典的菜场有卖，书名译为《大蒜民谣》。

美国汉学家葛浩文教授翻译了莫言的《红高粱》和《天堂蒜薹之歌》。

在海外为莫言作品做出版推广的美国出版社兰登书屋善于营销。

莫言的文学作品（多数是长篇）在日本被翻译出版。日本著名作家、诺贝尔文学奖获得者大江健三郎是莫言的朋友，到过莫言的家乡山东高密。大江健三郎矢志不移地向诺贝尔文学奖评委会推荐莫言。除了大江健三郎先生，翻译家吉田富夫教授和藤井省三教授也来过中国高密，后两个人都是日本当代非常优秀的中文翻译家，本身也是汉学家，对中国文学研究很深，尤其是对中国农村社会非常了解。

（资料来源：https：//www.gov.cn/govweb/jrzg/2012-10/11/content_2241535.htm；宁德煌，张晓霞.生活中的市场营销学[M].昆明：云南科技出版社，2015：149-151.）

　　莫言的成功在于：

　　（1）非常优秀的文学作品。

　　（2）非常优秀的外文翻译家，作品被准确翻译为英、法、德、俄、日、韩和瑞典文等十几种语言的版本。使莫言成为中国当代最有世界性知名度的作家之一，进入了西方主流文化视野。

　　（3）非常优秀的、善于做图书营销的外国出版社。

　　（4）诺贝尔文学奖评委、诺贝尔文学奖获得者大力推荐，看好莫言。

　　（5）莫言本人善于个人营销，他与世界上许多著名作家、汉学家都是朋友。

76.疯狂的商标——名人名字被恶意抢注成商标

　　谢霆锋（Nicholas Tse），中国香港著名流行歌手、演员、音乐人、作曲家。

　　"泻停封胶囊"（OTC非处方药物，甲类）由贵州百灵企业集团制药有限公司生产，它以"谢霆锋"的谐音"泻停封"为名。其成分为：金果榄、苦参、地榆、功劳木。功能主治：清热解毒，燥湿止泻。本品用于腹泻、伤食泄泻、脘腹疼痛、口臭、嗳气。

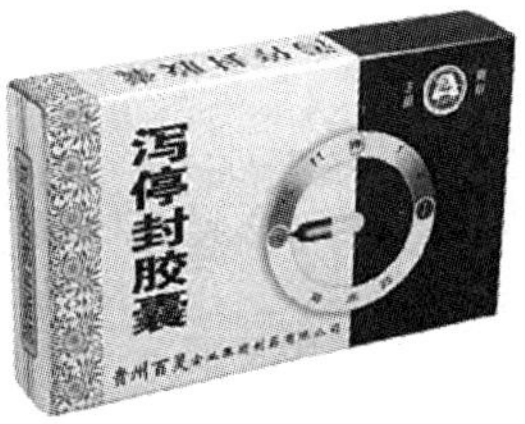

图 5-35　"泻停封"止泻药

　　爱戴（原名张嘉佩，英文名Edell），中国内地著名歌手、影视演员。

　　长春商人张军向国家工商总局申请注册"爱戴"牌避孕套商标，其设计的广告语为：爱戴牌避孕套，越戴越爱戴；爱戴牌避孕套，爱戴不戴。

图 5-36　"爱戴"牌避孕套

2006 年 11 月 10 日，凤凰网娱乐 "独家" 报道——爱戴就 "爱戴牌" 避孕套事件发表 "声明"：

近日来，由于有商家抢注 "爱戴牌" 避孕套，使原本一直开朗乐观的华友飞乐歌手爱戴变得十分气愤与无奈。因为避孕套在百姓心中不完全是健康及正面的产品，甚至会有人想入非非，所以这件事情很可能会直接影响爱戴在歌迷心中的形象。有鉴于此，11 月 9 日下午，爱戴在北京发表 "严正声明"，澄清此事。

爱戴在北京发表 "严正声明" 表示："我一直保持着健康活力的形象，但近日，我却受到了 '爱戴牌' 避孕套事件的困扰，让我的身心受到了极大的打击。更有甚者，一些人还以为我成了 '爱戴牌' 避孕套的代言人，我的名誉受到了严重的影响。这一切，源自长春商人张军抢注了 '爱戴牌' 避孕套商标。他美其名曰这是 '既没有借爱戴宣传的用意，也不是恶搞，一切只是巧合'。"

爱戴表示："或许有人会认为，'爱戴' 是一个动词，即使是叫 '爱戴' 这个名字的人，全中国或许有成千上万，用不着我犯愁。有人还认为，此商标 '爱戴' 而非彼真人 '爱戴'。但我敢肯定的是，长春商人张军是在浑水摸鱼，甚至是在偷换概念，是在玩文字游戏。因为 '爱戴牌' 避孕套的包装明显使用了我的专有英文名 'Edell'！到目前为止，使用 'Edell' 这个英文名而且中文名叫 '爱戴' 的就只有我本人。很明显，长春商人张军是侵犯了我的 '名称权' 和 '名誉权'！更为严重的是，'爱戴牌' 避孕套包装盒上英文字体 'Edell' 和中文字体 '爱戴' 的美术设计，与我前段时间由华友飞乐唱片推出的 EP 唱片《初次与你相遇》的封面包装的英文字体和中文字体是同出一辙的，这明显就是克隆照搬，怎能说是 "纯属巧合" 呢？这是在强词夺理！"

爱戴在"严正声明"中表示："有人开玩笑说，'这是一桩利国利民的好事，爱戴竟然敢蓄意阻拦，商家可以反诉，告她妨碍计划生育'。我要郑重声明的是，我并不是反对计划生育，更不是反对做好安全措施，我只是反对不法厂商以不择手段来侵犯艺人的权利和名誉！"

爱戴指出："近一段时间，不仅'中央一套'和'雷锋'被避孕套生产商恶性抢注，甚至连谢霆锋（泄停封）也成了腹泻药的商标、刘德华（溜得滑）也成了修正液的商标，郭德纲（锅得缸）也成了饮用酒的商标，甚至连姚明也成了妇女卫生巾的商标，这都是对艺人名字的严重侵犯！商家挖空心思炮制的隐含侮辱性质的商标，虽然会吸引人们的眼球，但是这样的品牌却往往会令人反感，甚至抵制。商家与其这样找噱头，倒不如好好地把品牌质量提高。"

爱戴在"严正声明"中强调："为此，我呼吁社会各界，特别是工商部门、商标管理机构都来保护好艺人的名字，维护好艺人的合法权益，让艺人以充沛的精力投入演艺事业！长春商人张军甚至还向我们公司提出索要'爱戴牌'避孕套商标转让费108万元，这些都是厚颜无耻的行为，我们绝对不会答应。张军的行为对我的形象产生了严重的影响和恶劣的后果，我们将依法追究其责任，以法律手段解决这件事，还我清白！"

此外，其他恶意商标抢注瞄准名人谐音案例如下：

刘德华——"流得哗"（治疗便秘类药品）、"流得滑"（涂改液）。

章子怡——"涨止益"（卫生巾）、"帐子怡"（蚊帐）。

郭德纲——"锅得缸"（白酒类）。

赵本山——"兆本衫""赵本衫"（服装）。

高秀敏——"高嗅敏"（消毒剂、空气清新剂）。

姚明——"遥明"（医药眼药类）。

刘翔——"流降"（感冒药）。

林丹——"林丹"（服装、文具、运动器材、动物饲料）。

雪村——"雪村"（避孕套）。

伊能静——"依能静"（治疗女性更年期综合征的药品）。

崔永元——"催永圆"（丰乳霜、猪饲料）。

张惠妹——"蟑会没"（杀虫剂）。

张艾嘉——"蟑爱呷"（蟑螂药）。

沙宝亮——"沙保亮"（喉宝）。

朱时茂——"猪食茂"（猪饲料）。

王小丫——"王小鸭"（羽绒服）。

李湘——"娌香"（化妆品）。

常香玉——"常香玉"（首饰、艺术品、学校教育培训）。

莫文蔚——"莫闻味"（臭豆腐）。

牛得草——"牛得草"（肥料）。

王家卫——"旺家卫"（卫浴用品）。

二月河——"二月河及ERYUEHE""二月河开凌解放"（餐饮、酒店）。

芙蓉姐姐——"芙蓉姐姐"（化妆品、服装内衣、教育类）。

辛弃疾——"心弃疾"（治心脏病的药品）。

范志毅——"犯痔易"（治疗痔疮的药）。

周星驰——"粥心驰"（连锁食品店）。

范冰冰——"贩冰冰"（冷冻食品、冷饮店）。

费玉清——"肺益清"（药品）。

周杰伦——"粥绝伦"（粥店）。

张艺谋——"张一摩"（护肤品）。

孟广美——"梦光美"（护肤品）。

郭富城——"锅富城"（酒店）。

潘长江——"潘尝姜"（姜饮料）。

（资料来源：https：//ent.ifeng.com/idolnews/200611/1110_8_31110.shtml；宁德煌，张晓霞.生活中的市场营销学[M].昆明：云南科技出版社，2015：151-154.）

营 销 启 示

　　"名人"奇货可居，商家待价而沽，抢注商标颇有"钱"途；利用法律空子挑战道德底线，疯狂商标"行走自如"；完善商标法律建立代理制度，市场经济更应重自律。

77.餐饮服务无小事——几个中式餐饮服务小细节

人们常说 "细节决定成败"。在餐饮服务工作中，一定要注意服务规范和细节。没有任何一件事情，小到可以被抛弃；没有任何一个细节，细到应该被忽略。

（1）上菜位置——不要在主人与来宾之间

现在，任何宴会都有宾主之分，二桌以上的宴会还要确定主桌。主桌、主位的确定按照面门、面南、相对、观重点的原则。其中以观重点为最重要。一般来说，主桌都安排在大幅字画前面，面向餐厅主门，能够纵观全厅的位置。宾主座位的区分：主人居中，副主人坐在主人的对面，主人的右边为主宾，左边为副主宾；也有主人居中，其右边为主宾，副主人坐在主人的对面，副主宾坐在副主人的右边。

上菜要正确选择操作位置：中餐宴会的上菜一般选择在陪同人员或翻译之间进行，也有在副主人的右边进行。有利于翻译或副主人向来宾介绍菜肴名称、口味，不要在来宾之间进行，以免影响来宾用餐，避免不慎将汤汁滴在来宾身上，上菜时要轻步向前，轻托上桌。到桌边，右脚朝前，侧身而进，踮脚而上，托盘平稳，动作轻快，手势利落，放准盆位，举止礼貌，次序不乱，细心周到，布局美观。

（2）有破损的餐具——一定不能摆上餐桌

在社会上，餐厅档次有高、中、低的不同。但是，任何档次的餐厅在餐饮服务中，有破损的餐具千万不能用，哪怕是有细小破损的餐具也不行。破损的餐具除了会给顾客带来安全隐患外，更重要的是，从中国饮食和风水禁忌来看，顾客会认为餐厅使用破损餐具是不尊重顾客，顾客认为使用破损餐具也不吉利。

所以，餐具的完好无损是对客人最起码的尊重！

（3）客人的筷子掉地上了怎么办？——服务员要先去给客人拿干净筷子，然后再取走掉落在地上的脏筷子

客人在餐厅用餐过程中，常常会不小心把筷子掉在地上了。碰到这种情况，如果餐厅服务员发现了，餐厅服务员就要主动为客人去拿干净的筷子。正确的程序是：首先，请客人稍微等候；然后，尽快去将放在筷套里的干净筷子取回来，用双手递给客人，请客人用餐；最后，当着客人的面，再将掉落在地上的脏筷子取走。如果餐厅服务员的程序反过来，服务员是先拾起掉落在地上的脏筷子，然后再去取回干净的筷子给客人，客人就会不满意。这是因为：第一，客人还等着筷子吃饭，服务员要以人为本，先去拿干净筷子，方便客人用餐；第二，如果服务员先去拾掉落在地上的脏筷子，就会把手弄脏，影响到个人卫生和餐具卫生；第三，服务员先拾起掉落在地上的

脏筷子，然后再去取回干净的筷子给客人，有的客人可能会怀疑服务员并没有给他调换干净筷子，给他用的还是拿那双掉在地上的脏筷子等等。

（资料来源：宁德煌.饮食消费者行为与餐饮营销策略研究[M].昆明：云南科技出版社，2022：111–112.）

◇营◇销◇启◇示◇

服务无小事，细节决定成败！

78.为首长服务的艺术——《参谋助手论》

1994年，解放军西安政治学院老师王怀志、郭政撰写了《参谋助手论——为首长服务的艺术》一书，该书由西北大学出版社出版，印数3000册，在新华书店销售。

图 5-37　《参谋助手论》一书封面

现任解放军西安政治学院院长、少将张本正为这本书作了序。序里，张本正这样评价："这部书不矫饰，不虚伪，不欺骗。真理总是赤裸裸的，那么，接近真的东西穿衣服也是不能多的——这是一本实话、真话集。"

作为政工学秘书专业的教授，王怀志和郭政当年写这本书只是出于教学的需要。书中的秘书，其实泛指机关的参谋、干事和其他工作人员。之所以只写"首长"不写"领导"，是因为"对地方的情况不太了解"。

"在总的趋向上，这本书是为了使工作人员更好地为首长尽职，在尽可能的条件下，使首长的工作更顺利。"王怀志告诉南方周末记者。

王怀志说，秘书就是要使自己适应首长，而不是让首长适应自己。

（1） "慰问团长，途跋涉来到这里"

18 岁那年，王怀志应征入伍。因为文化水平不错，他多次被借调到团、师、军政治机关工作。珍宝岛战事发生的时候，王怀志在编的部队上了前线，从前线撤下来后一段时间驻黑龙江生产建设兵团，还是帮助做宣传工作。真正在机关当起干部，是 1974 年的事了。一干就是十来年，从文化干事干到股长，"小秘书"干成了"大秘书"。

那时候还没有"秘书学"。老干事偶尔会提醒新干事几句，但多数工作还得自己摸索。摸索的过程中，总有人闹笑话。

珍宝岛战后那段时间，很多慰问团到王怀志所在的部队演出，接待方每次要致辞感谢。有一次，团长和政委都出去开会了，讲话的任务就落到了一个副团长身上。副团长参加过抗日战争，就是识字儿不多。

干事写讲话稿时就特别注意，在一些笔画复杂的字旁边打个括号，写上一个读音相同的常见字。比如"衷"字旁边，就写上（中）。谁知讲话时，副团长拿着讲稿便念道："让我们对慰问团表示哀——括弧，中——心的感谢！"

讲稿中写道"慰问团长途跋涉来到这里"，副团长张口断句："慰问团长，途跋涉来到这里。"坐在下面的人笑作一团："怎么团长叫这名啊？"慰问团的人忙在一旁解释："我们团长姓李。"副团长听了赶紧纠正："哦，李跋涉——这是谁写的稿子，怎么连团长姓什么都没搞清楚？"

稿子读到第一页末尾，副团长念到"慰问团给我们带来了很大的鼓"，翻过来看到没完，继续念，"哦，还有一个舞！"

这些笑话，就成了王怀志的经验，他从那时候就开始琢磨，秘书该怎么写讲话稿。到了机关，王怀志发现这样的事情也还不少。一次，有首长的讲话稿里引用了鲁迅《论雷峰塔的倒掉》。首长念到这里觉得有发挥的必要，就开始说："说到雷峰塔倒，我要多说几句。不论花多少钱，我们还是要把这个塔再修起来。我们还是要继续学雷锋的嘛。"

王怀志觉得这些也和秘书的工作没有做到位有关——首长文化水平不高，秘书就该写得简短通俗；首长文化水平高，秘书就可以引经据典，提高讲话水平。

后来，两位作者就把后一个故事和这些经验一起写进了《参谋助手论》里："（什么样的讲话稿是'好'的呢？）关键是取决于秘书对首长性格、爱好、习惯、经历、年龄、学识等个性特征的了解和掌握，并使自己写的讲话稿与首长的个性特征吻合。"

（2）"秘书人员本身是正直的"

1983 年，王怀志被调入解放军西安政治学院，先在党史教研室做教员，后来到了政治工作系文秘专业。秘书学讲了多年，觉得课本上的东西根本不够用。王怀志和郭政商量了一下，决定写一本书来填补这个空白。起初，他们开了一门秘书实践的讲座课，郭政主讲。郭政讲的时候，就把自己的、王怀志的各种亲眼所见和道听途说的例子放进去。王怀志把这些课堂内容记录下来、修饰润色、补充删减、整理成书稿，名字就定作《参谋助手论——为首长服务的艺术》。

两位作者曾亲眼见到，一个机关干事走上来拍了拍首长的肩膀。首长虽然面无愠色，却冷淡地说道："你有什么事情？"语气里明显透着不高兴。

于是，他们把"不能拍首长肩膀"写进了《维护领导尊严的艺术》。和它并列的例子还有：和首长打篮球不能盖帽，打乒乓球不能扣杀，下棋的时候一定要输，还要装出悔棋的样子……后来这些"规则"被网友摘录出来，指责为"马屁经"。

"秘书人员本身是正直的。"王怀志解释说，"这里不是阿谀奉承、不是讨好，而是秘书人员要从大局、整体来考虑——首长玩球下棋，不过是图个消遣，调整情绪。如果你老赢他，把情绪调节坏了，那还不如不玩了。虽然似乎是迎合首长，但如果首长心情好，工作起来也好。首长心情不好，对秘书人员也不好。"

王怀志觉得人们对秘书有很多误解——就像许多人对他的书有误解一样——文学作品里的秘书多是"阿谀不实之徒"，现实社会中人们对秘书也是薄褒厚贬。

但在他看来，做秘书的人其实要有很高觉悟：秘书必须淡泊名利，即便写了几百万字的材料，没有一个落款是自己的，也不能计较；秘书要适应随时加班加点的工作，得不怕苦、不怕累；秘书要对政策、局势了如指掌，不然写不出好报告；领导之间关系不和，秘书在中间也得负责任，不能不调和，也不能乱调和……秘书工作其实难度很高，做得好了，常常被委以重任——邓小平原来就是中央的秘书长，王怀志提到。

"秘书从政当然是有优势的。"王怀志分析道：从正面说，首长就是政务的主要执行者，秘书在核心班子里工作，对政策方针的把握、上级精神的领会都可能比别人熟。

从另一方面说，秘书是"近水楼台先得月"，首长比较了解秘书，在同样的水平、同样的能力下，容易被发现："以前陈毅做外交部部长的时候，许多新四军的人就到了外交部。这不是说新四军都能搞外交，而是因为他了解那些人。他不了解那些人，怎么知道他能搞不能搞？"

（资料来源：朱晓佳，刘磊．"真理总是赤裸裸的"——《参谋助手论——为首长服务的艺术》的艺术［N］.南方周末，2011-11-17.）

营销要以满足顾客的需要为中心，那么搞清楚谁是顾客、顾客的需要是什么，这对营销成功是至关重要的。从市场营销的观点来看，部队参谋的"顾客"是首长，公司总经理秘书的"顾客"是总经理，县政府办公室主任的"顾客"是县长，医院医生的"顾客"是患者，教师的"顾客"是学生……

79.有冤无路诉，肚子里全是气——香港人寿保险公司自动电话录音设备

小王最近接到小姨的电话，提醒他要快一点将有关文件寄回某跨国人寿保险公司作实。小姨与小王向人寿保险公司购买人寿保险已10多年了。过去他移民不在香港时，一切有关人寿保险供款的事宜，都是由他的小姨代办。回到香港工作后，供款转为自动转账，而与保险公司的联系就由自己处理。问题是：原来向小王提供个人服务的销售员已经离开十多年。除了早年希望说服小王加保时接过几次电话外，替代的人一向都没有与小王联系。

小姨所提及的文件与人寿保险公司在加拿大上市有关。从小姨那里得知，投保人可以依据保额大小和供款时间的长短派获股份。投保人可以决定将股份变卖成现金或拥有哪些股份。作哪一个决定，小王要填妥并签署一份文件，并必须于8月30日前寄回给保险公司。令小王吃惊的是他没有收到这份文件，因此有关送股事宜并不知情。于是他于台风过后的星期一（8月23日）早上十点半打了一个电话到人寿保险公司。那天早上天文台悬挂黑色暴雨警告讯号，很多企业为了员工安全都停止办公。

由于不用上班的决定是由企业自己决定，所以小王也不知道保险公司办公的情况。时间只有数天，书信往返的时间似乎也不够，形势紧迫，于是小王拨了一个电话给人寿保险公司。电话通了，一个女性的声音出现了，小王立刻知道是电话录音，只好继续听下去。

"我们的办公时间是星期一至星期五，早上九点至下午五点。请你于办公时间再打来。"

小王脸上一片茫然。他不禁喃喃自语："今天不是星期一吗？现在不是在办公时间内吗？真是语无伦次！"

故事还未完结呢！半小时后，小王决定再试一遍。这次有点不同。他听到另一个声音，但也是电话录音：

"欢迎你致电本公司客户热线。广东话服务，请按1字；普通话服务，请按2字；for services in English，press 3。"

小王按了1字，又听到一连串的服务项目，最后一个是：联系客户服务员，请按0字。小王试了其他几个号码都不对口，最后只有按0字。随着有一个声音说："对不起，因有事故，客户热线中心不能提供服务。"

小王不禁啼笑皆非。花了五六分钟的时间，面对着机器，一点人气都沾不着，真是有冤无路诉，肚子里全是气。

服务企业使用信息技术的目的应该是为了提高服务质量，增强服务企业竞争能力，但是目前大多数服务企业使用电话录音设备只是为了降低成本。

80.明码标价——"外婆家"的菜单

外婆家餐饮集团（以下简称"外婆家"），成立于1998年。目前，外婆家在北京、上海、广州、深圳、杭州、厦门、天津、成都、青岛、大连、沈阳、合肥、南宁、南京、武汉、无锡、苏州、常州、南通、宁波等60多个城市开设有180多家门店。外婆家餐饮连锁机构旗下，拥有"外婆家""穿越外婆家""金牌外婆家""炉鱼""蒸年青""宴西湖""杭儿风""柴田西点""猪爸""老鸭集"等十余个餐饮品牌。外婆家餐饮集团有限公司最近连续5年入围中国烹饪协会"中国餐饮企业百强"。外婆家餐饮集团有限公司位列中国烹饪协会 2020 年度 "中国餐饮企业百强"第 44 名。

图 5-38　"外婆家"的品牌标志

外婆家官网对品牌 "外婆家"的介绍：外婆家的菜肴，就如同 "我家就在西湖边"的宣传语一样，无处不在体现 "寻根"情节，外婆家用最纯粹的烹调方法还原传统风味，在这里，你可以领略正宗的杭州味道和来自浙江鱼米之乡的美味。

2018 年，"外婆家"昆明万达店的部分菜单和菜品价格如表 5-10、表 5-11 如示：

表 5-10　冷菜（杭帮菜）

菜品	价格
盐水毛豆 （毛豆 100 克）	6 元/份
外婆酱萝卜 （萝卜 100 克）	8 元/份
椰丝红枣 （红枣 100 克）	8 元/份
灵隐素烧鹅 （豆腐皮 80 克、茭白丝 5 克、香菇丝 5 克、胡萝卜 5 克）	12 元/份
外婆醉鱼干 （醉鱼干 120 克）	16 元/份
西湖藕韵 （藕 100 克、糯米 20 克）	16 元/份
豉油鸡胗 （鸡胗 80 克、黄瓜 20 克、香菜 5 克）	16 元/份
天目笋干 （笋干 100 克）	18 元/份
虾油肚片 （猪肚 60 克、毛豆 20 克）	20 元/份
温州鸭舌 （鸭舌 80 克）	28 元/份
杭州卤鸭 （鸭 120 克）	32 元/份
卤大肠 （猪大肠 100 克）	35 元/份

表 5-11　热菜（杭帮菜）

菜品	价格
马蹄响铃 （豆腐皮 20 克、响铃、肉末共 30 克）	12 元/份
番茄锅巴 （锅巴 150 克、虾仁 10 克、番茄 10 克、青豆 10 克）	16 元/份
宋嫂鱼羹 （黑鱼丝 30 克、黑木耳丝 5 克、胡萝卜丝 5 克、金针菇丝 50 克）	18 元/份
蛋黄南瓜 （南瓜 200 克、咸蛋黄 20 克）	18 元/份
杭三鲜 （木耳、肉圆、西火腿、虾各 10 克，笋片、鸡块、鱼圆各 20 克，发皮 50 克）	18 元/份
外婆斩鱼圆 （鱼圆 200 克、本芹粒 10 克）	20 元/份
杭儿酱丁 （肉丁 50 克、茭白丁 50 克、豆腐干丁 60 克、花生米 20 克）	22 元/份
东海鱼滑 （海鲈鱼肉 50 克）	22 元/份
咸笃鲜 （咸肉 50 克、笋 100 克、千张 100 克）	32 元/份
龙井虾仁 （虾仁 200 克）	55 元/份
鸭葫芦 （八宝鸭 250 克）	58 元/份
黄鱼烧年糕 （黄鱼 300 克、年糕 50 克）	68 元/份
肚包鸡 （猪肚 80 克、本鸡 200 克、筒骨 200 克）	68 元/份
西湖醋鱼（草鱼/鲻鱼/桂鱼）	时价

（资料来源：外婆家官网 http：//waipojia.com.cn/thestoryofgrandmashouse/index.aspx；外婆家顾客点餐的简易菜单。）

从"外婆家"部分菜单和菜品价格实例中，我们可以看出：在外婆家的各类菜品中，每道菜的价格是从上到下、由低到高顺序排列，明码标价，它标出的是每份菜的价格（元），更难能可贵的是它还在每道菜的下面标注了每道菜主料、辅料的净重（克）。外婆家的这种做法，可以做到让消费者明明白白消费，值得全国餐饮企业同行学习和借鉴。

81.潜伏特务菜——餐馆定价很低的一些招牌菜

著名美食纪录片制作者、美食专栏作家陈晓卿在《至味在人间》"潜伏菜"一文中写道：北京"菜香根"湘菜馆的招牌菜有干锅鱼杂、菜香根鱼、小炒黄牛肉、湘之驴、筒子骨烧海带。这些菜在该餐馆菜单上的定价很低，有的菜定价甚至低于其原材料价格，属于潜伏特务菜。"这就是他们的聪明之处，用几道成熟、有特色，同时又超低价位的菜吸引你前来消费，靠其他菜的利润弥补这个差价。……堤内损失堤外补，看上去越拿手的菜越便宜，但却能带来整体规模效益，这里面暗含价格心理学原理。""买家哪有卖家精明？"

（资料来源：陈晓卿.至味在人间[M].桂林：广西师范大学出版社，2016：83-86.）

俗话说"一分钱一分货""好货不便宜，便宜无好货"。

一般来说，餐厅菜肴的定价，就常常采用"可选择的产品定价"策略，它把餐厅招牌菜、特色菜、看家菜定低价，少获利或不获利，以吸引顾客，餐厅主要依靠销售酒水饮料、其他菜品、蔬菜、点心等来赚钱，以保证餐厅的整体经济效益。这也就解释了为什么餐厅服务员要极力向顾客推荐酒水饮料，为什么有的餐厅不允许顾客自带酒水饮料。

82.十点八分四十五秒——全世界手表广告中时间所指位置

我时常留意在报章杂志上的钟表广告，发现大部分的钟表都指在一个接近的时间上，十点八分四十五秒是最普遍的，也有十点九分零秒的，也有十点十分三十秒的。不管表针指的时间是多少，十针和分针一定是呈 "V" 字形。

图 5-39　宝玑手表（Breguet）广告图片

据说钟表之所以指在这个时间上，是经过西方的许多心理学家共同研究出来的。一则它呈 "V" 字形，在西方是胜利的象征；二则它同时上扬，有美学形式，令人感到欣悦；三则它的形状如鸟展翅，给人奋发之感。有这种种的好理由，所以全世界的钟表广告，不分地域不分种族，时间全指在十点十分左右。

可是，有一个更重要的实质因素，却被心理学家忽略，就是十点十分在一天之中到底象征了什么？

钟表是工商时代的产物，一有了钟表，人们就脱离了日出而作日落而息的农业时代。那么工商时代的生活如何呢？一般公家机关是八点左右上班，私人机构约在九点上班，商店是在十点钟开门，十点十分无疑是一个人一天中最好的时间。八点刚刚睡醒不久，头脑还处在昏沉状态；九点则尚未安心，工作不能就绪。到了十点十分左右，头脑也清醒了，工作也安顿了，正处在精神与效率的巅峰，不论做任何工作，这个时候大概都是最能得心应手的。

十点十分也是决策的时间，许多公司在这个时间开主管会议，许多决策也多是在这个时刻决定，那是因为大家在这个时间最清醒。所以说，正如钟表广告所指出的，十点十分是人一天中最好的时刻，是最好的定点。我想，世界上大概很少有人在十点十分赌博、杀人、淫邪、放纵的，那么，它不只是最好的时刻，也是最善良、最清净的时刻。

我有时路过钟表店，总会注意店中悬挂钟表的时间，假如看到所有的钟表都指向十点八分四十五秒，就感觉这是美感和讲究品质格调的店；反之，若看到墙壁的时间都是乱七八糟指向不同的方向，则会大为感叹，为什么不能选择最好的时间呢？

钟表如此，人生亦然，如果我们常把一天或一生的标准定在十点八分四十五秒的巅峰，常保持那样的上扬、奋发、清明、觉醒、善良、清净，充满了活力与干劲，则成功又有什么困难呢？

（资料来源：林清玄.紫色菩提[M].北京：国际文化出版公司，2012.）

83.植入式广告——冯小刚电影的商业探索

中国最成功的贺岁片导演，冯小刚的系列电影越来越呈现票房高、观众多、利润高的趋势，还有一大趋势不容忽视——电影中的植入式广告也逐渐多了起来。

（1）植入式广告的历史与现状

任拯廷先生在《浅议植入式广告》一文中，对植入式广告的定义是：植入式广告（Product Placement）又称植入式营销（Product Placement Marketing），是指将产品或品牌及其代表性的视觉符号甚至服务内容策略性融入电影、电视剧或电视节目内容中，通过场景的再现，让观众留下对产品及其品牌的印象，继而达到营销的目的。

在国外，有据可查的最早的植入式广告是1951年由凯瑟琳·赫本和亨莱福·鲍嘉主演的《非洲皇后号》，影片当中明显地出现了戈登杜松子酒的商标镜头。在我国则是20世纪90年代由葛优和吕丽萍主演的《编辑部的故事》，首次采用了类似植入式广告的表现形式，使"百龙"矿泉壶一夜之间声名鹊起，从此植入式广告就进入了中国的影视节目中。

在中国众多的导演中，冯小刚显然是电影植入式广告的首席CEO，同张艺谋、陈凯歌等人相比，冯小刚在影片中更能对广告植入处理得驾轻就熟。冯小刚导演的《没完没了》可以说是开中国电影作品植入广告的先河。中国银行为该剧投入了大量的资金赞助，因此在该片中，中国银行的产品在剧中多次现身，电影与广告相得益彰，双方受益。

（2）冯小刚电影中的广告植入方式

常见的广告植入方式有置景道具植入、对白式植入、情节式植入、场景式植入。

置景道具植入，主要是指品牌视觉符号或商品本身作为影视作品的置景或道具出现，这是最早的电影广告的植入方式。最常见的道具是电子产品、汽车、珠宝服饰、生活用品。汽车尤其引人注目，所以能第一时间让观众记住其品牌，其他品牌则通常都是采用特写镜头的方式，如《天下无贼》中，惠普、佳能、长城润滑油等，都有定格在商品上的镜头，但这种方式只能为品牌带来了观众大体的记忆效果。

对白式植入可以增加品牌的植入效果，让观众留下深刻的印象，尤其是经典对白。对白式植入，就是在影视剧中通过人物的对话巧妙地将产品、品牌、服务植入其中，使品牌的形象更生动，而且更有说服力。在影片《一声叹息》中，傅彪把张国立和刘蓓送到三亚的总统套房，临走时悄声对刘蓓说："打电话用吉通卡。"而张国立给徐帆打电话，问买房子的事情，徐帆则说："欧陆经典不错，就是太贵。"后来徐帆在剧中一再提醒亲朋好友："我家特好找，就在欧陆经典。"通过特殊场景的结合或者反复的强调，使品牌在观众的脑海中留下了"这就是徐帆的选择"这一隐性的效果。在电影《大腕》中，相继出现"搜狗""彪驴""补钙""不求最好，但求最贵"等经典对白时，观众会心一笑。而剧中的非常语录通过公众口头传播，亦能达到行之有效地进行产品传播这一效应。

情节式植入，是指在影视剧中，灵活地将产品的特性和诉求点，融入电影中，成为推动整个故事情节的有机组成部分，达到"广告不像广告"的最佳境界。真正好的隐性广告是把剧情跟产品完美地结合起来，最好的植入式广告不一定要展现它的品牌标志，而是让受众无形之中被影响。在电影《手机》一片中，剧中所有演员使用的全是清一色的摩托罗拉手机。如：电视刚刚开场时出现的是388c，结尾出现的是A760；而在整部剧中，严守一用的是彩信388c，费墨用的是T720，沈雪用的是V860，春燕脖子上挂的是E380，武月用的则是E365。手机在这里是作为一个道具而存在的。正如在《天下无贼》一片开头时，刘德华、刘若英这对贼男女为了勒索富翁傅彪，刘德华扮演的男贼用佳能摄像机摄下富翁对女贼的不轨举动。而后在西藏的寺庙，男贼窃得一大袋手机，无一例外都是诺基亚手机。但是正是这些道具的存在，使影片的发展、情节的安排都得到了合理的解析，达到了情节植入的完美表现。

在2008年的影片《非诚勿扰》中，凭借电影里面的西溪招亲，杭州作为一个城市品牌被植入其中，游戏中融入文化风情，对于西溪这样的新景点也是一种极佳的宣传。

冯小刚电影中植入式广告的优势：

（1）冯小刚电影是成功的商业娱乐电影

没有人愿意对一部烂片去投放资金。近年来冯小刚导演的贺岁电影，都获得了成功，许多经典对白也深入人心，可以说他的电影是票房的保证，这也使他的电影成为商家投资广告的理想载体。而且纵观冯氏电影，多数是现实题材的都市剧，为现代商品的销售提供了合理的剧情和时空。在角色的设定上，他也是将商品与特定的目标消费群结合得十分恰当。

（2）巧妙的情节融合

随着冯小刚电影精彩剧情的展开，不同的商品在影片的背景下，透露着不同的品牌信息。而这一切，观众都是在无意识中接受的，这就是冯小刚电影中植入式广告的高明之处，利用巧妙的情节融合，使商品的诉求和剧情有机地结合在一起。

（3）好的品牌和好产品

看过冯小刚电影的观众都有一个共识，里面的车、手机等道具都是名牌产品，既有优良的品质和公信度，又有靓丽的外形，使观众加强了对这些商品的品牌印象，产生消费的欲望，再回到生活中去寻找它的原型进行购买。如果企业品牌的美誉度达不到消费者心目中的期望值，品牌的社会公信度不足，那么在节目中频繁出现就会引起观众反感。

冯小刚电影中植入式广告还有很多方面值得我们去参考，作为一个植入式广告，好的载体＋好的情节＋好的产品＝产生购买欲望，正是冯小刚电影中植入式广告的优势公式。

植入式广告有其独特的魅力，是否能发挥功效主要是看如何使用。电影中广告的商业性与影片的艺术性、文化性是此消彼长的不可调和的矛盾体，如何更好地协调二者的关系，使电影与产品的宣传真正实现双赢，将成为制片人和商家共同思考的重点。

（资料来源：方怿.浅析冯小刚电影中的植入式广告［J］.电影文学，2009（12）.）

◇营◇销◇启◇示◇

植入式广告就是一种隐性广告，做好了可以达到"广告不像广告"的最佳状态，让目标受众在没有任何戒备心理的情况下不知不觉地接受。

---

84. 用云南方言做商品商标或广告的得与失——"子弟""板扎""猫哆哩"等

汉语方言俗称地方话，只通行于一定的地域，它不是独立于民族语之外的另一种语言，而只是局部地区使用的语言。现代汉语各方言大都是经历了漫长的演变过程而逐渐形成的。

某一种方言在特定的区域通俗易懂、妇孺皆知，用它来做商品的商标或做广告宣传，朗朗上口，很容易被当地消费者接受，有利于迅速占领市场，取得在当地市场的成功。但是，由于方言的地域性和局限性，很多外地人完全不知所云，有如云里雾里，起不到广而告之作用，不利于该商品走出当地，走向全国，走向世界市场。

（1）"子弟"牌土豆片

"子弟"牌土豆片是云南本土薯片第一品牌，它是云南久负盛名的风味食品，精选纯正新鲜马铃薯为原料加工而成，片片都保留了高原马铃薯的美妙味道。它就是用昆明方言"子弟"来做商品商标并进行广告宣传的，其广告语为："吃洋芋，长子弟！"在这句广告语中它用了两个昆明方言词汇"洋芋"和"子弟"，使得一般外地人更不容易理解其含意。昆明土话把马铃薯，即土豆（potato）叫作"洋芋"；昆明土话把男孩子长得英俊（handsome）叫作"子弟"，把女孩长得漂亮（pretty）叫作"子妹"。

图 5-40　"子弟"牌土豆片　　　　图 5-41　"吃洋芋，长子弟"——"子弟"
　　　　　　　　　　　　　　　　　　　　　　　牌土豆片广告语

（资料来源：昆明子弟食品有限公司官网http：//www.zidifood.com/.）

昆明方言"吃洋芋长子弟"的意思是说，常吃土豆的男孩子会长得英俊。这一说法也让外地人不好理解，为什么常吃土豆的男孩子会长得英俊？女孩子、中老年人可以吃"子弟"牌土豆片吗？

（2）"板扎"牌卫生纸

"板扎"牌卫生纸是云南本土卫生纸第一品牌，它是100%原生木浆纸，纸质软、韧性好、拉力强，4层厚实，不掉纸屑、不掉灰，不加荧光增白剂，使用更安全。它就是用昆明方言"板扎"来做商品商标并进行广告宣传的，其广告语为："板扎牌卫生纸，太板扎了！""板扎"是昆明的一句土话，是极好的、完美的意思。昆明方言常说："唉唉嗦，太板扎了！"其含意英文翻译为："Oh My God, Excellent /Perfect!"昆明本地消费者都懂得"板扎"的真实含意，而外地人常常不知所云，有时甚至会将"板扎"误解为结实的意思。

图 5-42　"板扎"牌卫生纸

（资料来源：云南嘉信和纸业有限公司官网http：//www.jiaxinhe.com/brand/xilie/bz.html.）

（3）"猫哆哩"牌水果系列产品

"猫哆哩"为云南猫哆哩集团食品有限责任公司（简称"猫哆哩集团"）主打品牌，"猫哆哩"品牌是"中国驰名商标"、国内休闲食品知名品牌。"猫哆哩"在新产品研发过程中，坚持"四不加"原则，即不加色素、不加香精、不加防腐剂、不加人工合成香味剂，开发最具云南特色的绿色生态食品。"猫哆哩"最早的产品有酸角糕、菠萝糕、滇山楂糕等水果糕，现在已经发展成为水果系列产品。它就是用西双版纳傣族语"猫哆哩"来做商品商标并进行广告宣传的。"猫哆哩"是傣族语，意为阳光活力男孩，其含意英文翻译为"sunny boy"。"俏哆哩"是傣族语，意为漂亮女孩，其含意英文翻译为"pretty girl"。

图 5-43　"猫哆哩"酸角糕

（资料来源：云南猫哆哩集团食品有限责任公司官网http：//www.maoduoli.cc/list/cnPc/22/46/auto/6/0.html.）

在沃尔玛、家乐福的"猫哆哩"商品柜台旁边，人们经常可以听到"猫哆哩"的广告语："赶快来尝猫哆哩，快点来尝猫哆哩，猫哆哩呀，猫哆哩呀，猫哆哩呀，猫哆哩呀，快点来尝猫哆哩，赶紧来尝猫哆哩，大叔吃了精神好，大妈吃了皱纹少，帅哥吃了乐陶陶，美女吃了美细腰，娃娃吃了还说要，要，要，要，要什么呀，猫哆哩的酸角冰。"事实上，许多云南本地消费者也不一定懂得"猫哆哩"的真实含意，而外地人听了"猫哆哩"广告语更是云里雾里。

（4）"稀比奇"牌汽水

"稀比奇"牌饮料是云南省玉溪市红塔区龙门饮料厂生产的一种汽水（碳酸饮料）。它就是用云南方言"稀比奇"来做商品品牌的。云南本地消费者都懂得"稀比奇"的真实含意，"稀比奇"是一个贬义词，它的含意有一点接近"嘞瑟"一词。

"稀比奇"品牌名称是利用云南某些消费者猎奇的心理来给饮料命名的，它不符合《中华人民共和国商标法》第十条之（八）"有害于社会主义道德风尚或者有其他不良影响的"的条款规定,因此"稀比奇"标志不得作为商标使用。

图 5-44 "稀比奇"牌汽水

（资料来源：昆明子弟食品有限公司官网http：//www.zidifood.com/；云南嘉信和纸业有限公司官网http：//www.jiaxinhe.com/；云南猫哆哩集团食品有限责任公司官网http：//www.maoduoli.cc/list/cnPc/22/39/auto/12/0.html；https：//www.yn.gov.cn/ywdt/zsdt/202103/t20210304_217978.html.）

◇营◇销◇启◇示◇

促销的本质是买卖双方信息的沟通,若用汉语方言来做商品广告仅仅适用于某一特定区域,在更大区域则无法实现买卖双方信息的有效沟通,会造成信息沟通上的障碍,达不到促销宣传的目的。

85.货好还需会吆喝——云南宣威火腿及其促销

火腿是我国的传统名特产品,源于中华民族的聪明才智,其独特工艺及风味在世界火腿之林独树一帜。我国有三大著名火腿：产于浙江省的金华火腿,也称"南腿"；云南省的宣威火腿,也称"云腿"；江苏省的如皋火腿,也称"北腿"。

据考证,中国火腿创始于南宋建炎二年（1128 年）。由宋高宗命名,迄今有近900 年的历史。相传宋高宗赵构南渡时,抗金名将宗泽的家乡金华府义乌县腌制咸肉犒劳军队,咸肉味道鲜美,将士们称之为宗泽的"家乡肉",这就是金华火腿的前身。宗泽回朝,便将"家乡肉"进献给皇上品尝。高宗见割开的肉颜色鲜红,又因宗泽的家乡义乌为浙江金华所属,便欣然赐名为"金华火腿",后来火腿业尊宗泽为祖师。当时腌制火腿，不是像现在这样晒干，而是用火熏干，所以也叫火腿，有"金华火腿出东阳，东阳火腿出上蒋"之说。

1923 年，在广州的全国名特产品赛会上宣威火腿获得"优美食品奖"，特别是孙中山先生在参观展览现场品尝宣威火腿后赞扬"色鲜肉嫩，肥瘦适宜，味香回甜，油而不腻"，并题词"饮和食德"相赠，于是宣威火腿美名远扬。

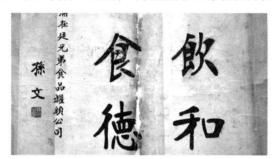

图 5-45　孙中山先生为云南宣威火腿题词"饮和食德"

（资料来源：曲靖文明 http://qj.wenming.cn/rwqj/201404/t20140418_1124330.html.）

中国火腿产地比较多，江苏、上海、云南、四川、湖北、安徽、贵州、江西、甘肃、台湾等省市都产火腿。但是为何人们只知道中国有三大名腿？云南除了宣威火腿外，还有大理鹤庆的圆腿、大理诺邓火腿、禄劝撒坝火腿、丽江三川火腿等。为何一般只知道宣威火腿？1128 年宋高宗为"金华火腿"赐名让其名扬天下。1923 年，孙中山先生"饮和食德"题词使云南宣威火腿名声大振。2012 年 5 月，CCTV 纪录片《舌尖上的中国》中一段六分钟长的关于云南诺邓火腿的影像，让诺邓火腿后来居上，瞬间名声大噪。所以对于消费者来说产品的促销宣传就显得十分的重要。

鉴于腌制宣威火腿的原料并非传统的乌金猪，而是吃饲料的洋猪，腌制火腿时每千克后腿一般仍用 50 克盐来腌制，目前宣威火腿的特点可以总结为"傻大黑粗、死咸"，因此对宣威火腿在恢复传统基础上加以改良，迫在眉睫，同时要加强促销宣传。

云南宣威火腿"8 个一"的促销策略，即一馆、一片、一书、一菜谱、一明信片、一节、一品牌、一广告语。

"一馆"，就是要建立一个宣威火腿博物馆。可以利用浦在廷先生故居来建设宣威火腿博物馆，用历史文物、文字、图片、火腿实物等来宣传介绍宣威火腿。

"一片"，就是要拍一部宣传介绍宣威火腿的电视纪录片。内容可以包括：介绍制作宣威火腿的乌金猪、宣威火腿。

"一书"，就是要出版一本有关火腿文化的书。内容包括：宣威火腿的历史、故事、传说；中国三大著名火腿比较研究，三大著名火腿有何不同？它们各自的特点在哪里？它们各自的营养成分怎么样？等等。

"一菜谱"，就是可以写一本火腿菜谱。对中国八大菜系和滇味菜点中的火腿菜谱进行选择编辑，具体介绍火腿的各种吃法。内容还可以包括：宣威火腿质量分级、宣威火腿分部位取用和食用特点、火腿的营养保健和中医疗效等。

"一明信片"，就是可以通过中国邮政发行一套宣传介绍宣威火腿的明信片。

"一节"，就是要定期举办宣威火腿美食文化节。同时还要将宣威火腿美食文化节与举办宣威火腿展销会、订货会、新闻发布会和研讨会等联系起来。

"一品牌"，就是要实施宣威火腿品牌战略，积极申请"原产地域保护"。

"一广告语"，就是可以创造一句精彩的、令人难以忘怀的广告语，从而达到介绍宣传宣威火腿的目的。

（资料来源：宁德煌.酒香也怕巷子深——谈谈火腿、宣威火腿及其促销.宣威市委史志办.宣威年鉴（2002）[M].德宏：德宏民族出版社，2002：38-42. 引用时有增减）

营销启示

> 货好还需会吆喝，必要的宣传和促销对于企业的产品来说显得十分的重要。

86.广告也雷人!——开发商常用的 "楼盘宣传语"

地产广告一字千金，各广告公司、中介商和地产商都对楼盘广告词精雕细琢，惜墨如金，力求达到一鸣惊人的目的。地产广告语具有本行业独特的语言风格，精湛的广告语是楼盘产生良好传播效果的最佳途径。

2011年11月1日，《人民日报》曾对当下房地产开发商爱用的一些"楼盘宣传用语"进行了汇总按地段篇、规划篇、配套篇分成三部分，罗列了25组开发商爱用且常用的 "楼盘宣传语"：

（1）地段篇

地段偏僻——告别闹市喧嚣，独享静谧人生。

周边嘈杂——坐拥城市繁华，感受摩登时代。

荒山秃岭——与大自然亲密接触。

刚有规划——轨道交通在即。

零星班车——无缝接驳CBD。

挨着铁道——便利交通，四通八达。

地势很低——私家领地，冬暖夏凉。

价格奇高——奢华生活，贵族气息。

（2）规划篇

规划不好——小资情调，折射后现代生活。

户型很烂——个性化设计，稀缺绝版户型。

弄个圆顶——巴洛克风情。

搞个楼尖——哥特式风格。

前后楼快挨上了——邻里亲近，和谐温馨。

弄个喷水池——英伦风情，北欧享受。

门口有保安——私人管家，尊贵生活。

（3）配套篇

挨着臭水沟——绝版水岸风光。

挖了小池塘——临湖而居，演绎浪漫风情。

周围荒草地——超大绿化，无限绿意。

旁边小土包——依山而居，享受山里人的清新。

有家信用社——坐拥中央商务区。

有个居委会——核心地标，紧邻中心政务区。

有家小学校——浓郁人文学术氛围，让你的孩子赢在起跑线上。

有家小诊所——零距离就医，拥抱健康。

有五平米超市——便利生活，触手可及。

有个垃圾站——人性化环境管理。

（资料来源：雷人的"楼盘文化"[N].人民日报，2011-11-01 （16）.）

营×销×启×示

> 买房必看！这是揭露房地产行业潜规则的最佳注脚！

87.先拿左脚的鞋子给客人试穿！——卖鞋子的技巧之一

30多年以前，因为工作关系，本书作者曾经采访过一位中华人民共和国成立前在昆明某鞋店做过店员的老师傅。听老师傅说，当时若想在鞋店做店员要先跟师傅学徒两年，等掌握了鞋子的相关知识和服务技巧以后，才可以出师独立承担店员工作。

老师傅说了很多有关鞋子的各种知识：怎样给不同的顾客推荐不同款式的鞋子；如果是农民进城买鞋，店员还要先打盆热水让他们把脚洗干净，然后再试穿鞋子；人的脚在每天走了很多路，而且吃饱了晚饭以后会最大；客人来买鞋合脚最重要，店员通常要给客人先试左脚，就一般人而言，左脚会比右脚稍大一点等等。

图 5-46　人的左脚大？还是右脚大？

卖鞋子的技巧：首先，要了解顾客喜爱的款式，要快速找出顾客所穿尺寸的鞋子，让顾客试穿是否合意，正确地判断是否合脚，合脚是疏忽不得的，否则不仅夹脚，还会损伤脚部。其次，当顾客试鞋时，如果顾客先脱去鞋子的是左脚，那么今后拿给顾客试的鞋子就一律先拿左脚的鞋子，直到顾客试到满意。最后，再将同一双鞋子的右脚拿给顾客试穿，一直试到顾客觉得双脚舒适满意为止。总之，店员要真正为

顾客着想，不能一会儿拿左脚鞋让顾客试穿，一会儿又拿右脚鞋让顾客试穿，不能让顾客反复脱鞋，否则顾客就会感觉很不方便。

营 销 启 示

商店服务员仅仅英俊或漂亮是不够的，重要的是学习商品知识和服务营销技巧，这样才能更好地为顾客服务！

88.如何Hold住消费者？——零售场所背景音乐

英国爱丁堡博士曾经说过："音乐是店堂动起来的传声器。"随着零售市场竞争进入白热化阶段，零售商之间的竞争已转变为消费环境营造的比拼。在如今多样化的购物体验环境中，店堂音乐的设置对于消费者而言有着不容小觑的作用，随着声波的传递，其间接体现品牌终端场所经营的文化以及所涵盖的文化价值。不难发现，背景音乐已经成为了当下各大零售场所经营者进行感官体验的不二选择。

例如，澳门的"壹号广场"（One Central Macau）就非常擅用背景音乐。它是汇集购物、餐饮、娱乐和住宿于一体的澳门旗舰级Shopping Mall。"壹号广场"购物中心面积约为2万平方米，网罗众多国际顶尖设计品牌，包括Louis Vuitton、Gucci、Dior等均于此开设旗舰店或其在澳门的首家分店。汇聚国际大牌的"壹号广场"，不光为旅客提供优质的奢华购物体验，更是展现了全球时尚潮流和休闲娱乐完美融合的生活理念。澳门"壹号广场"的目标营销专为高端、奢华消费品人群定制，目标顾客群中除了来自欧美的高消费人群，中国内地顾客的比例也在逐日增大。

图 5-47 澳门"壹号广场"宣传海报（2010 年春节）

图 5-48　乐队在澳门 "壹号广场"一楼大厅演奏（2010 年春节）

在圣诞节及春节期间，澳门 "壹号广场"的一楼大厅有着弦乐四重奏乐队进行演奏。这支乐队演奏的曲目中西风格兼有：消费者步入 Shopping Mall 便沉浸于阳光《喜洋洋》氛围中；维尼亚夫斯基的《D 大调第一华丽波兰舞曲》让人不时想起华丽殿堂内人们翩翩起舞时的情景，无形中传播着 Shopping Mall 中产品社会地位的象征意义，极大程度地迎合了消费者对高品质、高贵身份的追求，从而激发消费者高层次的消费欲望。

科学的背景音乐可以提升企业的软环境，有助于企业自身环境的完美塑造。在大众消费文化与品位需求日益提升的环境下，通过更加优化的软环境与硬环境的搭配，无疑会有助于商家抢占市场竞争的先机。

要选择合适的背景音乐，首先，必须了解音乐，包括对其创作背景、风格及音乐表现内容等的知晓，决不可单凭管理人员喜好而选择背景音乐。其次，选择精良的卡带、CD、音响设备，随后进行倾听音乐、熟悉音响效果，控制音量与节奏。不可不顾音乐表现内容随便乱放，带来负面效果。切不要把播放背景音乐看作是简单的操作，随随便便，掉以轻心。

择曲与设计的基本原则

并不是所有的音乐都可做背景音乐，选择时需遵循如下原则：

（1）轻柔。轻柔的背景音乐使人轻松愉快、舒适安逸、心旷神怡；沉重、聒噪的背景音乐令人心烦意乱，疲劳和易怒，而无声的空间又使人孤寂难熬。因此，选择背景音乐应遵循轻柔原则。首先，要考虑的是对音乐作品的要求——旋律流畅、生动，风格高雅、结构简单。其次，背景音乐播放的操作及管理一般采用中央音乐控制系统，要求整套播音系统设备品质精良、安装合理化。操作人员要求具有娴熟操作技能，同时播放时不宜使用过多的混响，造成声音的浑浊不清，听觉不舒服，形成噪音破坏消费气氛。

（2）舒缓。音乐节奏会影响消费者作出决策。根据美国学者Kahneman（1973年）的研究表明，快节奏音乐能够激发消费者的购物欲望，并能使消费者更加快速地分析购物环境。节奏舒缓的音乐则能安抚消费者的心情，产生更多逛商场的情绪，连带购买也会增多。

（3）融合。背景音乐需要与零售场所的建筑风格及经营特色相融合。所选择的背景音乐应与零售场所整体形象、风格一致，给消费者以舒适、无障碍的消费感受。

（4）愉悦。酒店、品牌体验店等是为消费者提供餐饮、休息、文化的场所，为了满足消费者平静、愉悦的心理需求，零售场所提供的背景音乐不宜主题太过突出而且过于激烈。

择曲需因时而异

（1）背景音乐需要根据零售场所的经营时间段及天气变化情况而变换。轻松、舒缓的音乐可使人们大脑及神经功能得到改善、焕发精神，可以在早上开门迎宾、客流量较大或天气晴朗的时候播放，在《天籁森林》中，美妙愉悦、不染尘世的绿色音乐，让人犹如身处山林湖畔，沐浴晨光雨露，在感受自然的音乐中放松自己，享受生活；欢愉、轻快的乐曲更容易激发顾客消费的欲望，在中午客流少或天气阴郁的时候旋律优美的音乐能安定情绪，使人心情愉悦，并增进食欲，此时可以考虑海顿、莫扎特或贝多芬的音乐，在茶香余韵之中营造出一份闲情优雅的意境，在这种轻松愉快的氛围下，顾客会自然而然地延长在商场里停留时间；而在夜晚，节奏缓慢、优雅的音乐则具有降压、镇静、放松的作用，此时可以选用舒伯特、德彪西的作品。在《神秘园之歌》那优美深情的旋律陪伴下，让人重回那个曾经失落的心灵天堂。然而在促销活动期间或客流高峰期可以选择节奏欢快的音乐，暗示顾客该尽快购买。

（2）根据节假日的特点而定。遇到节假日，可播放与此有关的音乐，烘托出祥和喜庆、热闹的气氛。如元宵节、中秋节、春节等，可选择相应主题的歌曲，如《相思曲》《彩云追月》《花好月圆》《新春乐》等。而圣诞节的平安夜时，可选择《欢乐颂》《圣诞歌》《平安夜》等外国艺术歌曲，营造节日气氛。

音量及节奏要适宜

影响人们对音乐感知的因素有很多，除曲调、旋律外，还包括极为重要的音量大小。一般而言，背景音乐的音量高出现场噪声 4~7 分贝比较适宜。通过音量大小可以调节购买决策，大分贝的音乐可以衬托出热闹的气氛，但是小分贝的音乐却可以鼓励顾客与销售人员进行对话，并作进一步的互动。例如，当商场比较冷清需要聚拢顾客（如拍卖会或促销会）时可以播放稍大分贝的音乐。如果销售已告一段落，顾客需要进行深层沟通（如古董字画、家具或高级服饰等）时，应该调低音量更加恰当。

音乐节奏不同，给人的感受也是不一样的。当播放慢节奏音乐时，人们感觉会比较放松、沉静，让人整个动作都会慢下来，轻松地沉浸其中，从而会相对延长在卖场内停留的时间，浏览更多的商品，产生更多的消费。相反，快节奏的音乐能让人动作快起来，加快决策的速度，提高购买量。所以说在节假日或者客流高峰的时候可以播放节奏较快的背景音乐，可以鼓励消费者提高采购速度，缩短消费者在店内的停留时间，缓解人流压力。

背景音乐是零售场所管理的重要组成部分，运用得好可以巧妙地安抚客人的情绪，满足客人的身心需要，也加强零售场所同客人感情交流，促进销售；而忽视背景音乐，易使零售场所在客人心目中的地位下降，零售场所形象受到影响。所以，现代零售场所从筹建到运作、管理的整个环节到零售场所设计、装饰、运行等环境都必须考虑背景音乐的巧妙运用，以发挥出背景音乐应有的功能。

（资料来源：宁德煌，李乐康.背景音乐 Hold 住消费者[J].销售与市场（管理版），2011 （12）.）

营 销 启 示

商业时代的背景音乐需求并不单单只靠简单机械化的播放就能满足，从理念到曲单搭配，每一步都需遵循原环境的装修风格、色彩、经营主体、受众等多方位、立体的包容性思维方式，从而筛选出更加合适的背景音乐。背景音乐是商家用来 Hold 住消费者的重要法宝之一。

89.吃啥好呢？——吃蘑菇、吃鱼和吃醋！

营养学家说：

吃四条腿的不如吃两条腿的，

吃两条腿的不如吃一条腿的,

吃一条腿的不如吃没有腿的。

卖鱼老板说:

吃鱼的妈妈最漂亮,

吃鱼的爸爸最强壮,

吃鱼的孩子最聪明,

吃鱼的爷爷奶奶最长寿。

卖醋老板说:

男人不吃醋,感情不丰富;

女人不吃醋,家庭不和睦;

小孩不吃醋,学习不进步;

老人不吃醋,越活越糊涂。

鼓励消费者多吃蘑菇、多吃鱼和多吃醋,这是健康饮食观念的营销。

90.老板娘跑了 —— 小店老板的促销花招

网络上有一个经典段子,说的是:

某条街上有个小店,每天用录音播放的广告就是:

"老板娘跑了,老板娘跑了,老板无心经营,清仓大处理。"

持续一个月后换为:"老板娘回来了,老板娘回来了,老板庆祝,打折大酬宾。"

下一个月是:"老板娘又跑了,老板娘又跑了……"

图 5-49　老板娘跑了——POP 广告

POP广告（Point of Purchase Advertising）是指零售商店的橱窗里、走到旁、货架、柜台、墙面，甚至天花板上，以消费者为对象的彩旗、海报、招贴、招牌和陈列品等广告物。例如，"金融海啸，要钱不要命！""清仓大处理，一件不留！""铺面搬迁，不惜血本大甩卖，最后三天！""跳楼价，一折就卖！"等，这是那些无良商家最喜欢采用的POP广告。商业经营，诚信为重！

91. 小浣熊 "水浒" 108 将英雄卡——"80 后" 童年最美好回忆

20 世纪 90 年代，"小浣熊干脆面" 风靡中国各中小学校园，无数中小学生为它疯狂，不是因为它好吃，而是为了面条中附赠的那 "水浒" 108 将英雄卡，英雄卡共计 108 张！

当时特别流行吃干脆面。一到学校，能看到地上到处都是小浣熊干脆面的包装袋，价格是一元一袋，是统一公司生产的第一款产品。20 世纪八九十年代初出生的人对它记忆尤深，对于 "80 后" 来说，这个是一个关于童年的美好回忆，购买 "小浣熊干脆面" 获得英雄卡，与同学们交换相互缺少的卡片，以小游戏的方式赢得自己想要的卡片。能够收集齐全一整套小浣熊 "水浒" 108 将英雄卡是每一个孩子的梦想。

可是，有一个小男孩连着买了 20 包 "小浣熊干脆面"，得到的英雄卡全是 "宋江"，唉！

图 5-50　小浣熊干脆面

图 5-51　小浣熊 "水浒" 108 将英雄卡之一——宋江

营销启示

销售促进（Sales Promotion）是指为鼓励对某个产品或服务的试用和购买而进行短期激励。统一公司对儿童买 "小浣熊干脆面" 送 "水浒" 108 将英雄卡的做法，就属于销售促进，只是英雄卡共有 108 张，统一公司的心也太黑了点！这是因为，小孩子要想通过买 "小浣熊干脆面" 集齐一整套 "水浒" 108 将英雄卡，几乎是不可能的。

92.洛阳牡丹天天开——神州牡丹园

河南省洛阳市是十三朝古都，有"千年帝都，牡丹花城"的美誉。"洛阳地脉花最宜，牡丹尤为天下奇。"其栽培始于隋，鼎盛于唐，宋时甲于天下。洛阳牡丹雍容华贵、国色天香、富丽堂皇，寓意吉祥富贵、繁荣昌盛，是华夏民族兴旺发达、美好幸福的象征。洛阳牡丹花朵硕大，品种繁多，花色奇绝，有红色、白色、粉色、黄色、紫色、蓝色、绿色、黑色及复色9大色系10种花型1000多个品种。

洛阳牡丹花期一般为每年4月中旬到5月上旬，只有一个月不到的时间，在一年中余下的时间里，旅游者是看不到牡丹花的。为了满足全世界、全国慕名而来旅游者"天天看牡丹"的迫切需要，洛阳"神州牡丹园"利用其科技优势，开发出了四季牡丹。在"神州牡丹园"高科技四季牡丹展示区，一年365天，旅游者天天都可以看到盛开的牡丹花，使"一代女皇武则天"的梦想变成了现实。

"神州牡丹园"位于中国佛祖释源——洛阳白马寺对面，占地面积600余亩，盛唐建筑风格，山水园林景观，集中收集国内外名优牡丹品种1021个40余万株。园内分为五大景区（牡丹文化区、牡丹休闲观赏区、牡丹精品观赏区、高科技四季牡丹展示区、商品牡丹综合区）。"神州牡丹园"是牡丹旅游观赏最佳目的地、全国唯一四季牡丹专类园。

图5-52 神州牡丹园高科技四季牡丹种苗生产温室（2012年7月）

图 5-53　7 月份神州牡丹园内盛开的牡丹花（2012 年 7 月）

（资料来源：神州牡丹园 http：//www.chinapeony.com.cn/.）

营×销×启×示

　　"天天看牡丹"是每一个到洛阳旅游的旅游者的潜在需求，河南洛阳"神州牡丹园"实施开发市场营销，开发出了四季牡丹，实现了旅游者的需求。

93.　"真不同"饭店传奇——洛阳水席的故事

　　河南"洛阳水席"始于唐代，迄今已有 1300 多年的历史，是中国保留下来最古老、最有特色、最完整的一套宴席。由于它隆重典雅、风味独特、选料广泛精细、烹制极为讲究、味道鲜美多样、口感舒适爽利，博得古今中外宾客赞誉。"水席"起源于洛阳，这与洛阳的地理气候有很大关系。洛阳四面环山，地处盆地，雨量较少，气候干燥寒冷，民间饮食多用汤类，喜欢酸辣以抵御干燥寒冷。

　　所谓"水席"有两个含义：一是全部热菜皆有汤——汤汤水水；二是菜吃完一道，撤后再上一道——有如行云流水一般。

　　洛阳水席全席依序分为：前八品（8 个冷盘下酒菜）、四镇桌（4 大件热菜）、八中件（8 件陪衬菜或调味菜）和四扫尾（4 件压桌菜），有 8 个冷盘和 16 道热菜，共计 24 道菜。洛阳水席的菜肴，冷热、荤素、甜咸、酸辣兼而有之。

图 5-54　"真不同"饭店

"真不同"饭店始创于 1895 年，迄今已有百余年历史，是中华老字号、中国餐饮名店、国家级非物质文化遗产、中华第一宴、中国美食十大盛宴、中国餐饮优秀民族品牌等。

"真不同洛阳水席制作技艺" 是国家级非物质文化遗产代表性项目，其代表性传承人是 "真不同" 洛阳水席第五代掌门人姚炎立先生。

图 5-55　"真不同"洛阳水席第五代掌门人——姚炎立

为了传承洛阳水席这项国家级非物质文化遗产，更好地将其推向世界、推向全国市场，"真不同" 讲了一个 "洛阳水席" 的故事，姚炎立策划拍摄了一部电影，出版了一本品牌文化手册、一部长篇小说和一部报告文学等。

（1）电影《洛阳水席》

影片《洛阳水席》取材于洛阳作家张元纯的长篇小说《真不同》，由北京电影学院教授王海洲担任总编剧，著名青年导演韩万峰执导，洛阳酒家有限责任公司董事长、总经理姚炎立担任总策划、总顾问，著名艺术家李万年、中国台湾青年演员赵擎担任主演。2012 年 6 月，电影《洛阳水席》曾在 CCTV-6 首播。

图 5-56　电影《洛阳水席》DVD

　　这部以真不同洛阳水席为背景，讲述其百余年风雨变迁，创始人及继承者发扬我国优秀民族品牌、弘扬厚重古都文化的力作，以一名毕生都在探寻水席真谛的老厨师为主人公（白秋实），再现了发生在他身边的家庭变故，最终恢复大唐盛宴洛阳水席的曲折故事，阐述了洛阳水席独特的文化内涵和厨艺真谛。

　　该影片将洛阳水席这一餐饮奇葩通过电影艺术的形式传播，不仅向观众展示了洛阳水席的美食传奇，还将洛阳厚重灿烂文化推向了新的高度，对于洛阳打造国际文化旅游名城将起到积极的推动作用。

　　（2）　"真不同"品牌文化手册——《真不同传奇》（剪纸礼品·盛世典藏）

图 5-57　真不同品牌文化手册

《真不同传奇》采用以 "千年宫廷剪纸" 记录 "千年宫廷御宴" 的创意，记录反映了 "真不同" 的品牌文化内涵和人文价值。

在本书中， "真不同" 将 "龙门石窟、洛阳牡丹、洛阳水席" 并称为 "洛阳三绝"，提出民间有 "不进真不同，未到洛阳城" 之说。讲到了千古一帝武则天与洛阳水席，人民总理周恩来与洛阳水席，前国家主席、党中央总书记、中央军委主席胡锦涛与洛阳水席的故事等。洛阳水席获名的三层含义和洛阳水席秘制流程。用两句话、十四个字将洛阳水席的特点总结为 "热冷焦软稀稠干，海河荤素甜辣酸"。以及掌门人姚炎立的传奇和 "真不同" 饭店的辉煌成绩。

（3）长篇小说《真不同》——记录 "真不同" 企业发展史

图 5-58 长篇小说《真不同》

公元 1895 年，一家小饭店在千年帝都洛阳开业了，它主要经营 "三汤一面"（豆腐汤、丸子汤、白汤和大碗面）。很多年以后，店面扩张，遂增添了洛阳水席业务，由于特色突出，老百姓赠予这家饭店一个响亮的名字—— "真不同"。

"真不同" 洛阳水席第五代掌门人姚炎立认为： "餐饮文化是河洛文化的重要组成部分，1400 年前的洛阳水席是迄今为止保留下来历史最久远的名宴之一。从古到今，前者因武皇赐燕而流传千年，从皇宫到民间，百吃不厌；后者因敬爱的周总理设宴招待国际友人而锦上添花，名扬四海。"

为了记录 "真不同" 企业发展史，弘扬洛阳水席这一餐饮奇葩，姚炎立邀请洛阳作家张元纯以现代作家的文笔、文化人的思路，参考了大量古今文史资料，历时三

载，创作出了长篇小说《真不同》（2005 年）。长篇小说《真不同》分为四卷，共计二十二章，为内部交流，免费赠阅。这部小说虚构了一个故事：清朝光绪年间，洛阳进士赵天尧由于仕途失意，开饭馆"民天居"以卖洛阳水席谋生，使洛阳水席古筵回春，获得老佛爷慈禧太后奖赏和由光绪皇帝亲笔御赐的"真不同"店名。

（4）报告文学《洛阳水席人》——国家非物质文化遗产"真不同"代表性传承人传记

"真不同"洛阳水席第五代掌门人、国家非物质文化遗产"真不同"代表性传承人姚炎立，还邀请洛阳作家张元纯创作出了报告文学《洛阳水席人》（2009 年）。《洛阳水席人》分为四卷，为内部交流，免费赠阅。

报告文学《洛阳水席人》的序言写道："《洛阳水席人》运用文学的手法，在中国烹饪文化万紫千红的春园里，捧起了'洛阳水席'这朵奇葩，让其折射出中国烹饪文化的深厚内涵来。作家通过艺术的笔触，让人们领略了从中国烹饪的漫漫长路上，走来的魅力四射的'洛阳水席'。并深情地讴歌了以尧言鬲为代表的'洛阳水席人'的进取精神，他们是中国一代代烹饪人的缩影和楷模。"（本书作者注：尧言鬲与姚炎立同音。）

（资料来源：宁德煌.饮食消费者行为与餐饮营销策略研究 [M].昆明：云南科技出版社，2022：177-181.）

营销启示

> 河南洛阳"真不同"饭店通过拍电影、文学创作出书等形式记载企业发展史及其文化传承者，实施品牌营销，达到促销、宣传"真不同"饭店和"洛阳水席"的目的的做法，在全国餐饮行业中值得提倡和大力推广。
>
> 河南洛阳人对水席无比钟爱，洛阳大街小巷到处可见水席的招牌。一般著名的餐饮总是能够在全国普及，而洛阳水席在我国其他地方却难得一见！这个问题值得我们研究和思考。

---

94. "大救驾"——云南著名小吃

一提起"大救驾"，人们自然会联想到安徽著名小吃，寿县"大救驾"。安徽"大救驾"是用酥皮包果料经炸制而成的甜酥饼。相传赵匡胤在攻打南唐时疲劳过度，茶饭不思。有个厨师用上好的白面、白糖、香油、青红丝、核桃仁等材料做了点心，这种点心的外皮有数道花酥层层叠起，金丝条条分明，中间如急流旋涡状，因用油煎炸，色泽金黄，香味扑鼻。赵匡胤品尝后觉得酥脆甜香，食欲大增，此饼因救过宋太祖赵匡胤的驾而得名"大救驾"。

其实，云南也有一种风味小吃叫"大救驾"。云南"大救驾"是云南省腾冲市炒饵块的一个御名。据传说，清初，吴三桂率清军打进昆明，全城一片混乱，明永历皇帝朱由榔仓皇逃往滇西，清军紧追不舍，农民起义军大西军领袖李定国命大将靳统武护送明永历皇帝至腾冲，自己率军拦击清军。明永历皇帝逃到腾冲时，天色已晚，在一个小村子住下来，走了一天山路，明永历皇帝早已疲惫不堪，饥饿难忍，主人为了应急，炒了一盘饵块送上，明永历皇帝吃后赞不绝口地说："真乃大救驾也！"从此，腾冲炒饵块声名远扬，并改名为"大救驾"。

云南著名小吃"大救驾"是用饵块、鲜猪肉、火腿、鸡蛋、西红柿、菠菜（或白菜）、大葱和糟辣子等原材料烹制而成的一种咸的小吃。其特点是：色彩艳丽，红、绿、白、黄相映，饵块细糯润滑，鲜香可口，油而不腻。（本书作者注：饵块是云南许多米生产地的一种传统食品，用粳米饭舂制而成）

（资料来源：宁德煌.云南小吃"大救驾"[J].旅游，1994（8）：37；梁玉虹.云南名小吃[M].昆明：云南科技出版社，2001：34–36；https：//www.shouxian.gov.cn/lyzn/c/8029363.html. 引用时有增改。）

营　销　启　示

有个美国商人说过："一个好的商品不做广告，就犹如一个漂亮的女人在一间漆黑的房子里向她的情人暗送秋波。"如果没有人在《旅游》这样的专业杂志或相关媒体上宣传介绍过云南著名小吃"大救驾"，那么国内外旅游者就不可能知道云南小吃"大救驾"。

95.《酒鬼背酒鬼》——"酒鬼酒"的发展与"画坛鬼才"黄永玉密不可分

湘西山灵水秀出好酒，但藏在深山人未识。

　　说起湘西的酒鬼酒，那就得说黄永玉。他为了让家乡的经济发展，亲自为酒鬼酒命名、设计包装、书写酒名，并配以妙趣无穷的《酒鬼背酒鬼》画，使酒鬼酒名扬天下。

　　1983 年，黄永玉回家乡，受当地轻工业局领导邀请参观吉首酒厂（现酒鬼酒股份有限公司）。随后他对家乡的酒厂产生了浓厚的兴趣。同年，他设计了湘泉酒的酒瓶。

　　黄永玉问："酿完湘泉酒之后，还能再有更好的酒不？如果有的话，到时我给他设计包装命名。"

　　黄永玉一诺千金。

　　1987 年，黄永玉专程从香港回到凤凰县，拿出设计好的麻袋形状酒瓶包装说："这就是新酿出好酒的瓶型。"

图 5-59　　"酒鬼酒"

（资料来源：http://www.jiuguijiu000799.com/detail/38.html.）

　　酒鬼酒的酒瓶，黄永玉设计成了麻袋状，再系一根麻绳，显得简单古朴，有一股浓郁的乡土气息，酒瓶中间贴一块红纸，上写着"酒鬼"，背面印章上有"无上妙品"4 个字。这种酒瓶设计天然质朴，任何时候看也不会显得过时，甚至有人喝完酒，会把瓶子当成工艺品摆放起来。

　　根据酒鬼酒公司的老员工回忆，黄永玉觉得"酒鬼"不是指贪杯醉酒之人，也不是借酒消愁之流，"酒鬼"和"鬼才"一样，代表超脱自由、胸怀才智，代表非同寻常、特立独行。

　　黄永玉还为酒鬼酒配了一幅著名的画——《酒鬼背酒鬼》。

图 5-60　《酒鬼背酒鬼》画（黄永玉作）
（资料来源：https：//www.hunantoday.cn/news/xhn/202306/18164448.html.）

《酒鬼背酒鬼》这幅画，真是妙趣横生，它画了一个醉汉背了坛酒，醉意朦胧，两腮晕红。疯疯癫癫地往前走，鞋都跑掉一只浑然不觉，上面还配以打油诗句：

酒鬼背酒鬼，千斤不嫌赘。

酒鬼喝酒鬼，千杯不会醉。

酒鬼出湘西，涓涓传万里。

整幅作品，轻松幽默，让人乐不可支，未曾喝酒，已有三分醉意令人陶然。由此可知艺术策划的重要性！

酒鬼酒在中央电视台让人耳熟能详的广告词"酒鬼背酒鬼，千斤不嫌赘；酒鬼喝酒鬼，千杯不会醉；酒鬼出湘西，涓涓传万里""无上妙品，酒鬼酒"，就来源于黄永玉的打油诗。

这样一来，经过黄永玉先生的营销策划，加入了很多文化元素，把湘西的土酿变成了名酒。现在，"酒鬼"已经是"中国驰名商标"，酒鬼酒已经成为"中国地理标志保护产品"，取得了巨大成功，由此可见黄永玉"画坛鬼才"名不虚传！

（本文作者注：黄永玉（1924年8月9日—2023年6月13日），湘西凤凰县城人，中国国家画院院士，中央美术学院教授，曾任中央美院版画系主任、中国美术家协会副主席，是现当代中国文化界具有重大影响力的艺术家。）

（资料来源：张颐佳，李寒露，向莉君，等．"那个快乐的湘西老头，走了！"——湘西州群众沉痛悼念著名画家黄永玉先生[N].湖南日报，2023-6-15（6）；酒鬼酒股份有限公司官网http：//www.jiuguijiu000799.com/；https：//www.

hunantoday.cn/news/xhn/202306/18164448.html.）

酒香也怕巷子深，好的产品还要靠促销才能让更多的消费者了解和认知。

96. 中国电影明星代言广告的首创者——冠生园

（1）"冠生园"的历史与发展

1915 年，28 岁的广东佛山人冼冠生（原名冼炳成）在上海老城厢九亩地露香园路（今上海黄浦区大境路）开了一家名叫"小雅园"的食品店。

图 5-61　冠生园的创始人冼冠生（原名冼炳成）

冼冠生倾力经营，确立了"扬己所长""人无我有""真工实料"的经营思想。1918 年，为适应发展需要，改组为冠生园股份有限公司，公司投资十万元国币，开设了局门路的工厂，扩大糖果、饼干的生产。一改本市自产自销为主的局面，面向外地推广产品。1928 年，冼冠生将冠生园开到了上海最繁华的南京路上。同时，沿长江而上，陆续在南京、天津、武昌、汉口等地创设分店或分公司。1932 年，冠生园在上海漕河泾购地 40 余亩，建立起新的厂房，生产饮料、饼干、糖果、面包、糕点和罐头。同时还引进了成套的食品机械设备，使工厂的生产能力有了进一步的提高。同时冼冠生在浙江超山置办了"冠生园超山梅林林场"，在超山山麓建造制梅厂。冼冠生屡出奇招推广月饼。1934 年，冼冠生包下了大世界的一个楼面举办"冠生园月饼展览会"，开幕那天，请来当时红极一时的影星胡蝶为展销会剪彩，并特制一只宝塔形大月饼放在大门口，让胡蝶依偎在旁，拍了许多照片，其中有一张是胡蝶横躺在红毯上，一只手搭着月饼模型的照片，被制作成精美的宣传画，上书"唯中国有此明星，唯冠生园有此月饼"字样，贴满上海的大街小巷，冠生园月饼从此家喻户晓。抗日战争爆发后，冼冠生到重庆设立分店，以重庆为中心发展业务，并在重庆设立罐头厂。因冠生园生产的糖果糕点产量大，风味独特，成为冠生园发展的一个黄金时期。冼冠生还亲赴各地选址开设分店，分别于 1939 年建成昆明分店，1941 年建成贵阳分店、泸州分店，1943 年建成成都分店。1994 年，冠生园（集团）有限公司第一个外地销售中心在哈尔滨成立。为适应市场发展，冠生园把触角伸向全国，在国内相继设立了哈尔滨、杭州、武汉、兰州四个销售分公司，短短几个月，冠生园的直销客户就从 100 多家发展到了 1200 余家。1995 年，冠生园与上海发酵食品公司合并。1996 年，在上海市经济委员会和上海市轻工控股公司的直接关注和支持下，经过谈判和磋商，上海三家冠生园终于统一字号，求同存异地走到了一起，实现了冠生园的大联合。2006 年，冠生园是首批被国家商务部认定为"中华老字号"的企业之一。2011 年，根据上海市国资委加快推进国有资产资本证券化的要求下，冠生园主业经营性资产进入"上海梅林"，成为上市公司"上海梅林正广和股份有限公司"的一部分。

（2）冠生园请电影明星胡蝶代言广告

早在学徒期间，冼冠生就特别留心报刊上登的广告，对那些简练生动的渲染性文字和富有吸引力的艺术图像最感兴趣。

在与同业竞争、扩大销路的进程中，冼冠生把开展广告宣传活动作为一项重要的辅助手段。他本来就是"广告迷"，所以在广告宣传中，有不少别出心裁的安排。

冼冠生屡出奇招促销月饼。电影明星胡蝶是他们"冠生园"的股东，1934 年冼冠生把胡蝶请到大世界，为冠生园展销月饼剪彩，并请她与冠生园特制的特大月饼合影。然后冼冠生将这张照片做成巨幅广告，上面醒目题着"唯中国有此明星，唯冠生园有此月饼"，印成宣传画，贴满上海的大街小巷，冠生园月饼从此家喻户晓。

图 5-62　电影明星胡蝶冠生园月饼广告——"唯中国有此明星，唯冠生园有此月饼"

冼冠生还在上海大世界游艺场选定一个地方建造一座大牌坊，装饰了一个大月饼，旁边的大字是："冠生园中秋月饼真工实料，与众不同，科学炉焙，无生熟不匀之弊。"在沿长江两岸的主要港口码头和沿铁路的火车站，均矗立有"冠生园"糖果糕点的各种设计不同的大广告牌。

冼冠生还选定每星期六和星期天为"优待日"，印制了大量的广告、传单进行宣传，凡购奶油花生巧克力糖、奶油花生糖等，可享受买一磅送一磅（注：1 磅约等于0.45 千克）的优待；凡买新产的大号果子露一瓶，赠送印有"冠生园"广告的玻璃杯一只。

不仅如此，冼冠生与上海新闻界保持着频繁接触，他同一些小报馆的编辑、记者时相应酬，取得他们的支持，常为"冠生园"宣传。有一年中秋节，"冠生园"利用一些小报大肆宣传新产品"银河映月"（莲蓉蛋黄月饼）的特点，买一盒月饼赠送"赏月游览券"一张。在中秋之夜，凭券免费搭乘冠生园租用的几艘轮渡，开去吴淞口赏月，或者凭券乘包用火车去青阳港赏月。经此一宣传，出售的月饼达到十万盒以上（每盒装四个月饼），收入十多万元，而赏月所花车船费用还不到一千元。

（资料来源：上海冠生园官网http：//www.gsygroup.com/plus/list.php?tid=7．）

营销启示

　　冠生园注重促销，引领风尚，聘请电影明星代言广告，开创了我国电影明星代言广告的先河。

97.解决医患纠纷和医患矛盾的 "良方" 之一——医患沟通

世界各国都有医患纠纷和医患矛盾问题，只是严重程度有所不同。当下，我国正处于医疗改革的关键时期，医患纠纷和医患矛盾问题十分突出。造成这种局面的原因除了我国医疗制度本身的缺陷外，很多是由医患沟通不畅引起的。良好的医患沟通不仅能有效避免和减少医患纠纷和医患矛盾，还有利于建立医患间的信任，提高信任程度，从而构建和谐的医患关系。

医学之父希波克拉底曾说过，医生有三大法宝：语言、药物和手术刀。语言被排在首位，这足以体现语言在医疗工作中的重要性。医生的语言就像医生的刀子一样，可以救人，也可以伤人。

2014 年，在全国两会上，全国人大代表、中国工程院院士钟南山认为，医患关系越来越紧张，很重要的原因是没有或者是极少沟通。"看病不是买东西，看病非常重要的就是医生跟患者的沟通，沟通得越少问题就会出得越大。"钟南山说，医生安排给病人的时间少，有时三言两语就把病人打发走，患者自然不满意。医生与病人之间缺乏沟通，也就缺乏理解，就容易出现医患矛盾。

钟南山曾说过，医生 "不是看病人的病，而是看有病的人"。"另一方面，患者也要正确认识医疗花费，这不是消费，少点钱买个捷达，100 多万能买个宝马，我花了钱就能有所得。"特别是重病人，未知数太多，医生不能解决的问题太多，很可能结果是医生尽了力，病人也死了，人、财有可能都没了，一无所得。

医患沟通 （doctor-patient communication）是指医疗机构医务人员在日常诊疗过程中，与患者及亲属就诊疗、服务、健康及心理和社会等相关因素，主要以医疗服务的方式进行沟通交流。

医患沟通的目的：正确诊断疾病；更有效治疗疾病；融洽医患关系；妥善解决医患纠纷。

医患沟通的作用：交换信息，了解病情；辅助治疗，提高医疗质量；满足医患间的情感需求；构建和谐医患关系。

患者去医院花钱看病，是在购买医疗服务，是医疗消费。但是，患者的医疗消费不同于消费者一般的生活消费。其区别在于：

（1）消费者一般的生活消费，花了钱就能有所得；患者去医院看病，花了钱也可能没有所得

消费者花钱购买了一种生活用品或一种服务，使用完商品或接受服务以后就可以

满足他的需要。例如，当一个人口渴了，他花2元钱买了一瓶矿泉水，他喝完水以后，他就不渴了；当一个人肚子饿了，他花12元钱买了一个盒饭，他吃完饭以后，他就不饿了；当一个人需要从甲地到乙地出差，他花1475元钱购买了一张高铁车票（一等座），他乘坐高铁从甲地到乙地以后，他就实现了从甲地到乙地的位移。但是，当一个患者去医院看病，钱花掉了，医生也可能看不好他的病，甚至不治身亡，导致人财两空。

（2）消费者一般的生活消费属于主动消费；患者医疗消费属于被动消费

去餐馆用餐，消费者可以根据自己的经济条件来点菜，钱少的点青菜豆腐，钱多的点燕鲍翅参，丰俭由人。

但是在医院，由于每个患者的身体状况和疾病不一样，尤其是重病人，治疗过程中未知数太多，每个医生对患者的用药、疾病检测方法和治疗方案也不一样，患者不可能提前知道医疗消费金额是多少，患者也无法控制医疗消费金额的大小。患者心不悦而强忍，气不顺而强咽。因此，一旦发生医疗纠纷，很容易引爆患者或家属心底宿怨和社会矛盾，甚至酿成群体性事件。

对于疾病，患者与医生认知之间存在着差异。患者期望的无限性与医学技术发展的有限性之间也存在着矛盾。

对于患者来说，他的期望是：尽快消除疾病，恢复健康；救命、保命，延长寿命。患者对医疗服务仍然缺乏风险意识，对治疗效果期望过高，认为只要进了医院就一定能治好病，只要花了钱就应该治好病，若达不到期望效果，就归咎于医院和医务人员。

对于医生来说，他的认识是：医学有进步，但并非万能。对疾病的未知，不是所有疾病都能治愈；患者的个体差异，很多疾病的治疗效果难以预测；疾病的复杂性、不可预见性以及医学科学的局限性决定了医疗行业是高风险行业，在实践活动中存在着意外和一定概率的错误率，甚至事故率。一个医生的成长是在不断的错误中前行的。

由于医生与患者间之间存在着不可跨越的知识壁垒，患者对治疗效果的预期往往远远高于医生，对医学知识的掌握与医学风险认识又远远低于医生。因此，医患沟通成为必要！

在医患沟通中，要让患者对医学形成客观的、正确的认识，合理确定对医学治疗效果的预期。要让患者明白：①医学不是万能的。无论医学技术如何先进，相对于疾病而言，始终处于滞后状态，直到现在，也还有很多疾病无法治愈。而且，国内医学技术与国际医学技术之间还存在着差距。②医生也不是能 "手到病除，起死回生" 的神仙。能够利用现有的医学知识和医疗技术，最大程度上帮助患者解除病痛的医生其实就是一名好医生，尽管他有可能最终不能挽救患者的生命。③事实上，人的生老病死是自然规律，每个人都要面对。肉体的生命无法永恒，医学只不过是要帮助人们在有限时空里活出品质、活出尊严的科学。

美国结核病学家、医生爱德华·特鲁多（Edward Livingston Trudeau，1848—1915 年）的墓志铭：有时去治愈，经常去缓解，总是去安慰。（To cure sometimes，To relieve often， To comfort always.）这是爱德华·特鲁多对医学实质和医生职业的认知，它简明而又深刻地诠释了医学的局限、医疗的作用及人文的价值。

医患沟通的基本模式，应该契合医患双方的需要，按照GLTC方式进行，如图5-63 所示。

图 5-63　GLTC医患沟通基本模式

医患沟通，应该是人文言行与医学言行密切结合的机制，是医方为主导，医患全方位信息交流的模式。具体而言，就是医方示善（goodwill）、医方倾听（listening）、医患谈话（talking）、医患合作（cooperation）。

资料来源：

[1]王锦帆，尹梅.医患沟通[M].北京：人民卫生出版社，2013:74.

[2]白剑峰.中国式医患关系[M].北京：红旗出版社，2011.

[3]宁德煌，魏珊珊.近 10 年来国内医患沟通研究综述[J].昆明理工大学学报（社会科学版），2015，15 （6）.

http：//politics.people.com.cn/n/2014/0307/c70731-24562993.html；https：//zhuanlan.zhihu.com/p/63069447?from=groupmessage.

◇营◇销◇启◇示◇

沟通（communication）是市场营销4C's组合策略之一。医患沟通是医患双方心灵的沟通、情感的交流，是对患者心理疏导的有效手段。

98. "昆明天天是春天，春城无处不飞花" ——昆明城市旅游目的地品牌口号

昆明市位于云南省中部地区，东经102°10′~103°40′，北纬24°23′~26°33′。昆明市城区坐落在滇池坝子，平均海拔高度为1891米，东面有金马山，北面有长虫山，西面有碧鸡山，三面环山，南濒滇池，湖光山色交相辉映。昆明属低纬度高原山地季风气候，冬无严寒，夏无酷暑，四季如春，年平均气温15℃左右，年均日照2200小时左右，无霜期240天以上，年均降水量约1000毫米。

明代状元、著名文学家杨慎（1488—1559年）在其诗《滇海曲》（十二首）之十写道："蘋香波暖泛云津，渔枻樵歌曲水滨。天气常如二三月，花枝不断四时

图5-64 冬天昆明翠湖的红嘴鸥

春。"诗人用白描的手法，十分自然地描绘滇池自然之美。"蘋香波暖"写出滇池的宜人景物和温暖气候，"渔枻樵歌"勾勒出滇池周围人民的生活情景。后两句则用极其通俗的口语，概括出昆明四季如春、花开不断的特征。

昆明市的气候温暖、日照时间长、雨量充足、土壤肥沃，适宜诸多花木生长，一

年四季总是姹紫嫣红，鲜花纷呈，是有名的"花城"。昆明的四大名花分别是：山茶、报春、杜鹃和玉兰，在昆明众多花卉中，最受人们喜爱的就是这四种花卉，在全国也是非常著名的花卉。在昆明四大名花中又首推山茶，它是昆明市的市花，也是云南省的省花。而且从明代开始，就有"云南山茶甲天下"的说法，昆明山茶花品种繁多，传统品种有 72 个。郭沫若先生曾用"茶花一树早桃红，百朵彤云啸傲中"的诗句赞美山茶花盛开的景况。

图 5-65　昆明市花——山茶

（资料来源：http：//jw.km.gov.cn/c/2020–12–09/3775633.shtml.）

"万紫千红花不谢，冬暖夏凉四时春。"这是对昆明风物和气候的概括。昆明市是我国著名的"春城""花城"。

（资料来源：昆明市政府官网 https：//www.km.gov.cn/c/2023–02–01/4659502.shtml；https：//yndaily.yunnan.cn/content/202306/24/content_145629.html；李孝友.昆明风物志[M].昆明：云南民族出版社，1983.）

营销启示

> 　　为了能够更为深入地影响游客对于一个城市旅游目的地的了解，一个城市旅游目的地品牌口号是必不可少的。对于一个旅游城市的品牌口号，我们认为要尽量大众化、要朗朗上口，要易于理解和传诵。

99. 过桥米线起源传说——云南 "过桥米线" 名称的由来

　　过桥米线是云南著名小吃，也是中华美食，它是云南饮食文化与民间智慧的结晶。"蒙自过桥米线制作技艺"是国家级非物质文化遗产代表性项目。

图 5-66　蒙自 "过桥米线"

　　过桥米线，源于云南南部（滇南），至今已有 100 多年的历史。

　　过桥米线的起源传说较多，云南省蒙自市有 "过桥情" 之说，云南省建水县有 "锁龙桥" 之说。最为人们津津乐道的是蒙自 "过桥情" 传说。

　　（1）蒙自 "过桥情" 传说

　　清朝时，蒙自县城外的南湖，景致宜人，曲回的石桥延伸入湖心小岛。岛上环境幽美，是文人们攻读诗书的好地方。有一位秀才常到岛上读书，家中贤惠勤劳的妻子每天都将做好的饭菜送到小岛上给丈夫食用。可是秀才常因埋头苦读诗书而忘了用饭，往往菜凉饭冷才随便吃一点，身体日渐消瘦。妻子看在眼中，疼在心里。这天，妻子炖了一只肥母鸡，准备给丈夫补补身体。她用罐子装好鸡送到岛上给丈夫后就回家干活了。半晌，她去收拾碗筷，看见丈夫还在聚精会神地读书，饭菜摆在一边未动，心中不免埋怨几句，准备将饭菜拿回家再热一热。当她的手摸到盛鸡肉的罐时，感到还烫乎乎的，揭开盖子一看，原来鸡汤上覆盖着厚厚的一层鸡油，把热气保护住了，用勺舀了一口汤尝尝，确实还热，她喜出望外，马上让丈夫趁热吃了。从此以后，聪明的妻子就常把当地人人喜吃的食品——米线放入油汤中送给丈夫食用。这事逐渐传为美谈，人们也都仿效这种制作方法食用米线。为称誉这位贤能的妇女，又因到岛上必经过一座桥，所以大家都把这种食品称之为"过桥米线"。

（2）建水"锁龙桥"传说

据《建水县志》记载，建水过桥米线起源于建水人刘家贵经营的"宝兴楼"餐馆。

清朝咸丰年间（1851—1861年），建水县东门外锁龙桥西侧的鸡市街头，一个叫刘家贵的厨师开了家米线馆——宝兴楼，主要经营热米线。由于他的米线汤是用猪骨头、土鸡加草芽熬制，味道特别醇厚、鲜美，加上汤热，宝兴楼的米线以"味鲜、爽口"而每天吸引着络绎不绝的食客。

一天清晨，有个"大新爷"（当时建水人对有身份的读书人的称呼）买来脊肉，到宝兴楼叫帮把肉切成薄片，买了一大碗滚烫的高汤，将薄肉片放进汤里烫熟，拌进葱花、芫荽、韭菜、辣椒等调料，又用小碗装米线，将长长的米线从小碗挑进大汤碗里拌和汤料吃。以后他经常带了脊肉到餐馆买碗肉汤吃米线。刘家贵好奇地问道："大新爷，您这是吃的什么米线？"老者笑笑说："我从桥（锁龙桥）东到桥西吃米线，人过桥，米线也过桥，我是吃过桥的米线。"

大新爷名叫李景椿，建水新桥街人，清朝道光乙未年（1835年）进士，曾任山西稷山县令和保德知州等职，他是清朝晚期的政治家、文学家和书法家。李景椿在山西当地政声卓著，被称为为官"德言功"的楷模。他多年来在外省做官，回乡后他仿照北方"涮羊肉"的吃法，用猪脊肉薄片汆汤食用，其味异常鲜美。经此点拨，刘家贵也亲自尝试，果真肉片既鲜又嫩，汤清味鲜。刘家贵联想到"汆肉片"一菜，遂加以改进后推出了汆肉米线，并用建水特产草芽作配料，以李景椿说的"过桥"来命名，"过桥米线"之名由此而来。

资料来源：

[1]梁玉虹.云南名小吃[M].昆明：云南科技出版社，2001.

[2]杨艾军，丁建明.中国过桥米线[M].昆明：云南人民出版社，2021：8.

http：//www.sxycrb.com/2022–11/24/content_276863.html.

─────────── 营 销 启 示 ───────────

> 　　饮食文化是关于人类或一个民族在什么条件下吃、吃什么、怎么吃、吃了以后怎样等的学问。"蒙自过桥米线制作技艺"是国家级非物质文化遗产代表性项目。因此，需要饮食文化学者挖掘过桥米线起源传说等文化故事，促销宣传过桥米线这个云南特色美食，让过桥米线更好地走出云南、走向全国、走向世界。

─────────────────────────────────

100.农夫山泉有点甜——农夫山泉系列经典广告语

农夫山泉股份有限公司成立于1996年，是中国饮用水行业标杆式企业。"农夫山泉"为"中国驰名商标"。

图 5-67　农夫山泉饮用天然水

（资料来源：https：//www.nongfuspring.com/aboutus/introduce.html.）

农夫山泉洞察消费者，结合中国文化，推出了一系列经典的广告语。农夫山泉坚信，一个产品推向市场，不仅仅是产品，更要具有品牌的灵魂和精神。

（1）经典广告语之一：农夫山泉有点甜

1998 年 4 月，伴随着 "农夫山泉有点甜" 的经典广告语，550 毫升运动装农夫山泉迅速在全国铺开。

图 5-68　经典广告语之一：农夫山泉有点甜

（资料来源：https：//www.nongfuspring.com/aboutus/develophistory.html.）

农夫山泉最早的水源地是浙江千岛湖，千岛湖水域面积 573 平方千米，库容量 178.4 亿立方米。千岛湖森林茂密，湖水清澈，水质清纯甘洌，农夫山泉以千岛湖深层湖水为水源。

千岛湖水质清纯甘洌，所以农夫山泉经典广告语之一就是 "农夫山泉有点甜"。

据农夫山泉股份有限公司官网介绍，农夫山泉有十二大水源地：浙江千岛湖、广东万绿湖、湖北丹江口、新疆天山玛纳斯、四川峨眉山、山西太白山、吉林长白山、贵州武陵山、黑龙江大兴安岭、河北雾灵山、福建武夷山、广西大明山等。目前，农夫山泉十二大水源地已经遍布全国东南西北各地，它的水源地变了，但广告语仍然是 "农夫山泉有点甜"。农夫山泉还是 "甜" 的，这是为什么？

（2）经典广告语之二：我们不生产水，我们只是大自然的搬运工

2008 年，农夫山泉提出了新的经典广告语 "我们不生产水，我们只是大自然的搬运工"。

图 5-69　经典广告语之二：我们不生产水，我们只是大自然的搬运工

多年来，农夫山泉坚持"天然、健康"的品牌理念，从不使用城市自来水生产瓶装饮用水，也从不在饮用水中添加任何人工矿物质。农夫山泉饮用天然水选取天然的优质水源，仅对原水做必要的处理，始终坚持水源地建厂、水源地生产，确保所有农夫山泉都是天然的弱碱性水，实践了"大自然的搬运工"的承诺。

（3）经典广告语之三：什么样的水源，孕育什么样的生命

2018年，农夫山泉在其长白山水源地实地拍摄了一条时长1分零5秒的广告片，该广告片被誉为农夫山泉史上最美的一条广告片，它新的经典广告语是："什么样的水源，孕育什么样的生命。"

图 5-70　经典广告语之三：什么样的水源，孕育什么样的生命

在上述整个广告视频当中，农夫山泉并没有直接去宣扬自己的水质有多好，而是通过长白山及其生灵们的视角，来展示农夫山泉水源地的美好，让观众产生"移情效应"，自然与农夫山泉的水质产生联想。俗话说"一方水土养一方人"，好的水源是可以滋养生命的！

2020年12月，农夫山泉在南京地铁3号线、10号线、S1号线、S8号线，推出了一组地铁画面，广告语为"什么样的水源，孕育什么样的生命"。

图 5-71　农夫山泉著名广告语之三：什么样的水源，孕育什么样的生命
（资料来源：https：//www.sohu.com/a/438145712_744707.）

（资料来源：农夫山泉股份有限公司官网https：//www.nongfuspring.com/aboutus/introduce.html.）

营×销×启×示

　　广告（advertising）是一种低成本高效益的信息传播方式，无论是用以建立品牌偏好，还是育人施教。即使在今天这个富有挑战性的媒体环境中，好的广告依然能够创造收益。

101.百年修得同"船"渡，千年"舶"来共枕眠——昆明"船舶婚宴"广告语

　　昆明船舶酒店位于昆明市北京路和人民路交会处的交三桥路段。酒店占地面积7000平方米，楼高9层，与昆明市盘龙区人民政府为邻。地处昆明市最繁华的闹市区及金融中心。在昆明市，昆明船舶酒店规模不大，装修也不高档，但名气却不小。

　　昆明船舶酒店成立于1993年2月24日，以承办婚宴和各类酒席而在昆明颇有名气，它的"船舶婚宴"曾是春城昆明著名的婚宴品牌，更是新婚佳人宴请亲朋好友的理想场所。

　　2017年初，本书作者曾对昆明船舶酒店总经理高鹏做过专访，高鹏总经理认为：①企业要以满足顾客的需求为基础；企业诚信经营是必须的，酒店作为坐商，你要长期做生意，获得老百姓良好的口碑就很重要，这样酒店才会有长期的生命力。②我们这么多年办婚宴的过程，也是我们国家思想、文化和市场发展过程的一个缩影。过去，年轻人在单位发一点喜糖就算结婚了。到了20世纪90年代初，也就是我们酒店刚开始办婚宴的时候，我国改革开放初见成效，人民生活水平有所提高，人们在精神方面和需求方面也开始有所提高，人们对结婚这个人生大事也有一些新的需求，酒店发现有的新人有穿婚纱结婚的需求，酒店就专门派人到广州批发市场买了一批婚纱回来，免费提供婚纱给结婚新人使用，结果效果非常好。酒店还为结婚新人提供免费婚礼主持、提供免费婚礼录像光碟一盘留作纪念等超值服务，结婚新人就感觉非常好。满足了结婚新人在文化上的一些需求。（本书作者注：当年摄像机个头很大，价格很贵，买一台要人民币6000~7000元，一般人买不起）③结婚新人需求多种多样，婚宴市场细分和市场定位，对酒店来说就很关键和很重要。"船舶婚宴"的定位：我们从

一开始就面对一个最广泛的群体，就是一个普通的、比较实惠的消费。在 20~30 年以前，人们很注重吃，一张桌子上的菜我们是管够的，结婚请客的情况比较特殊，七姑子八大姨各方面的人都会有，谁不会有几个穷亲戚，谁不会有几个上档次的大人物，这种的群体，大家同样的标准，这个时候大家的消费就不一样了，有的桌子上的菜会剩很多，有的桌子上的菜不够吃，这个时候我们就提出，不管怎样，只要菜不够吃，酒店加菜是免费的。这样做的结果，结婚新人就不用担心他们请来的客人吃不饱。酒店抓住了顾客的需要，走亲民路线，比较接地气。④我认为结婚还是一个很庄严、很神圣的事情，为什么现在结婚越来越隆重，实际上也是跟我们夫妻关系越来越不稳定有关系，结婚我认为是一个宣誓，就是要告诉大家，我们要在一起一辈子啦。我们酒店的名称中有 "船舶" 两个字，古人也说过 "百年修来同船渡，千年修来共枕眠"，这是对婚姻缘分的一种很好的诠释。于是我就提出了 "船舶婚宴" 的宣传口号 "百年修得同 '船' 渡，千年 '舶' 来共枕眠"，把我们酒店 "船舶" 两个字套进去。

2019 年 8 月 5 日，由于昆明船舶酒店经营者与昆明船舶酒店产权人产生矛盾，停止了租赁，昆明船舶酒店停业，老牌婚宴成为记忆。

（本书作者注：在明代《增广贤文》一书中，有 "一日夫妻，百世姻缘。百世修来同船渡，千世修来共枕眠" 的说法，意思是，一日结为夫妻，这是百世修成的姻缘。夫妻之间应当同舟共济，同床共枕，这是千世修来的福分，要倍加珍惜。）

营销启示

　　昆明船舶酒店 "船舶婚宴" 广告语是两句话 "百年修得同 '船' 渡，千年 '舶' 来共枕眠"，它抓住了婚姻中 "缘分" 这个关键词，而且将酒店名称 "船舶" 两字分别嵌入两句话中去，这样做能够引起结婚新人的情感共鸣，并给结婚新人留下对昆明船舶酒店深刻、美好的印象。

102. 促销和宣传 "白族扎染技艺" 的窗口 —— 大理璞真白族扎染博物馆

　　璞真白族扎染博物馆坐落于云南省大理市喜洲镇周城村滇藏公路 61 号，是国家级非物质文化遗产代表性项目 "白族扎染技艺" 的生产性示范基地。该基地负责人是 "白族扎染技艺" 国家级代表性传承人段银开、段树坤夫妇。

图 5-72　璞真白族扎染博物馆

（资料来源：http：//yndali.gov.cn/dlrmzf/xxgkml/202112/c4e1bbc5f760432f9f705e97ffb32a5f.shtml.）

扎染古称"扎缬""绞缬"，是传统而独特的染色工艺，一般来说分为扎结和染色两个部分。扎染拥有悠久的历史，早在东晋时期就已经非常成熟了。南北朝时期扎染产品被广泛用于妇女的衣着，唐宋时期扎染纺织品更是非常流行。2006 年，"白族扎染技艺"经国务院批准，入选国家非物质文化遗产。（本书作者注：缬（xié）是有花纹的纺织品）

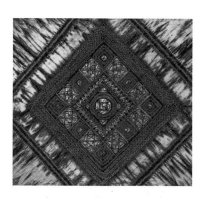

图 5-73　大理白族扎染

根据云南省非物质文化遗产保护中心介绍：白族扎染在民间有"疙瘩染"之称，即浸染前先将白布按设计好的花纹图样用针线将"花"的部分重叠或撮绉缝紧，呈"疙瘩"状。经反复浸染后，拆开色泽未渍印的"疙瘩"即成各种花形，成品为蓝底或青底白花，清新素雅，韵味独特，极富艺术感染力，深受欢迎。

扎染原料一般为白棉布或棉麻混纺白布。染料主要为植物蓝靛或土靛（民间俗称"板蓝根"），大理周城村染布所用的染料土靛全由村民自己种植和加工，除满足本村染布之用外，多余的土靛还销往其他地区。传统扎染的主要步骤包括：扎花、浸泡、染布、晒干、拆线、漂洗、碾布等，其技术关键是扎花手法和浸染工艺。扎花工艺非常繁杂，每一块扎染布上的纹样都采用了若干不同的扎花针法，有扎、撮、绉、捆、缠、绕、折、叠、缝、挑等。由于要反复浸染，必须经过多道工序，有时几天才能染好一匹布料；染布颜色的深浅除与浸染次数有关外，还与浸染技术、染料的配放、晾晒、气候等有关。染缸、染棒、晒架、石碾等为其主要工具。扎染品种繁多，图案丰富，多表现吉祥美好寓意，主要有花草植物、鸟兽鱼虫、图案图形、自然景物、字体符号等。超过 1000 多种纹样图案蕴含着白族深厚的历史文化积淀，反映出白族的民情风俗与审美情趣。扎染面料被广泛用于服饰、家居装饰等，有较高美学价值和实用功能，产品深受国内外消费者的好评。

璞真白族扎染博物馆是中国第一个白族扎染博物馆，馆内基本陈列由 "扎染源流" "扎染世家" "精品展示" "繁花似锦" "扎染体验馆" 等几部分构成，以实物形式记录下白族扎染的历史。在扎染工坊区，旅游者可以跟着白族老奶奶或传承人学做一块属于自己的扎染作品，体验千年扎染技艺魅力。

2018 年 3 月 31 日，北京卫视播出了在大理璞真白族扎染博物馆拍摄的《非凡匠心》第二季第八期，在节目中，"匠心传播大使"张国立携青年演员余少群拜访了 "白族扎染技艺"国家级非物质文化遗产传承人段银开、段树坤夫妇，参观并体验了白族扎染这门古老的传统技艺。电视片上演了大理匠心精神，让观众与张国立、余少群一同感受到了大理蓝与白之间的非凡匠心——白族扎染。

图 5-74 《非凡匠心》（第二季）（北京卫视，2018 年）

大理市璞真白族扎染有限公司（简称 "璞真扎染"）是一家集扎染生产性保护、

文化展示教育、技艺体验制作、旅游商品售卖为一体的扎染工坊。该公司法人代表是段树坤。段树坤也是"白族扎染技艺"云南省级代表性传承人。据 2023 年 3 月 31 日《人民日报》刊文《云南大理文化生态保护区——让非遗文化绽放迷人光彩》报道，"璞真扎染"公司扎染体验课的收入，占到了公司营业额的一半。

（资料来源：璞真扎染博物馆 https：//www.jsvry.com/p/NrX8yYBnDJ；http：//www.yndali.gov.cn/dlrmzf/c101532/202303/a0d1757665684cafb08930eae97cb84c.shtml；http：//yndali.gov.cn/dlrmzf/xxgkml/202112/c4e1bbc5f760432f9f705e97ffb32a5f.shtml；http：//www.81.cn/ss_208539/10142960.html.

营×销×启×示

《中华人民共和国非物质文化遗产法》第三十七条规定："国家鼓励和支持发挥非物质文化遗产资源的特殊优势，在有效保护的基础上，合理利用非物质文化遗产代表性项目开发具有地方、民族特色和市场潜力的文化产品和文化服务。……县级以上地方人民政府应当对合理利用非物质文化遗产代表性项目的单位予以扶持。单位合理利用非物质文化遗产代表性项目的，依法享受国家规定的税收优惠。"

如果我国的非物质文化遗产传承人，能够运用市场营销理论、思想与方法，合理利用非物质文化遗产代表性项目，开发出具有地方、民族特色和市场潜力的文化产品和文化服务，有利于满足市场需要。其结果是，一方面，非物质文化遗产传承人有了收益，另一方面，合理利用非物质文化遗产代表性项目开发的文化产品和服务有了市场，这样非物质文化遗产代表性项目就有了生命力，就可以进入一个良性循环，十分有利于我国非物质文化遗产的保护与传承。

103.用丰厚奖学金狂揽高考状元——港大、港中大 PK 北大、清华

香港高等教育在 100 年来的发展中，不断地探索发掘、调整改革，从适应社会发展到引导社会前进，逐渐形成凝聚世界教育精髓和先进理念的香港特色。香港现有：香港大学（港大）香港中文大学（港中大）、香港科技大学（港科大）、香港理工大学（港理大）、香港城市大学（港城大）、香港浸会大学（港浸大）等著名大学。

图 5-75 香港大学校徽

（资料来源：https：//www.hku.hk/）

图 5-76 香港中文大学校徽
（资料来源：https：//www.cuhk.edu.hk/chinese/index.html.）

在英国"泰晤士报"2013世界大学排名中，港大排名第35位，港中大排名第124位，北大排名第46位，清华排名第52位。

近年来，我国内地地区高考状元中，青睐就读香港高校的状元逐年增多，香港大学（港大）、香港中文大学（港中大）与北大、清华的"掐尖战"愈演愈烈。

"香港大学公布了2013年内地招生情况，今年港大在全国高考人数连续5年下降的情况下，申请人数达到1.2万人，创下历史新高。今年港大最终录取了303人，远超过原定的250~300人规模。在录取的学生中，有16位全国各省（区、市）的高考状元。……针对这些优秀学生，香港大学为他们设立了丰厚的入学奖学金，其中，全额奖学金可达每年17.5万港币，包括了全年的学费（每年港币13.5万元），以及生活费和住宿费。今年有超过四分之一的学生获得了不同额度的奖学金。"

"记者从香港中文大学获悉，该校今年（2013年）共录取了305名内地尖子，其中有19名是全国各省市的状元，加上此前港大揽得16名内地高考状元，至此，今年至少35名内地高考状元被港校录取。教育专家分析，近年来港校热持续升温，折射出内地高校竞争力与港校差距正在拉大，如果不变革内地现行的教育体制，内地优质生源流入港校的趋势还将加剧。"

（资料来源：张灵.香港大学狂揽 16 省份状元.京华时报，2013-07-11；高金花，赵祎，贝景仪.港中大揽走 19 名内地状元.信息时报，2013-07-18.）

作为非营利组织的大学也需要营销！港大、港中大在内地加大招生宣传力度，运用营销手段以高额奖学金吸引各省（区、市）状元考生，既提高了大学品牌形象，又保证了生源质量。可是，绝大多数内地学生到香港高校读书自己都是要支付全额学费和生活费的。

第六篇
市场营销新领域和新发展

市场营销新领域和新发展概述

历史在延续，营销在发展。进入 20 世纪 80 年代以来，国内外市场营销出现了许多新领域和新发展，如出现了互联网营销、精准营销、内部营销、关系营销、数字营销、体验营销、绿色营销等等。

互联网营销

进入 21 世纪以来，网络信息浪潮席卷全球，伴随着网络在社会、经济等各个领域的渗透，网络市场迅速发展，网络营销也获得了巨大的发展。作为一种互动的、直接的、及时交互的、客户全过程参与的营销模式，网络营销对人们的消费习惯和消费理念产生了深刻的影响。

所谓互联网营销（E-Marketing，Marketing on the Internet），是指利用信息技术去创造、宣传、传递客户价值，并且对客户关系进行管理，目的是为公司和各种利益相关者创造收益。简单地说，互联网营销就是将信息技术应用到传统的市场营销活动中。

互联网以及其他的各种新技术在三个方面影响着传统的市场营销活动。第一，它们提高了传统营销工作的效率；第二，网络技术改变了许多营销战略；第三，互联网从根本上改变了消费行为，因为在传统营销中，占据主动权的是厂商，而在网络营销中，则是手持鼠标的消费者。随着营销技术和营销方式的改变，出现了许多新的商务模式，它们提高了客户价值，改善了客户关系，同时也增强了公司的盈利能力。互联网有助于收集第一手调研资料和第二手调研资料，因此成为制定营销计划的有效工具。此外，网络技术和计算机技术还对 4P 产生着影响。

对产品（product）的影响：互联网催生出各种各样具有创新意义的产品（例如，方便编制、传递和接收信息的各种工具）和服务（例如反向拍卖、B2B交换和交易、互动游戏等）。

对价格（price）的影响：互联网彻底颠覆了传统的定价策略。如今，在网络上讨价还价、竞价、进行动态定价，或者一个人一个价，都成了司空见惯的事。在互联网上，许多厂家利用销售代理软件，使得同样的产品价格变得模糊。

对渠道（place）的影响：网络厂商利用互联网进行电子化销售，同时，直接递送数字产品（例如新闻、音乐、实况转播等）。但是，这些都只是表面现象。真正的意义在于，人们利用供应链管理和渠道整合，提高了经济效益。这样，既有利于降低产品价格，又有利于增加公司利润。

对促销（promotion）的影响：互联网帮助人们开展双向沟通和交流，比如，个性化的网页、电子邮件交流、手机短信，以及利用新闻组和邮件列表召开在线会议。互联网厂商利用互联网开展推销活动，把电子优惠券和数字产品的样品直接递送给消费者。

互联网技术对营销的意义：掌握了互联网技术，厂商就能够将信息技术与营销实践结合在一起。表6-1显示了互联网技术的基本属性，这些属性能够帮助公司进行营销实践变革。

表6-1　互联网技术对营销活动的影响

互联网技术的属性	对营销活动的意义
传递字节，而不是原子	数字形式的信息、产品、交际可以近乎实时地存储、传递和接收。文字、图像、音频、视频都可以数字化，但是，数字产品不能被触摸、鼻闻或品尝
充当沟通的媒介	不管身处何方，志同道合的人（比如，进行在线拍卖和音乐文档共享）可以聚集在一起，进行商业合作。技术方便了人们进行实时的沟通、分享信息（比如供应链中的多家公司）
全球化	互联网开辟了新的市场，人们可以在全球范围内合作，员工可以跨国协调，销售人员也能进行远程信息交换
网络延伸	利用自动化沟通的便利，公司可以扩展市场，消费者则可以在第一时间告知他人自己的品牌感受
跨时空	消费者对公司的沟通效率抱有更大的期望，希望公司的工作流程能够更快一些

续表 6-1

互联网技术的属性	对营销活动的意义
信息对等	公司可以对信息进行规模定制,使消费者对产品和价格等信息有更多的了解
信息存储的可扩容性	公司可以根据需要租用数据库空间和服务器空间。数据的存储空间大
工作的自动化	网络的自动服务功能降低了运营成本。出现了自动交易、自动支付、自动实施等功能

(资料来源:朱迪·斯特劳斯,等.网络营销(第4版)[M].北京:中国人民大学出版社,2007:12.)

互联网技术的这些属性,不仅使得营销战略和策略得到更加有效的实施,而且帮助改变了营销活动的方式。例如,人们发明了信息数字化的方法,即传递字节,而不是原子,这样就彻底改变了信息和软件的传递方式,并且开发出了新的交易渠道。此外,由于人们能够平等地分享信息,所以对信息的控制从向厂商倾斜转变为向消费者倾斜。

精准营销

精准营销诞生于20世纪90年代。美国营销学者莱斯特·温德曼(Lester Wunderman)于1999年首先提出了精准营销概念。

1.精准营销的内涵及其特征

美国营销学者莱斯特·温德曼(1999年)提出,精准营销(precision marketing)以生产商的客户(包括销售商)为中心,通过各种收集数据的方式建立客户资料库,对数据进行科学分析,找准潜在客户,根据客户的特征制订出操作性较强的营销沟通方案,并尽可能详细地追踪客户的资料。

美国著名营销学家菲利普·科特勒也认为大众营销时代已经过去了,未来的主流是精准营销。菲利普·科特勒(2005年)明确提出了精准营销,他认为,企业需要更精准、可衡量和高投资回报的营销沟通,营销沟通计划更应注重结果和行动,更重视对直接销售沟通的投资。Zabin和Brebach (2008年)认为,精准营销是为了促进营销目标的有效达成,企业在正确的时间,使用正确的渠道,向正确的客户传播正确的信息,从而有效影响目标客户购买决策的一种现代营销方式。在这个定义里包含了作者提出的精准营销的 4R 法则：正确的顾客（right customer）、正确的信息（right message）、正确的渠道（right channel）和正确的时间（right time）。

精准营销的特征：

（1）目标消费者的选择性

精准营销最基本特征就是要尽可能准确地选择好目标消费者，排除那些非目标受众，以便进行针对性强的沟通。否则，所有的后续营销活动都会失去"精准"之意。尽管传统营销也通过市场细分，然后选择目标市场，但是由于受到技术和数据的限制，目标受众仍然针对性不强，不够精准，"狂轰滥炸"的现象大量存在。精准营销凭借大数据时代先进的数据收集技术，建立庞大的营销数据库，运用现代数据挖掘技术，对目标消费者进行精确锁定，从而提高了目标受众选择的精准性。

（2）沟通策略的有效性

精准营销强调沟通策略要尽可能有效，能很好地触动目标受众。

（3）沟通行为的经济性

精准营销强调与目标受众沟通的高投资回报，减少浪费。

（4）沟通结果的可衡量性

精准营销要求沟通的结果和成本尽可能可衡量，避免"凭感觉"。

（5）精准程度的动态性

精准营销的精准程度随着科学技术的发展和营销活动的开展呈现出动态性。收集数据的计算机软件和设备越来越先进，数据挖掘技术也在不断发展。因此，现在的精准营销比过去精准，而未来又会比现在精准。精准营销传播活动的开展一般认为经历三个阶段：第一个阶段是定向地域投放；第二个阶段是定向客户兴趣爱好投放；第三个阶段是定向行为投放。

2.精准营销的方法

精准营销的理论基础，主要涉及市场细分理论、4C 理论、顾客让渡价值理论和大数据理论。

精准营销的方法和工具非常丰富，而且还在不断发展。

（1）基于潜在消费者数据库的精准营销方法

建立一个有一定规模、相关信息比较完备的潜在消费者数据库，是进行精准营销的重要基础。建立一个潜在消费者数据库是一项长期、艰巨的工作，需要企业不断积累、持续努力。短期内，如果企业还没有建立自己独立的消费者数据库的时候，可以借助其他组织的消费者数据库，如：邮政的数据库、社会保障数据库、其他中介机构

的数据库等，从中筛选出符合企业自身需要的潜在消费者的信息，来开展自己的精准营销活动。

目前基于潜在消费者数据库的精准营销方法主要有：邮件直复营销、电话营销、即时通信营销、手机短信营销等。

（2）基于互联网的精准营销方法

除了利用数据库外，企业还可以通过互联网来识别消费者的心理、价值观、兴趣、行为等特征，然后开展精准营销活动。目前，基于互联网的精准营销方法主要有：门户网站广告、关键词搜索广告、博客和微博等。

内部营销

内部营销诞生于20世纪80年代，它是一种将员工视为顾客的管理哲学，它强调要把员工作为首要的内部市场，并强调内部关系的重要性。员工应该对工作环境和组织中的同事关系感到满意。

1.内部营销的含义及其目标

内部营销概念最早由从事服务营销研究的两位开拓者芬兰著名学者克里斯廷·格罗鲁斯（Christian Grönroos）和美国学者伦纳德·贝利（Leonard Berry）提出，它是为了构建和提升服务业竞争力而引入的一种管理理念。伦纳德·贝利于1985年最早使用"内部营销"（Internal marketing）一词，他认为"内部营销是指将雇员当作顾客，将工作当作产品，在满足内部顾客需要的同时实现组织目标"。

内部营销是指公司对员工的培训和激励工作，使其更好地为顾客提供服务。伦纳德·贝利认为，营销部门最重要的贡献是"善于帮助组织内的其他所有员工采取营销活动"。

内部营销最初是作为一种改善服务质量的方法被提出来的。它从一个全新的角度看待公司与员工的关系，认为公司与员工是平等的交换关系。

内部营销是把公司员工看作是公司的内部顾客。内部营销是通过培训和激励员工，以满足员工的需要，让员工感到满意。满意的员工就会努力做好服务工作，以满足公司顾客的需要，最终让公司顾客感到满意。

内部营销最主要的目标是创造内部环境和实施内部活动，以便使员工更乐于接受兼职营销工作。

2.内部营销管理

内部营销包括两个管理过程：态度管理和沟通管理。

（1）必须对所有员工的态度、他们的顾客意识和服务意识产生的动机进行管理。这是一个以服务战略抢占市场先机的组织实施内部营销的先决条件。

（2）经理、主管、与顾客接触的员工和支持人员，需要获取各种信息以完成他们的工作。这些信息包括工作规定、产品和服务的特征、广告中对顾客做出的承诺等。他们同样需要与管理层就其需要、要求、对提高业绩的看法、顾客需要等内容进行沟通，这就是内部营销的沟通管理。

总之，一个成功的内部营销过程需要态度管理和沟通管理的支持。态度管理与沟通管理之间，也存在相互影响的关系。从本质上说，员工可以共享的大多数信息对态度有重要的影响。例如，事先获知广告活动状况，对于与顾客接触的员工兑现广告中的承诺会产生更积极的态度。

3.内部营销理论的应用现状

内部营销理论自 20 世纪 80 年代初被提出，已经在不少组织中得到了运用，主要集中在医疗服务、法律服务、金融服务等领域。进入 21 世纪，学术界将内部营销理念运用于质量管理和人力资源管理中，也有企业将其付诸实践，例如，法国和英国的中型企业将内部营销运用于修订质量意识。内部营销的应用领域也拓宽至航空、教育、酒店等服务组织。企业还可以利用SERVQUAL量表，对实施内部营销活动前后的企业内部服务质量及外部服务质量的变化进行测量，以测度内部营销的实施效果。

通过对目前内部营销理论研究成果的总结，我们可以得出：

（1）内部营销包括三个层面的含义：首先，内部营销作为一种观念和经营哲学，从一个全新的角度来看待员工和组织，是企业发展战略和经营战略的重要组成部分；其次，内部营销是一种管理工具，主张在研究组织内部市场时，可以运用外部营销的技术和方法来开展内部营销活动，并进行相应的内部营销管理；最后，内部营销还是一种管理过程，包括态度管理和沟通管理。

（2）内部营销的基本思路是把营销内部化，把员工当成内部市场。以营销的手段来发现员工的需求，并针对员工的不同特点，运用营销组合来满足员工的需求，提高员工对组织的满意度和忠诚度，进而使员工全身心地投入工作，提供高质量的服务，提高组织的整体竞争力。

（3）开展内部营销包含两个要点：组织的员工是内部顾客，组织的部门是内部供应商；所有员工一致地认同组织的任务、战略和目标，并在对顾客的服务中成为组织的忠实代理人。

关系营销

关系营销诞生于 20 世纪 80 年代，它是在交易营销的基础上发展起来的，是对传统交易营销的继承和发展。

1.关系与关系营销

（1）关系的含义

决定关系是否建立的标准由顾客（而不是企业）来制定。当顾客意识到与供应商或服务提供商之间存在着相互的理解时，关系就建立起来了。相互理解意味着相互承诺。

从顾客的角度，关系（relationship）的定义，即"供应商需要我，我也需要供应商"。

衡量关系营销的一种方法是看某个特定的顾客从同一家企业购买产品的频率。如果顾客对这家企业产品的购买具有连续性，而且与企业的接触也是积极有效的，那么，我们可以说，这家企业与顾客已经建立起相互的关系。重复购买是企业与顾客建立关系的信号之一。

（2）关系营销的含义

1983 年，美国学者伦纳德·贝利（Leonard Berry）最早提出关系营销概念。他认为关系营销就是保持顾客。1994 年，芬兰著名学者克里斯廷·格罗鲁斯（Christian Grönroos）对关系营销的定义理解更加全面："关系营销是为了满足公司和利益相关者的目标而进行的识别、建立、维持、促进同消费者的关系，并在必要时终止关系的过程，只有通过交换和承诺才能实现。"

关系营销（relationship marketing）就是要与关键的利益相关者建立起彼此满意的长期关系，以便赢得和维持商业业务。

菲利普·科特勒认为，关系营销是"买卖双方之间创造的更亲密的工作关系与相互依赖关系的艺术"。

关系营销的最终结果，就是要建立起独特的公司资产——营销网络（marketing network）。一般而言，营销网络包括公司以及为其提供支持的利益相关者——顾客、雇员、供应商、分销商、代理商和大学研究人员等，公司已经跟这些利益相关者建立起互惠互利的商业关系。

关系营销是建立在对顾客关系管理基础之上的。只有当公司以关系导向来处理与所有的顾客（至少是重要的顾客）的关系时，关系营销才会产生。

关系营销的本质特征：关系营销是一种理念，一种与顾客共同创造价值（而不是将现成的价值分销给顾客）的全新的营销理念。公司与顾客之间是一种相互合作和相互依赖的关系，而不是相互冲突和相互独立的关系。

关系营销的目的就在于同顾客结成长期的相互依赖的关系，发展顾客与企业及其产品之间的连续性的交往，以提高顾客品牌忠诚度，巩固市场，促进销售。

2.关系营销与交易营销的比较

目前，西方国家公司的市场营销已经由交易营销发展为关系营销。关系营销从关注交易成功到集中于关注建立长期的、有利益的顾客关系。

交易营销（transaction marketing）是以交易为中心，以销售活动为主，追求销售额增长，关注的是新顾客。

关系营销（relationship marketing）则是以顾客关系为中心，追求留住顾客、多次成交和更持续的生意关系，最关注的是顾客满意度。

顾客是"上帝"，顾客是企业的"衣食父母"，顾客是企业的"利润源泉"，顾客是企业最重要的合作伙伴之一。而交易营销只是把顾客看作交易的对立面，把双方关系当成单纯的商业往来，至多强调了交换过程中服务的一面；而关系营销则把顾客视为永久的伙伴，认为企业应同顾客在平等的基础上，建立互利互惠的伙伴关系，通过协作实现双赢。为此，就必须保持与顾客的密切联系，认真听取顾客的心声，关心顾客的命运，了解顾客存在的问题和面临的机会。

关系营销与交易营销的主要区别，如表6-2所示。

表6-2　关系营销与交易营销的主要区别

比较项目	关系营销	交易营销
适合的顾客	具有长远眼光的和高转换成本的顾客	目光短浅和低转换成本的顾客
核心概念	长期关系的建立、保持与加强	交换
着眼点	长远利益	中近期利益
基本目标	关系	单纯交易
时间视角	长期	短期
基本战略	注重维系老客户	注重开发新客户
利润来源	通过顾客满意获利	通过新顾客获利
价格弹性	顾客对价格不那么敏感	顾客对价格更加敏感
相互依赖的程度	一般都高	一般都低
生产的重点	大规模个性化	大规模生产
主要质量指标	沟通的质量	产出的质量

续表6-2

比较项目	关系营销	交易营销
营销管理的追求	与对方关系最佳化	单项交易的利润最大化
市场风险	小	大
内部营销的作用	内部营销对成功具有非常大的战略意义	内部营销对成功影响不大

3.西方式关系营销与中国式关系营销的差异

中国一直以来就是一个讲究关系的国家，中国的文化从某种程度上说是一种人际关系文化。同时，中国沉淀了5000多年的文化历史、智慧结晶和处世哲学，伴随着中国营销的发展，衍生了独具中国特色的中国式关系营销，它既符合中国的国情，又有别于西方的关系营销。

中文里的"关系"与英文里的"关系"一词（relationship）有本质区别，因此在西方词汇里出现了不同于"relationship"的"Guanxi"。

"关系"二字，在中国有着意味深长的含义，体现了中国人为人处世的哲学，在西方语言中甚至找不到恰当的词汇来阐释中国"关系"一词的含义，所以只能直接音译成"Guanxi"。Guanxi它植根于儒家文化，从广义来看，泛指所有社会联系、社会交往、人际互动等；从狭义来看，是以血缘、地缘、业缘为基础发展形成的人际关系结构，以实现利益和感情交换为目的；其发展的过程是不断积累和变化的。

中国人做事、待人接物十分讲究关系，也很看重关系的运用。

西方关系营销是先有生意，然后在利益关系中建立信任与情感，最终发展更多的业务往来。

中国式关系营销是先建立信任与人情关系，然后利用信任与人情关系与客户做生意。

西方式关系营销与中国式关系营销的区别如下：

（1）信任的强调方向不同

虽然在西方和中国都强调"信任"，但是强调的方向不同。

在西方，它的信任往往是公立的，体现在企业的品牌影响力、获得的荣誉、产品质量的认证资格证书等。

而在中国式关系营销中，中国人更愿意和自己的熟人打交道，因为彼此间可信度比较高，即使与陌生人发生往来，往往也是先想办法看是否能通过人情、介绍等形成相互信任的关系，把对方纳入自己的圈子，为今后的生意往来铺平道路，然后再决定是否进行交易。所以，在中国的关系营销过程中，信任实际被局限在一个很小的"自己人"范围之内。

（2）构建关系营销的方法不同

在西方式关系营销中，关系的构建一般是在桌面上完成的，经常表现的是以组织的名义进行公开的联系。

在中国式关系营销中，主要是通过人情和面子来实现的。个人在处理问题时考虑最多的是感情因素，维系人际关系的主要纽带是人情，而人情和面子可以作为一种资源进行交换和物化。人情和面子交换的主要表现形式是回报，有时在交往中由于人情和面子因素的存在，个人甚至可以在交易中做出牺牲组织利益的行为，这是因为他相信自己付出的人情在以后会得到回报。

（3）关系营销的目的不同

利益绝对是营销的最终目的，这一点在西方受到高度重视。在西方进行关系营销，目的就是达到双赢，往往陌生人都可以做得很好。

在中国进行关系营销，第一次交易大多数为的是下一次更大、更好的交易，是为将来的交易做准备。

104. 送啥都快——美团外卖

美团是一家科技零售公司。美团的公司使命是"帮大家吃得更好，生活更好"。美团外卖是美团于2013年推出的外卖服务。

图 6-1　美团外卖品牌口号——"美团外卖，送啥都快"

据美团外卖官网介绍，美团外卖是专业品质外卖网，饿了订外卖就上美团外卖。美团外卖覆盖全国各城市优质外卖商家、快餐和特色美食，拥有优秀的外卖网上订餐平台和外卖送餐团队，提供 24 小时叫外卖、外卖网上订餐服务。

互联网技术的快速发展，不仅改变了餐饮业的存在形态，也改变了消费者的消费习惯，外卖成了堂食和做饭之外的第三种常规就餐方式。

2018 年 5 月 22 日，时任美团高级副总裁、美团外卖负责人王莆中表示，作为一种全新的餐饮业态，网络外卖并非是对到店餐饮的替代，而是餐饮业的一次巨大变革，可以给传统餐饮商家提供数据、带来客流、降低成本，加速传统餐饮业转型升级。

2023 年 3 月 27 日，美团高级副总裁、到家事业群总裁王莆中表示，餐饮消费也孕育出新变化，外卖已经从工作日午餐、年轻人专属，变成了更广阔人群围绕更宽品类的需求。2022 年美团外卖数据显示，老年消费者日均订单量年同比 2021 年增长超 30%，儿童餐订单量同比增长 300%。与此同时，健身达人、品质美食家型的外卖消费者，也在拓展行业对外卖的想象。

最新数据显示，2022 年，美团餐饮外卖单日订单量峰值突破 6000 万单，超过 624 万名骑手在美团外卖获得收入。

美团管理层表示，鉴于外卖业务的两个重要特点——位置和需求，这一市场的准入门槛相当高。美团外卖业务在消费者基础、商家基础和配送网络中积累了强大的竞争力，其他玩家想要突围并不容易。

目前，美团外卖的网上订购和送货上门服务项目包括：美食和甜点饮品、水果生鲜、超市便利、药店买药、跑腿等，涉及百姓生活的方方面面。

美团正以 "零售＋科技" 的战略践行 "帮大家吃得更好，生活更好" 的公司使命。

（资料来源：美团外卖官网 https：//waimai.meituan.com/；美团公司官网 https：//www.meituan.com/； https：//www.163.com/money/article/DIGI9POK002580S6.html； https：//www.stcn.com/article/detail/827698.html.）

营×销×启×示

　　美团将线下的消费场景和线上的平台有机结合。这种创新的商业模式为消费者和商家带来了很多便利，如快捷的下单、配送、支付等。

　　作为一家科技公司，美团充分利用了大数据和人工智能技术，不断优化和升级他们的服务。美团利用数据分析和机器学习技术来向消费者推荐个性化的菜品和商家，以及优化配送路线和时间，提高效率和准确性，提高了消费者购物体验的满意度。

105.知托付！——支付宝

　　根据蚂蚁集团官网介绍，蚂蚁集团起步于 2004 年诞生的支付宝，源于一份为社会解决信任问题的初心，经过 19 年的发展，已成为世界领先的互联网开放平台。

　　蚂蚁集团的使命是"让天下没有难做的生意"。

　　阿里巴巴集团主要创始人马云曾经说过："中国电子商务发展不起来，就是缺少一个让人和人之间建立信任的东西。而这个东西，我觉得就应该由支付宝来解决。""其实中国一直是一个讲诚信的国家，……中国讲诚信但是中国缺乏诚信体系。支付宝在中国要有价值，就必须建立这么一个诚信体系。现在阿里巴巴在中国建立了一个诚信体系，用户给你评价，支付宝帮助你交易。最后你的一切痕迹都是数据，而数据留下来，产生了强大的信用。有了这套体系，你才有可能在网上只凭一张图片和几句介绍就可以向陌生人付钱，向陌生人寄出商品。我们现在每天有上亿人次的点击，有时候一单生意就是几十万的钻石、上百万的汽车。前几天我们用了 25 秒钟卖出了 100 辆奔驰，所以没有诚信体系这一切几乎全不可能。今天我们最骄傲的不是阿里巴巴卖出了多少商品，而是阿里巴巴建设了一个诚信的体系。用商业的方法向所有人证明了诚信值多少钱。我们建造了一套诚信的体系，我们自己也是这个体系的受益者。"

　　支付宝（中国）网络技术有限公司自 2004 年起步，始终致力于数字支付开放平台的建设和发展，于 2011 年 5 月获得中国人民银行首批颁发的"支付业务许可证"。支付宝践行"支付为民服务实体"的初心，研发了快捷支付、条码支付、刷脸支付、二维码支付等创新支付技术，服务于商业经营、便民缴费、交通出行等不同场景下的数字支付需求，为超 10 亿用户、8000 万商家提供支付服务保障，助力实体经济蓬勃发展。

蚂蚁集团旗下的支付宝，是以每个人为中心，以实名和信任为基础的生活平台。支付宝是移动互联网时代的一种支付方式。自 2004 年成立以来，支付宝已经与超过 200 家金融机构达成合作，为上千万小微商户提供支付服务。随着场景拓展和产品创新，拓展的服务场景不断增加，支付宝已发展成为融合了支付、生活服务、政务服务、理财、保险、公益等多个场景与行业的开放性平台。支付宝还推出了跨境支付、退税等多项服务，让中国用户在境外也能享受移动支付的便利。

图 6-2　支付宝的品牌口号——"支付宝 知托付"

（资料来源：http：//about.alipay.com/.）

随着移动支付的普及，越来越多的人开始使用支付宝进行付款。

支付宝是一种付款方式，也被称为"担保交易"，在借助第三方担保的基础上，保证交易双方的权益不会被侵犯。在这种方式下，买家将货款先存放到支付宝的一个特殊账户中，然后卖家发货，买家确认收货后，支付宝会将货款支付给卖家，否则货款将退回买家的支付宝账户。这样做的结果，既保证了卖家的权益，也保护了买家不被骗。

2019 年 10 月 15 日，马云获福布斯"终身成就奖"。福布斯媒体集团主席、《福布斯》总编辑史蒂夫·福布斯表示，马云不仅取得了公司的成就，而且赋能了中国、美国乃至全世界的企业家，让小企业能够在网上做生意，通过支付宝获得信贷，这是传统的银行体系没有关注过的。马云说，靠 AI 技术和大数据，支付宝解决了数千万小微企业的贷款难题，但他自豪的不是技术，而是我们的信用体系。"大部分传统金融行业是从上而下的，从富人开始，但支付宝是从穷人开始。穷人喜欢手机支付。我们觉得 21 世纪的金融体系要赋能他人，让所有人都能享受平等的金融服务。"

（资料来源：蚂蚁集团官网 https：//www.antgroup.com/business-development；https：//www.antgroup.com/；http：//about.alipay.com/；https：//m.thepaper.cn/baijiahao_4697456.）

营　销　启　示

　　在中国开展电子商务需要建立一个诚信体系，否则网上交易就实现不了。因为没有人相信陌生人，谁也不愿意先把钱付出去，谁也不愿意先把货发出去。阿里巴巴首创的支付宝建立了一个诚信体系，解决了网上交易时人与人之间的信任问题，也实现了蚂蚁集团的使命，即 "让天下没有难做的生意"。信任是指相信而敢于托付。

106.促进 "互联网＋教育公平" ——中国慕课

近年来，随着互联网的进一步发展尤其是移动互联网的普及，慕课（MOOC）于 2012 年在世界范围兴起，并快速席卷全球，给世界高等教育带来了发展改革的新机遇。中国慕课自 2013 年起步，十年来，中国建成了世界最大规模的在线课程体系和教学体系，掀起了一场学习的革命。一大批中国最好的大学、最好的教师参与了中国慕课建设，北京大学林毅夫教授的《新结构经济学》、复旦大学张文宏教授的《传染病学》、北京大学叶朗教授和敦煌学者樊锦诗的《敦煌的艺术》、广州医科大学钟南山院士等的 *The Prevention and Management of COVID-19* （新冠肺炎的预防和管理）等，一大批名师大家的课程纷纷上线，中国慕课正在成为高质量的中国 "金课"。

慕课是英文 Massive Open Online Courses （简称 "MOOC"）的中文翻译，即大规模在线开放课程。

慕课具有六大特征：①完整的授课视频。②立判对错的测验。③支持互动的论坛。④实名身份的讲者。⑤任何人、任何地方都可以注册这些课程。⑥免费学习。

图 6-3　MOOC——中文翻译为"慕课"

截至 2022 年 11 月，中国上线慕课数量超过 6.19 万门，注册用户 4.02 亿，学习人数达 9.79 亿人次，在校生获得慕课学分认定 3.52 亿人次，中国慕课数量和学习人数均居世界第一。

中国慕课是在政府几乎没有任何投入的情况下，广泛发动课程平台等社会力量，与广大高校教师合作建设起来的。经过十年发展，全国建成了以"爱课程"（https：//www.icourse163.org/university/icourse/#/c）、"学堂在线"（https：//www.xuetangx.com/）、"智慧树"（https：//www.zhihuishu.com/）、"超星"（https：//mooc1.chaoxing.com/#）等为代表的各类在线课程平台 30 余个。课程平台在支撑优质慕课建设、提供在线教学服务、打造在线教学工具、推动慕课开放共享、保障疫情在线教学等方面发挥了重要作用，成为推动教学改革、构建教育新形态的重要支撑力量，为国家数字经济发展开辟了广阔前景。

2022 年，教育部启动实施了教育数字化战略行动，在全面整合十年慕课与在线教育资源的基础上，建设上线了"国家高等教育智慧教育平台"（https：//higher.smartedu.cn/）。截至 2022 年 11 月，平台及其提供教学支持服务的专门平台访问总量 292 亿次，用户覆盖 166 个国家和地区，已经成为中国高等教育提高质量、推进公平、改进方法、变革模式、深化合作的关键抓手。

慕课打破了传统教育的时空界限和学校的围墙，颠覆了传统大学课堂教与学的方式，掀起了一场影响深远的"学习革命"，在推进教育公平、促进学习革命、应对疫情挑战、促进国际交流等方面取得了显著成效。

慕课最具魅力的地方在于：它打破了时间和空间的限制，能够让知识抵达每一个渴望的心灵。

（资料来源：吴岩.深入实施教育数字化战略行动 以教育数字化支撑引领中国教育现代化[J]. 中国高等教育，2023（2）：5-10；张烁.中国慕课，促进"互联网+教育公平"http：//edu.people.com.cn/n1/2019/0422/c1053-31042156.html.）

————— 营⟡销⟡启⟡示 —————

　　慕课是移动互联网时代的线上学习平台，一头连着免费的优质教育资源，一头连着老百姓。通过技术赋能，慕课为促进优质教育资源共享提供了新的方法路径。

107. "宇宙的尽头是直播带货" —— 网络直播营销也疯狂

　　直播带货（网络直播营销活动）是一种电子商务，其兴起和发展与移动互联网的普及、社交媒体的崛起、视频直播技术的成熟等因素密不可分。

　　（1）2016年，中国直播电商元年

　　一个叫"蘑菇街"的电商App率先跳出框架，将直播与引电商带货结合到一起，成为"第一个吃螃蟹的人"。

　　在蘑菇街开通直播功能后不久，2016年4月，"淘宝直播"正式上线。2016年9月，"京东直播"上线。

　　（2）2018年，"抖音直播"上线

　　2018年底，抖音直播也正式上线，不过最开始的抖音直播门槛很高，需要有5万粉丝的基础。

　　（3）2020年，直播带货百花齐放

　　由于新冠感染的影响，实体经济衰退，直播带货顺利进入了加速赛道，拼多多、小红书等平台陆续上线直播功能，抖音更是斥资6000万签约罗永浩，直播电商全面爆发，进入了百花齐放的阶段。

　　（4）2022年，全民直播时代

　　2022年5月18日，艾媒咨询（iiMedia Research）数据显示，2016—2021年中国在线直播用户规模持续增长，预计2022年中国在线直播用户规模达6.6亿人。

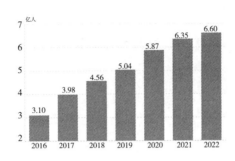

图 6-4　2016—2022 年中国在线直播用户规模及预测

（资料来源：艾媒咨询 https：//www.iimedia.cn/c1061/85649.html.）

2023 年 5 月 11 日，"2023 中国网络表演（直播与短视频）行业年会"发布了《中国网络表演（直播与短视频）行业发展报告（2022—2023 年）》，报告研究发现，当前，主播群体已逐渐呈现高学历化、年轻化、职业化趋势。截至 2022 年 12 月，我国网络直播用户规模达 7.51 亿，同比增长 6.7%，占整体网民的 70.3%。

2022 年，我国 "全民直播时代"已经到来。

李佳琦是著名电商主播、美妆达人，外号 "口红一哥"。2016 年底，作为欧莱雅的线下销售人员，李佳琦参加了欧莱雅和淘系 MCN 机构美 ONE 合作的 BA 美妆顾问网红化项目，并由此开始淘宝主播生涯。2018 年，天猫 "双 11"晚会上，李佳琦被安排与阿里巴巴创始人马云比赛卖口红，成绩秒杀马云。李佳琦第一条抖音视频发布于 2018 年 12 月 5 日，进入 2019 年后保持每日更新的频率。2019 年，靠着一句 "OMG，买它！"李佳琦成功出圈，成为全网顶流带货主播，也彻底带火了他背后的淘宝直播。

2019 年 11 月 14 日，商务部新闻发言人高峰说过："直播带货"可以帮助消费者提升消费体验，为许多质量有保证、服务有保障的产品打开销路。但是，网络直播必须符合有关法律法规。

2020 年 3 月 26 日，企业家罗永浩正式宣布抖音成为其独家直播带货平台，并于 2020 年 4 月 1 日晚完成了直播带货首秀。数据显示，首次直播支付交易总额超 1.1 亿元，累计观看人数超 4800 万人……2023 年 5 月 31 日，罗永浩现身京东直播带货，全场销售额突破 1.5 亿元，登上直播热度榜达人榜 TOP1，当天 "交个朋友"京东直播间累计访问人次超 1700 万。

2020 年 4 月 24 日，格力电器董事长兼总裁董明珠首场直播带货，累计有 431.78 万人次观看，在线人数峰值为 21.63 万，卖出去 249 件商品，1 小时销售额为 22.53 万元。从 2020 年 6 月 17 日 22 时开始，到 6 月 19 日凌晨，通过直播，董明珠携手线下 3 万家门店，创下了 102.7 亿元的销售纪录……2023 年 6 月 30 日，董明珠在格力电器 2022 年年度股东大会致辞环节表示，股东大会后她将继续直播带货。"没有规定直播是董事长不能干的。""一个企业一把手，要把企业视同自己的生命，而不是高高在上。"

2020 年，明星直播带货迎来爆发，李湘、李静、柳岩、林依轮、叶一茜等多位主持人率先试水。刘诗诗、杨幂、宋茜、鹿晗等争相做客网红直播间。之后，入局的头部明星开始增多，如刘涛、汪涵、陈赫等。

2021 年 4 月，国内著名演员潘长江因直播带货卖酒惹上争议，甚至还产生一句网络用语"潘嘎之交"。

2021 年，刘晓庆、曾志伟、张纪中、牛莉、闫学晶、金巧巧、王力宏等也出现在直播间里。

2021 年 12 月 20 日，知名直播带货一姐薇娅偷逃税款被罚 13.41 亿！国家税务总局税案通报如下："浙江省杭州市税务部门经税收大数据分析发现网络主播黄薇（网名：薇娅）涉嫌偷逃税款……经查，黄薇在 2019 年至 2020 年期间，通过隐匿个人收入、虚构业务转换收入性质虚假申报等方式偷逃税款 6.43 亿元，其他少缴税款 0.6 亿元。在税务调查过程中，黄薇能够配合并主动补缴税款 5 亿元，同时主动报告税务机关尚未掌握的涉税违法行为。综合考虑上述情况，国家税务总局杭州市税务局稽查局依据《中华人民共和国个人所得税法》《中华人民共和国税收征收管理法》《中华人民共和国行政处罚法》等相关法律法规规定，按照《浙江省税务行政处罚裁量基准》，对黄薇追缴税款、加收滞纳金并处罚款，共计 13.41 亿元……目前，杭州市税务局稽查局已依法向黄薇送达税务行政处理处罚决定书。"2021 年 12 月 20 日，淘宝 App 已经找不到薇娅直播间；12 月 20 日晚间，薇娅抖音、微博账号已被封；12 月 21 日，薇娅被中国网络社会组织联合会撤销"2021 年度网络诚信宣传大使"；12 月 23 日，根据《全国三八红旗手标兵　全国三八红旗手（集体）评选表彰工作办法》，全国妇联决定撤销黄薇抗击新冠肺炎疫情"全国三八红旗手"称号并印发批复，收回其获奖证书和奖章。

国家"双减"政策出台之后，新东方教育科技集团有限公司（简称"新东方"）加速业务转型。2021 年 12 月 28 日，新东方推出直播带货新平台——"东方甄选"，新东方教育集团创始人俞敏洪正式进军直播带货，新东方要做农产品直播带货。2022 年 12 月 28 日，"东方甄选"发布直播带货一周年数据：东方甄选账号从

1个增加到6个，粉丝总量突破3600万，已推出52款自营产品，总销量达1825万单。销售产品覆盖农产品、食品、图书、生活用品……2023年7月18日，"东方甄选"App首个外景专场在黑龙江正式开播，本次黑龙江专场，由俞敏洪亲自带队，和东方甄选CEO东方小孙、主播董宇辉、yoyo等一起直播。

2022年2月28日，著名游泳运动员、奥运会冠军孙杨在社交媒体上开启了一场特殊带货直播，此次直播带货孙杨却全程不说话，表示"谁先说话，谁就输"，镜头前的孙杨胸口前立着一块牌子，上面分别写着"人数到3W人，摘墨镜""人数到5W，才说话""人数到8W，保持微笑""人数到10W人，才说话"，站在孙阳后面的两个助理，举着产品，拿着价格表，指着购物车，示意让大家下单。直播结束后，孙杨这种"沉默式直播"模式，自然也引起网友热议，这种做法被人吐槽吃相难看，甚至有人直言这是"卖笑"？还是"卖货"？

2022年5月，国内著名演员、《西游记》（1986年版电视连续剧）唐僧的扮演者迟重瑞现身抖音直播带货，他卖故宫紫檀护肤品、黄花梨佛珠手串、小叶紫檀念珠等，引起网友不少争议。很多网友对迟重瑞所售卖的古玩和佛珠的真实性和价值表示怀疑，不少网友认为他卖的商品价格虚高离谱，许多网友对迟重瑞的直播风格和态度表示不满和失望。有的网友认为直播带货其实并没有错，都是要吃饭养家，都需要钱，都能理解。但请不要利用观众的好感与情怀去套路大众！有网友留言称"童年滤镜彻底破灭"等。

（资料来源：网络直播营销管理办法（试行）https：//www.gov.cn/zhengce/zhengceku/2021-04/23/content_5601682.htm；国家税务总局官网http：//www.chinatax.gov.cn/chinatax/n810219/c102025/c5171507/content.html；福建省商务厅官网https：//swt.fujian.gov.cn/xxgk/jgzn/jgcs/dzswhxxhc/yjzx/202305/t20230512_6168676.htm；宇宙的尽头……是直播带货？https：//baijiahao.baidu.com/s?id=1705695048671401278&wfr=spider&for=pc；罗永浩京东直播首秀，单场销售额破1.5亿https：//baijiahao.baidu.com/s?id=1767552864137745124&wfr=spider&for=pc；董明珠：昔日"销售一姐"的直播带货酸与甜https：//baijiahao.baidu.com/s?id=1670930196665709970&wfr=spider&for=pc；直播带货一周年，东方甄选52款自营品总计售卖1825万单https：//baijiahao.baidu.com/s?id=1753424962195545125&wfr=spider&for=pc；脸都不要了!孙杨直播带货卖笑，直播间5万人笑一下10万人才说话https：//www.163.com/dy/article/H1D2KGA90529ETIH.html；https：//zhuanlan.zhihu.com/p/420250024?utm_id=0.）

营 销 启 示

目前，社会上有不少人认为直播带货是当下来钱最快的一门"事业"。

全民直播是疯狂的、非理性的。

为加强网络直播营销管理，维护国家安全和公共利益，保护公民、法人和其他组织的合法权益，促进网络直播营销健康有序发展，2021年4月23日，国家互联网信息办公室、公安部、商务部、文化和旅游部、国家税务总局、国家市场监督管理总局、国家广播电视总局等制定了《网络直播营销管理办法（试行）》。其中，第二条规定"在中华人民共和国境内，通过互联网站、应用程序、小程序等，以视频直播、音频直播、图文直播或多种直播相结合等形式开展营销的商业活动，适用本办法。"第三条规定"从事网络直播营销活动，应当遵守法律法规，遵循公序良俗，遵守商业道德，坚持正确导向，弘扬社会主义核心价值观，营造良好网络生态。"本办法自2021年5月25日起施行。

---

108. "把人当人对待"——海底捞成功的秘密

在《海底捞你学不会》一书中，黄铁鹰先生将海底捞成功要诀总结为"把人当人对待"，并认为这也是海底捞的管理创新。这就是说，海底捞是把它的员工当人来对待的。

（1）海底捞把员工当成家里人

海底捞的员工都是符合海底捞标准的人。海底捞董事会主席张勇曾经说过："标准很多，但原则很简单，就是不怕吃苦的好人。比如，海底捞的员工要诚实肯干，要能快速准确和礼貌地对客人服务；要能发现顾客的潜在需求，不仅会用手，还要用脑去服务；不能赌博，还要孝顺。"

张勇曾经说过："我觉得人心都是肉长的，你对人家好，人家也就对你好；只要想办法让员工把公司当成家，员工就会把心放在顾客身上。"

怎样才能让员工把海底捞当成家？答案在张勇这里变得很简单——把员工当成家里人。海底捞的具体做法如下：

①员工的住

在北京工作的海底捞员工不住地下室，海底捞员工都统一住在公司的公寓房，比较有安全感。海底捞员工住的都是城里人住的正规住宅，里面有空调和暖气，每人的居住面积不小于6平方米。不仅如此，宿舍必须步行20分钟之内可到工作地点。海底捞还有专人给员工宿舍打扫卫生，换洗被单；宿舍里可以免费上网，电视、电话一应俱全；海底捞员工称他们的宿舍拥有"星级"酒店的服务。

②员工的工作餐

一般餐厅每天管服务员三顿饭，但海底捞考虑到晚上下班晚，是管四顿饭，而且饭菜的质量都不错。

③员工的收入

海底捞员工的收入高于一般同类餐馆的服务员，而且会有奖金，直接寄给老家的父母。

④员工的工装

海底捞员工的工装是100多元一套的好衣服，鞋子也是名牌运动鞋。做过服务员的张勇知道，服务员的工作表面看起来轻松，可是实际非常繁重，特别累脚。

⑤员工孩子的教育问题

海底捞员工离开家乡四川简阳外出工作，为了员工孩子的教育，海底捞在四川简阳建立了一所寄宿学校，海底捞员工的孩子可以在那里就读。

⑥员工父母的每月补助金

海底捞不仅照顾员工的子女，还会想到员工的父母。海底捞领班以上干部的父母，每月会直接收到公司发的几百元补助。哪个父母不想孩子有出息？可是孩子衣锦还乡的机会毕竟不多，然而公司每月寄的零花钱，却让父母的脸上放了光彩。

⑦员工家长的外出旅游

海底捞每年都组织优秀员工家长参加公司付费的外出旅游，还为优秀员工家长购买车票，让家长去看望自己在外地海底捞工作的孩子。

⑧年轻员工夫妇的分居和工作就业问题

海底捞的人事政策鼓励夫妻在同一家海底捞店工作，而且还给夫妻提供由公司补贴的夫妻房。

⑨员工带薪休假

在中国春节法定的带薪年假只有3天的时候，海底捞给员工春节享受7天有薪年假。

海底捞把餐厅变成了员工的 "第二个家"。海底捞给员工提供了家的生活条件和工作环境，使很多原来坚持不下来的员工坚持下来了。于是在海底捞有经验的员工就越来越多。

（2）海底捞发现：人不仅需要温饱和爱，人还需要尊敬

海底捞管理者还发现，人不仅需要温饱和爱，人还需要尊敬。对人的尊敬是信任。对人信任的唯一标志就是授权。

公司信任你的操守，就不会把你当贼防；信任你的能力，就会把重要的事情委托给你，这才是对人的尊敬；人被信任了，就有了责任感；于是，"士为知己者死"，才能把公司的事当成家里的事。

在海底捞，员工不仅比其他餐馆吃得好、住得好，还能得到公司的信任。信任的标志就是授权。例如，张勇在公司的签字权是 100 万以上；100 万以下是由副总、财务总监和大区经理负责，大宗采购部长、工程部长和小区经理有 30 万元的签字权，店长有 3 万元的签字权。

做过服务员的张勇明白：要让员工的大脑起作用，还必须给他们权力。因为客人从进店到离店始终是跟服务员在打交道，任何餐馆客人的满意度其实都掌握在一线员工的手里。海底捞一线的普通员工有给客人先斩后奏的打折和免单权。不论什么原因，只要员工认为有必要都可以给客人免一个菜或加一个菜，甚至免一餐。这等于海底捞的服务员都是经理，因为拥有这种权力几乎在所有餐馆都是经理才有的。但是，并不是所有人都值得信任。海底捞也会对员工权力进行监督以防止权力被滥用。

（3）海底捞把员工当人对待

海底捞员工是一个特殊的群体，他们是以农民工为主体的。张勇曾经说过："我们的管理很简单，因为我们的员工都是很简单、受教育不多、年纪轻、家里穷的农民工。只要我们把他们当人对待就行了。"

海底捞 "把人当人对待" 的做法听起来是一个极其简单的事情，但是目前很多企业却做不到！

人是高级动物，人不仅需要温饱和爱，人还需要有希望。人有希望，即使工作再苦再累，人活着都有劲；人没有希望，天天养尊处优，顿顿山珍海味，人活着也没有意思。海底捞人的希望是改变命运。

海底捞员工入职培训第一天的第一句话就是：双手改变命运。

双手改变命运在海底捞不是一句口号，而是事实，因为每个人都必须用双手从服务员干起，只有能把顾客伺候好了，你才能够往上晋升。

海底捞员工晋升途径是独特的，一共有三条：

一是管理晋升途径：新员工—合格员工——级员工—优秀员工—领班—大堂经理—店经理—区域经理—大区经理—海底捞副总经理。

二是技术晋升途径：新员工—合格员工——级员工—先进员工—标兵员工—劳模员工—功勋员工。

三是后勤晋升途径：新员工—合格员工——级员工—先进员工—文员、出纳、会计、采购、物流、技术部、开发部—业务经理。

张勇曾经说过："火锅是低技术含量的行业。" 因此，海底捞员工的学历在晋升阶梯上不是必要条件，工龄也不是必要条件。这种不拘一格选人才的晋升政策，给那些上不了大学、只能干最底层工作的农民工，打开了一扇窗户：只要努力，人生就还有希望。

北京大学张维迎教授在为《海底捞你学不会》所作序言 "他人幸福，自己幸福"中写道："企业家要想有雇员追随，成为他人的老板，就必须给雇员提供足够好的工资待遇和工作条件，并对后者的行为承担连带责任。" "在海底捞，顾客才是真正的 '老板'，员工工作的满意程度是顾客评价的；而员工能快乐地工作，是让顾客真正满意的重要保证。这句话说起来容易，但真正做起来不容易，它依赖于一整套的管理办法和企业文化，也依赖于企业领导人的经营理念和胸怀。海底捞做到了。"

（资料来源：黄铁鹰.海底捞你学不会（第2版）[M].北京：中信出版社，2015.引用时有增改。）

营销启示

内部营销是把公司员工看作是公司的内部顾客。"把人当人对待"这句话说起来容易，但做起来难。海底捞做到了把员工当人对待，因此海底捞成功了，这也就是海底捞能够成功的秘密之一。

后 记

市场营销是人类社会最普遍的现象之一，从社会、政府、企业、事业单位，到家庭和个人，市场营销无处不在，市场营销随处可见。

市场营销与我们的日常生活是密不可分的，我们的衣食住行、婚丧嫁娶、生老病死、社交娱乐、运动保健、旅游休闲、工作学习等，都会涉及市场营销。因此，市场营销与我们的生活息息相关。

许多人认为，市场营销就是销售或广告；有人认为，市场营销学是大学商学院里开设的一门很高深的学问；甚至也有人认为，市场营销学就是传授如何低价买进、高价卖出、坑蒙拐骗、推销积压商品等的手段和伎俩。

那么，什么是市场？什么是市场营销？什么是市场营销学？生活中又有哪些体现出市场营销学的例子呢？通过阅读《中国人生活中的市场营销学》，你自己将会获得正确的答案。

《中国人生活中的市场营销学》一书，用108个来自中国人日常生活中的市场营销故事或案例，揭示了市场营销学的奥秘，介绍了中国的市场营销哲学和实践。在每个市场营销故事或案例的结尾，作者对故事或案例加以总结，归纳出营销启示，画龙点睛，指出其背后市场营销的智慧，帮助读者在愉快的阅读里自然而然地学习到市场营销的理论和实践，可以让读者"从生活中学营销，从营销中学生活"。

在内容的编排上，作者把市场营销学的精要分为六个篇章，按照中国的市场营销哲学、市场营销调研、市场营销竞争战略、目标市场营销战略、市场营销组合策略、市场营销新领域和新发展这样一个体系来编写，尊重了市场营销学学科的体系完整性和系统性。每一篇的开头，作者既介绍了相关的市场营销基本概念、理论和方法，又避繁就简，着重通过故事或案例来向读者介绍市场营销概念和框架。这样的构建，既不失学术著作的严谨，又兼顾了科普著作的生动。

我国著名经济学家茅于轼先生在其著作《中国人的道德前景》（第三版）中说过："我从事研究有一个信条，即不论多深奥的理论，如果透彻地理解了它，必定可以还原为日常生活中的现象。不论自然科学和社会科学都是如此。如果认为一个道理

复杂得无法为常人理解而非得用数学表达不可，恐怕还是因为没有透彻理解它。科学规律的发现都是从观察事物开始，所以最终它必定可以还原为普通的事物。"本书著者赞同茅于轼先生的观点。

《中国人生活中的市场营销学》一书强调系统性、贴近性、可读性、实用性和启发性，把"市场营销学"从大学象牙塔中请出来，以鲜活生动的市场营销案例或故事，面对生活、解释生活、诠释人们身边发生的市场营销智慧。

本书由昆明理工大学宁德煌和云南师范大学教育学部张晓霞教授合作完成。

在撰写本书的过程中，参考了大量的国内外书籍、期刊和报纸等资料，并且援引了一些观点，在此特向有关作者表示我们最诚挚的谢意！

本书由 2020 年度云南省研究生优质课程建设项目《营销管理》（MBA）经费资助出版，特此感谢。

宁德煌

2023 年 7 月 31 日于昆明理工大学莲华苑